KB158485

高麗時代 役制와 身分制 變動

高麗時代 役制와 身分制 變動

오일순 저

혜안

책을 내면서

이 책은 필자의 박사학위논문 『高麗時代 役制의 變動과 雜色役』을 약간 수정하여 펴낸 것이다. 필자가 고려시대의 役 문제에 대해 관심을 가진 것은 석사과정 때부터이니 꽤나 오래 되었다. 당시 생각으로는 고려의 사회·경제구조를 해명하는 열쇠는 役과 土地所有의 문제에 있다고 여겼다.

그 시대 사람들은 국가에 대해 어떤 職役·身役을 어떤 조건에서 지고 있었을까, 또 이들은 어떤 성격의 토지를 소유·경작하며 살았을까. 특히 고려 전기에는 향·소·부곡 등 특수 행정구역이 있었는데, 이들 지역의 주민은 군현민과 어떻게 달랐을까. 그런데, 그러한 질문이 소박한 것임에도 쉽사리 답을 얻을 수는 없었다. 토지 문제와 관련해서는 석사학위논문으로 부곡민의 존재 형태에 대한 시론을 발표하고 이후 녹과전과 족정에 대한 검토를 통해서 나름대로 정리해 보았지만, 아직까지도 안개 속을 헤매는 느낌이다.

직역·신역은 국가의 公民으로서 마땅히 져야 할 의무이기도 하지만, 자손 대대로 특정 役을 진다는 것은 그 조건에 따라 특권이 되기도 하고 때론 가혹한 형벌처럼 여겨지기도 하였다. 어떤 役을 지는가 하는 것은 곧 그들의 사회적 지위를 보여준다는 점에서 신분제 논의의 출발점이기도 하다. 이런 관점에서 박사학위논문을 준비하였는데, 특히 良人이 부담하는 잡다한 身役 즉 雜色役의 문제에 초점을 맞추었다.

연구를 진행하면서 고려 전기 다양한 신분층이 다양한 형태로 담당하던 직역·신역이 고려 말에 이르면 양인의 신역으로 동질화해 가는 과정을 밟고 있었다는 것을 알게 되었다. 의무로서 신역이 동질화하는 과정은 권리로서 科擧 응시자격의 범위가 확대되는 변화 등과 함께 이루어졌으며, 이는 양인 신분 내에서 법제적인 평등을 획득해 가는 과정을 보여주는 것으로 생각된다.

이 학위논문은 충분한 보완 작업을 거친 후에 책으로 출간할 생각이었는데, 그간 이런 저런 핑계를 대며 미루다가 일부 수정하여 이렇게 내게 되니 두려운 마음이 앞선다. 先學 同學의 아낌없는 비판을 기대하며 이를 토대로 앞으로 연구의 토대로 삼으려 한다.

재주가 부족한 필자가 이 정도의 연구성과라도 낼 수 있었던 것은 여러 선생님의 가르침 덕분이다. 김용섭 선생님께서는 역사 연구의 시각과 학자로서의 기본 자세에 대해 깊이 깨닫게 해주셨고, 손보기 선생님께서는 우리글 사랑이 남다르시고 늘 연구의 독창성을 강조하셨다. 故 이종영 선생님께서는 강의를 통해 조선 전기 사회에 대한 이해를 도와주셨으며, 황원구 선생님과 최선홍 선생님께서는 보다 넓은 시각으로 한국의 중세사를 바라볼 수 있도록 가르쳐주셨다. 대학원에 들어와서는 하현강 선생님께 지도받을 기회를 누렸으며, 이후 고려사를 전공하는 후배들이 늘어나 함께 연구하는 기쁨을 누릴 수 있도록 해주셨다. 뒤늦게 제출한 학위논문의 지도를 흔쾌히 맡아주신 김준석 선생님과 미흡한 논문을 다듬어주신 박용운 선생님, 노명호 선생님, 김유철 선생님, 방기중 선생님께도 감사드린다. 아울러 오랫동안 한문을 가르쳐 주신 故 나갑주 선생님께도 감사의 말씀을 드리고 싶다. 한문으로 된 자료를 이 정도로나마 해독할 수 있게 된 것은 오로지 선생님의 가르침 덕분이다.

돌이켜보면 여러 선생님들께 가르침을 받을 수 있었던 것은 너무도 큰 행운이었다. 이처럼 훌륭한 학은을 입고도 부족한 성과밖에 얻을 수 없었던 것은 오직 필자의 게으름 탓이다. 그렇지만 여러 선생님들께서 주신 가르침만은 소중히 간직하고 앞으로의 연구활동에 채찍으로 삼으려 한다.

늘 많은 기대를 가지고 묵묵히 지켜봐 주신 부모님과 일상사에 소홀한 며느리를 이해해주시는 시어머님께도 감사드리며, 선배로서 그리고 동반자로서 지원을 아끼지 않는 남편에게도 고마움을 전한다. 끝으로 예쁜 책으로 만들어주신 혜안 식구들에게도 감사드린다.

2000년 10월
오 일 순

차 례

10

서 론

　우리 나라의 前近代社會에서는 국가 운영에 필요한 다양한 노동력을 국가 公民을 대상으로 하여 '役'이라는 형태로 징발하였다. 이러한 役에는 국가의 크고 작은 役事에 동원하는 徭役과 특산물을 공납하는 과정에서 징발하는 貢役, 그리고 국가를 수호하는 軍役 등이 있었다. 이외에도 특수한 물자를 조달하는 役이나 특정한 勞役에 定役하기도 하였다. 이들 役 가운데에는 徭役과 같이 단순히 노동력을 제공하는 것도 있었지만, 국가 공민으로서 즉 국가조직의 구성원으로서 일정한 역할을 담당한다는 의미를 지니는 것도 있었다. 職役이라든가 身役이라든가 하는 것이 그것이다.

　전근대사회의 신분계층이 각각 사회적 권리와 의무를 달리하며 이를 자손에게 世傳하는 집단이라고 생각해 본다면, 신분제의 이해를 위해서는 권리로서 仕宦權 등을 검토함과 함께 의무로서 役에 대한 연구가 필요하다. 특히 軍役・鄕役을 비롯한 다양한 종류의 職役・身役에 대한 연구는 신분제 연구의 기초 작업이 된다고 하겠다. 이러한 관점에서 본서에서는 고려시대 役制의 변동 과정을 통해 신분제가 변화하는 모습을 살펴보려고 하였다. 이를 위해서는 職役・身役전반에 걸쳐 검토해야 할 것이지만, 여기서는 軍役과 鄕役을 제외한 기타 雜色役을 대상으로 살펴보았다.

　'雜色役'은 良人의 身役 중 軍役을 제외한 잡다한 신역을 지칭하는 술어로서 造語된 것이다.[1] 양인의 대표적인 신역은 국가를 수호

하는 군역이라 하겠지만, 이외에도 각종 국가기관에서는 잡다한 노역에 종사하거나 특수한 물자를 조달하는 일을 담당할 인원을 필요로하였고 이를 양인의 신역으로 부과하여 해결하였다. 잡색역은 良役중 군역 외의 잡다한 신역을 모두 포괄하는 술어로 정의되었으므로일반 양인에게 부과된 잡다한 신역뿐 아니라 鄕吏의 신역, 身良役賤層의 신역까지도 포함한다. 따라서 잡색역 담당자 내부에서도 사회적 지위 상의 차별이 존재하지만, 이러한 다양한 역은 양인의 신역으로서 기본적으로 동질적인 성격을 지니므로 잡색역으로 合稱할 수있을 것이다.

그런데, 高麗時代의 경우 군역 외의 잡다한 양인의 신역을 잡색역이라 부르는 것은 대체로 원간섭기 이후 시기로 한정해야 할 것으로생각된다. 高麗前期의 職役·身役制에서 잡색역의 개념을 사용하기어려운 것은, 이 시기에는 양인 신분이 담당하는 役의 성격이 다양하여 신역으로서의 동질성을 가지지 못하기 때문이다. 이를테면 고려전기 향리나 군인에 대해서는 국가에서 토지를 지급하고 이 토지를매개로 鄕役·軍役이 자손에게 世傳되었는데 이러한 역은 職役이라하며 특수한 역으로 취급하였다. 또 津·驛·鄕·所·部曲·莊·處라는 특수 행정구역이 있어서 그 주민들은 특수한 역을 부담하였는데 이러한 역이 향리·군인의 직역과 함께 신역으로서 동질성을 가지고 있다고 보기는 어렵다. 그런가 하면 특정한 직역·신역이 없는白丁도 많았다. 이처럼 고려 전기에는 직역·신역의 부과 기준이나그에 대한 대우에서 큰 차이를 보이고 있어서 군역 외의 잡다한 양인의 신역을 잡색역이라 칭하는 것은 적절치 않다고 생각된다.

양인의 신역을 군역 혹은 잡색역으로 나누어 볼 수 있는 시점을 원간섭기 이후로 본 것은 이 때 이후 白丁戶를 특정 役戶에 차정하는

---

1) 劉承源, 「조선초기 양인의 잡색역」, 『진단학보』 62, 1986/『朝鮮初期身分制研究』, 을유문화사, 1987.

경우가 크게 늘었고, 향·소·부곡 등 특수 행정구역의 민호가 군현민과 함께 같은 종류의 役戶에 차정되는 등 신역 부담의 차별성이 사라지고 있었다는 점 때문이다. 또 향리·군인이 담당한 직역으로서의 향역·군역도 직역에 대한 토지 지급이 제대로 이루어지지 않는 등 다른 신역과 다를 바 없게 되었다. 원간섭기 이후의 이러한 변화는 麗末 良人皆兵制 원칙에 입각한 軍役制 개혁이 추진되면서 더욱 가속화되어 조선 전기와 같은 '有身則有役'의 身役制로 정비되었다. 원간섭기에는 貢役을 담당하는 민호로서 貢戶가 따로 존재하는 등 貢役·徭役과 身役이 아직 분명히 구별되지 않는 면이 보이기는 하지만, 군역 외의 잡다한 신역이 대체로 양인의 신역으로서 동질적인 성격을 가지므로 잡색역으로 합칭할 수 있을 것으로 생각된다. 이러한 잡색역에는 중앙과 지방의 관청에 소속되어 잡다한 노역에 종사하거나, 왕족이나 고관을 따라다니는 하인의 역할, 국가의 교통·운수기관에서 복무하는 일, 소금이나 철 등의 특정 물자를 공납하는 일, 屯田 등 특수한 토지를 경작하는 일 그리고 향리의 신역 등 다양한 종류가 있었다.

본서에서 양인의 신역 중 잡색역을 중심으로 고려시대 役制의 변동 과정을 검토하려 한 이유는, 고려 전기 다양한 신분층이 다양한 형태로 담당하던 역이 상당 부분 훗날 양인의 잡색역으로 정리되었다는 데 있다. 고려 전기 다양한 신분층이 각기 다른 조건 하에서 담당하던 직역 혹은 신역들이 점차 양인의 신역으로 정리되는 과정을 검토함으로써 이들 신분층이 변동하는 모습을 살필 수 있을 것으로 생각한다. 그런데, 鄕役은 軍役이 아니라는 점에서 잡색역에 포함시킬 수 있지만 검토 대상에서 제외하였다. 향역은 군역과 마찬가지로 별도로 연구되어야 할 주제로 남겨 두고 여기서는 그 외의 잡다한 신역에 한정해서 검토하려고 한다. 이러한 잡다한 역이 양인의 신역으로 자리잡게 되는 과정을 살펴보는 일은, 곧 고려 전기 다양한 성격

을 가진 직역·신역이 점차 동질적인 身役體系로 흡수되어 가는 과
정을 살피는 일이며 또 이러한 役制의 변동을 통해 고려시대 신분제
변동의 일면을 살펴볼 수도 있을 것이다.

고려시대의 役에 관한 연구는 徭役, 軍役, 鄕役 등에 대한 연구 성
과들이 축적되어 있고 또 개별 役戶에 대한 연구도 상당수 있다. 이
책의 주제와 관련된 연구만을 살펴보면, 먼저 고려 전기의 役制에 관
련해서 丁戶와 白丁에 대한 연구, 향·소·부곡 등 특수 행정구역과
관련된 연구 그리고 雜類에 대한 연구 등이 주목된다. 직역을 지며
국가로부터 토지를 지급받는 丁戶와 직역 부담이 없으며 요역을 담
당하는 일반 농민 白丁의 구별에 대해서는 일찍부터 논의되어 왔지
만2) 최근에는 정호를 지배계층의 하한을 이루는 중간계층으로 보고
백정은 피지배계층으로 파악하는 연구,3) 足丁戶를 17결의 토지와 6
丁이 결합된 편호인 지표농가로 이해하는 연구,4) 田柴科制度 하에서
田主인 정호층과 구별되는 佃客으로서의 백정층에 주목하여 백정층
의 토지소유를 밝히는 연구,5) 정호와 백정의 구별에 대해서 이를 개
별가호의 경제력 즉 토지소유량을 기준으로 한 戶等制와 연결시켜
본 연구6) 등 활발한 논의가 이루어지고 있다. 또 백정이 대부분 특정
한 직역 부담이 없는 농민이었지만 이들 중 일부는 특정 역에 차역되
었음에 주목하는 연구7)도 나오고 있다.

---

2) 旗田巍, 「高麗時代の白丁 - 身分·職役·土地」, 『朝鮮學報』 14, 1959 ; 姜
   晋哲, 「田柴科體制에 관련된 諸問題」, 『高麗土地制度史研究』, 고려대출판
   부, 1980, 354쪽.
3) 蔡雄錫, 「고려전기 사회구조와 본관제」, 『고려사의 제문제』, 1986.
4) 尹漢宅, 「고려 전시과체제 하에서의 농민 신분 - 그 제도적 기초로서 足丁
   制의 성격과 성립 - 」, 『태동고전연구』 5, 1989.
5) 盧明鎬, 「전시과체제하 백정농민층의 토지소유 - 토지상속제와 관련된 검토
   를 중심으로」, 『한국사론』 23, 서울대국사학과, 1990.
6) 金琪燮, 『高麗前期 田丁制 研究』, 부산대 박사학위논문, 1993.
7) 李景植, 「고려말기의 白丁代田」, 『학예지』 3, 육사육군박물관, 1993.

향, 부곡, 장, 처 등 특수 행정구역과 그 주민에 대해서도 일찍부터 많은 연구가 이루어져 왔는데 그 성과에 대해서는 자세한 연구사 정리가 나와 있으므로8) 여기서 일일이 소개하지 않는다.9) 이러한 특수 행정구역의 성격 변화와 관련된 연구들도 나와 있는데, 먼저 부곡제 지역이 소속 군현의 直村化하거나 군현으로 승격하는 현상에 대한 연구가 있다.10) 이러한 부곡제 해체의 요인에 대해서는 監務 파견과 現住地 附籍政策인 貢戶制 실시를 들었는데,11) 최근의 연구에서는 이외에 부세 수취구조의 모순과 생산력 발전 등이 추가되었다.12) 그런데, 貢戶에 대해서는 이를 現住地 附籍政策 시행과 연결시켜 볼 수 있는가 하는 의문이 있고 이와 관련해서 부곡제가 해체되기 시작하는 시점을 12세기로 올려잡게 되는 문제가 생기게 되었다.

雜類에 대해서는 자세한 연구가 이루어져,13) 이를 통해서 고려 전기의 잡류가 電吏, 所由, 注膳, 幕士, 驅史, 門僕, 杖首, 大丈 등 말단 이속직으로서 未入仕職이었으며 그 仕路가 雜路로 제한되어 吏職에서 시종해야 하는 신분적인 제약을 받았던 것이 밝혀졌다. 이 연구에서는 고려 후기 잡류의 사회적 지위나 진출로에 변화가 있었다는 점도 지적되었는데, 잡류직의 성격 자체가 변화되는 점에 대해서는 언급이 없었다. 고려 전기의 잡류에 대한 이해를 그대로 고려 말까지

---

8) 具山祐, 「고려시기 부곡제의 연구성과와 과제」, 『부대사학』 12, 1988 ; 朴宗基, 『高麗時代部曲制硏究』, 서울대출판부, 1990, 11~27쪽 참조.

9) 부곡제에 대한 대표적인 연구로는 임건상의 『조선의 부곡제에 관한 연구』 (1963)와 朴宗基의 『高麗時代部曲制硏究』(서울대출판부, 1990)가 있다.

10) 李樹健, 「直村考 - 조선전기 촌락구조의 일단면 - 」, 『대구사학』 15·16합, 1978/『한국중세사회사연구』, 일조각, 1984 ; 朴宗基, 「고려시대 향,부곡의 변질과정 - 중앙집권화 과정과 관련하여 - 」, 『한국사론』 6, 서울대, 1980/『高麗時代部曲制硏究』, 서울대출판부, 1990.

11) 朴宗基, 위의 책, 174~194쪽.

12) 朴宗基, 「高麗後期 部曲制의 소멸과 그 원인」, 『한국 고대 중세의 지배체제와 농민』, 지식산업사, 1997.

13) 洪承基, 「高麗時代의 雜類」, 『歷史學報』 57, 1973.

적용시키기는 어려울 것으로 생각된다.

고려 후기의 잡색역과 관련된 연구로는, 먼저 稱干稱尺者에 대한 연구를 들 수 있다.14) 이 글은 칭간칭척자를 중심으로 하여 조선 초기의 身良役賤層에 대해 검토하였는데, 고려 전기의 稱尺者에 대해서는 驛子, 향·소·부곡민과 함께 雜尺으로 통칭되었다는 점에 주목하고 이들이 고려 후기에 새로 생긴 천역부담자인 稱干者와 함께 일반 양인과 신분적으로 분리되어 있었다고 보았다. 이 글은 麗末鮮初의 칭간칭척자들에 대해 검토한 것이지만, 고려 전기 잡척의 문제에 대해서도 많은 시사를 주고 있다. 또 조선 초기 양인의 잡색역에 대한 연구도 나와 있는데,15) 초점은 조선 초기에 맞춰져 있으나 고려 말에서 이어지는 부분이 적지 않아 고려 후기의 잡색역과 관련해서 참고가 된다.

고려 후기의 잡색역과 관련해서는 이외에 개별 役戶에 대한 연구들이 있다.

먼저 忠宣王代 실시된 榷鹽制와 관련해서 鹽戶에 대한 연구가 두 편 나와 있다.16) 이 연구들은 충선왕대 각염제가 실시될 때 염호로 定役된 민호가 대체로 종래 염 생산에 종사하고 있던 염호를 전매제 하의 염 생산자로 인정한 것으로 보는 점에서는 의견이 같다. 하지만 충렬왕대의 염호에 대해서는 이를 고려 전기 이래의 鹽所民과 같은 것으로 보기도 하고,17) 염호와 염소민을 구별되는 것으로 보아 염호로부터 일정한 鹽稅를 징수하는 徵稅制가 중심이 되고 鹽所制는 보

14) 劉承源, 「조선초기의 '身良役賤'階層 - 稱干稱尺者를 중심으로」, 『한국사론』 1, 서울대, 1973/『朝鮮初期身分制研究』, 을유문화사, 1987.
15) 劉承源, 「조선초기 양인의 잡색역」, 『진단학보』 62, 1986/『朝鮮初期身分制研究』, 을유문화사, 1987.
16) 姜順吉, 「충선왕의 염법개혁과 염호」, 『한국사연구』 48, 1985 ; 權寧國, 「14세기 榷鹽制의 성립과 운용」, 『한국사론』 13, 서울대, 1985.
17) 강순길, 「충선왕의 염법개혁과 염호」, 『한국사연구』 48, 1985.

충적으로 시행된 것으로 이해하기도 한다.[18] 염소민과 염호의 관계에 대해서는 충렬왕대의 염호를 염소민과 군이 구별해서 보아야 할 이유가 있다고는 생각되지 않는데, 이는 銀所民을 銀戶라 부른 예가 있는 것으로 보아도 그러하다. 다만 원간섭기의 염호가 모두 종래의 염소민이었다고는 생각되지 않는다는 점에서 후자의 견해가 주목된다. 즉, 대몽항쟁기를 전후하여 海島를 중심으로 한 연해안 지방에서 토지로부터 이탈된 농민들과 피난민들에 의해 새로운 염산지가 개발되었을 것이고 이들이 충렬왕대 이후 염호로 차정되었으리라는 지적이다.

다음으로 驛戶에 대한 연구들이 있다.[19] 먼저 조선 초기 驛吏에 대한 연구이지만 고려시대의 驛에 대해서 언급하면서 고려 전기에는 驛吏와 驛戶(驛丁戶)가 구별되어 존재하였는데 중기 이후 그 구분이 무너져 가 麗末의 사료에 나타나는 驛子는 곧 驛吏에 해당되는 것이라는 지적이 있었다.[20] 고려시대의 驛人의 신분에 대해서는 종래 대개 賤民으로 생각해 왔지만 鄕·所·部曲民 良人說의 영향 하에 비슷한 지위에 있었던 驛人에 대해서도 재검토가 필요하게 되었다. 최근 이루어진 驛人의 신분에 대한 연구[21]에서는 驛吏가 充常戶刑의 대상이었던 것으로 보아 常戶 즉 일반 양인보다 우월한 신분 지위에 있었으며 驛戶는 일반 백정 자원자로 충당되기도 한 것으로 이해하였다. 하지만 驛吏가 형벌로 充常戶될 때의 常戶는 驛의 常戶, 즉 驛白丁으로 생각되며 驛戶의 충원대상도 '本驛白丁'이었으므로 군현의 일반 백정과 구별해야 할 것으로 생각된다.

18) 權寧國, 「14세기 榷鹽制의 성립과 운용」, 『한국사론』 13, 서울대, 1985.
19) 劉承源, 「조선초기의 驛吏의 신분적 지위」, 『성심여대논문집』 10, 1979 ; 劉善浩, 『고려 郵驛制 연구』, 단국대 박사학위논문, 1992 ; 金蘭玉, 「고려시대 驛人의 사회신분에 관한 연구」, 『한국학보』 70, 1993.
20) 劉承源, 「조선초기의 驛吏의 신분적 지위」, 『성심여대논문집』 10, 1979
21) 金蘭玉, 「고려시대 驛人의 사회신분에 관한 연구」, 『한국학보』 70, 1993.

鐵所干에 대해서는 鐵所에 대한 연구에서 이에 대한 언급이 있었다.[22] 이 글에서는 12세기 이후 철소제가 붕괴하면서 기존의 鐵所民을 재편성하고 또 새로이 郡縣民을 차정하기도 하여 성립된 것이 철소간이며, 공양왕 때부터 鐵場制가 실시되면서 鐵干制가 점차 사라지는 것으로 이해하였다. 이 연구에서는 所制가 붕괴하는 시기에 군현민 중 일부가 예전 所民이 담당하던 일에 차정되는 경우가 있었다고 본 점, 그리고 이들이 주로 流移民과 관계가 있을 것으로 본 점이 주목된다.

處干에 대해서는 특수 행정구역 處와 관련해서 보는 연구들이 나왔다. 즉 처간을 處의 농민으로 보고 충렬왕대 이후 처간에 대한 기록이 나타나는 것에 주목하여 처는 촌락을 단위로 형성된 왕실의 직속지로서 충렬왕대 이후 성립된 것으로 보는 연구가 있고,[23] 처간은 본래 處民이지만 內庫의 경작민도 왕실의 토지를 경작한 점에서 처민과 동일하였기 때문에 처간이라 불렸고, 이어 권귀의 농장민에게까지 확대 적용된 것으로 이해하기도 한다.[24] 通度寺의 直干에 대해서는 직영지를 경작하며 노동지대를 수취당하는 경작민으로 보는 견해,[25] 장생표를 관리·보호하는 역할을 담당한 특수신분자로 보는 견해,[26] 지대의 수납과 감독 등을 담당한 중간관리인으로 보는 견해,[27] 전객농민인 처간과 같은 존재로 보는 견해,[28] 사원전을 경작하

---

22) 徐明禧, 「고려시대 '鐵所'에 대한 연구」, 『한국사연구』 69, 1990.

23) 이상선, 「고려시대의 장·처에 대한 재고」, 『진단학보』 64, 1987.

24) 안병우, 『高麗前期 財政構造研究』, 서울대 박사학위논문, 1994, 126~128쪽.

25) 최길성, 「1328년 통도사의 농장경영형태」, 『력사과학』 1961-4, 1961.

26) 武田幸男, 「高麗時代에 있어서의 通度寺의 寺領支配」, 『東洋史研究』 25-1, 1966.

27) 金潤坤, 「여대의 사원전과 그 경작농민 - 운문사와 통도사를 중심으로」, 『민족문화논총』 2·3합, 영남대 민족문화연구소, 1982.

28) 이인재, 「『通度寺誌』 「寺之四方山川裨補篇」의 분석 - 신라통일기·고려시대 사원경제의 한 사례 -」, 『역사와 현실』 8, 1992.

는 佃戶로 보는 견해[29) 등 다양한 견해가 제시되어 있다. 이외에 鷹坊을 검토하면서 응방에 속한 민호에 대해 언급한 연구들이 있고,[30) 칭척자 중에 특이한 부류에 속하는 楊水尺에 대한 연구도 있다.[31)

본서에서는 이들 연구 성과를 바탕으로 하여 고려 전기 職役·身役制의 구조에 대해 정리해 보고, 고려 전기에 다양한 신분층이 다양한 형태로 부담하던 役들이 점차 양인의 잡색역으로 변화해 가는 과정을 검토해 보려고 한다. 아울러 고려 전기 특정한 직역이 없었던 백정층이 원간섭기 이후 雜色役戶로 定役되는 과정에 대해서도 살펴보려고 한다.

먼저 제1장에서는 고려 전기 職役·身役制의 운영이 어떠한 형태로 이루어졌는지 하는 문제를 전반적으로 검토하려고 한다.

고려 전기 役 담당층을 크게 셋으로 나누어 검토하였는데, 국가로부터 토지를 지급받으며 직역에 복무하는 직역층과 직역을 부담하지 않는 군현의 백정층, 그리고 津·驛·鄕·所·部曲·莊·處 등 특수 행정구역에 거주하며 각종 賤役을 담당하는 잡척층이 그것이다. 여기에서 雜尺層이라 한 것은 고려 전기 津·驛·鄕·所·部曲·莊·處 등 특수 행정구역에 거주하는 민을 모두 포함한 것이다. 이들 특수 행정구역의 주민이 군현민에 비해 차별대우를 받았으며 신분상 지위가 서로 비슷하였던 것은 대체로 인정되는데, 이들을 모두 포함하여 지칭할 적당한 용어가 없었다. 그런데 이들을 '津驛雜尺'[32)으로 부른 기록이 있고, 비록 조선 문종대 상서문 중에 인용된 기록이지만

---

29) 裵象鉉, 「고려후기의 寺院 佃戶」, 『교남사학』 7, 1996.
30) 內藤雋輔, 「高麗時代の鷹坊について」, 『朝鮮學報』 8, 1955 ; 정진우, 「고려 鷹坊考」, 『청대사림』 3, 1979 ; 박홍배, 「고려 응방의 폐정 - 주로 충렬왕대를 중심으로」, 『경주사학』 5, 1986.
31) 姜萬吉, 「선초백정고」, 『사학연구』 18, 1964.
32) 『高麗史』 卷2, 世家, 太祖 26年 4月, 上冊, 54~55쪽, "且其曾屬官寺奴婢 津驛雜尺 或投勢移免 或附王侯宮院 姦巧言語 弄權亂政 以致災變者 必有之矣 雖其良民 不宜使在位用事".

高麗式目形止案에서 所丁, 津江丁, 部曲丁, 驛丁 등을 雜尺 항목에서 설명하고 있는 것으로 보아[33] 잡척층으로 부를 수 있지 않을까 생각해 보았다.

고려 전기 직역 담당층은 국가로부터 토지를 받으며 직역에 복무한다는 점에서는 공통점이 있지만, 그들이 지급받은 토지의 성격과 직역의 世傳性, 사환권 유무 등에 따라 몇 개의 층을 이루고 있었는데 이러한 점에 대해서 살펴보려고 한다. 또 군현의 백정층은 향리, 군인 등의 丁戶層과 구별되면서 직역을 담당하지 않는 일반 농민층으로 알려져 있는데 이들이 담당하는 각종 역에 대해서 검토해 볼 것이다. 잡척층에 대해서는 이들이 담당한 역에 대해서 살펴보고, 아울러 관청에 소속되어 賤役에 종사하는 稱尺者에 대해서도 검토하려고 한다. 이러한 검토를 통해 고려 전기의 役制 운영이 당시 향촌사회의 복잡한 신분계층구조를 반영하여 국가 운영에 필요한 다양한 役을 身役으로서 일률적으로 징발하지 못하였다는 점을 밝히려고 한다.

제2장에서는 고려 전기의 雜類에 대해서 살펴보고 이러한 잡류직이 점차 백정층의 身役化하는 모습에 대해 검토하려고 한다.

잡류는 비록 雜路이기는 하나 入仕職으로 진출할 수 있었고 그 직역에 대해 전시과 토지가 지급되었다는 점에서 吏族으로서의 잡류층을 일반 양인보다 상위의 신분층으로 볼 수 있는 점이 있지만, 한편으로는 과거 응시 금지 규제나 국학 입학 금지 규제 등 각종 규제의 대상이 되기도 하였다. 이러한 잡류층의 성격에 대해서는 먼저 고려 일대를 거치는 동안 그 성격이 크게 변한다는 전제 하에 그 변동 과정을 검토하고, 잡류직이 백정층을 身役制로 동원하는 형태로 바뀌어 가는 추세에 주목하려고 한다.

---

33) 『文宗實錄』卷4, 文宗 卽位年 10月 庚辰, 『朝鮮王朝實錄』6册, 302~303쪽, "今將高麗式目形止案 …… 雜尺 所丁 一千二百六十八 津江丁六百二十四 部曲丁三百八十二 驛丁一千五百八十五 白丁軍 七萬九千六十人 計隊二千八百九十五 此前朝盛時西北軍額之大略也".

제3장에서는 12세기 이후 잡척층의 변동 과정을 살피고, 원간섭기 이후 雜尺制가 붕괴하면서 예전 잡척이 담당하던 신역 중 일부가 干尺層이 담당하는 잡색역으로 변화되는 과정을 검토하려고 한다.

잡척층의 변동 과정은 지방제도로서 부곡제의 변화와 물론 관련되어 있지만, 그 곳에 거주하는 사람들의 성격이 어떻게 변화되는가 하는 점에 초점을 맞추어 살펴보려고 한다. 12세기 이후 잡척층의 성격 변화에 대해서는 流亡 현상과 과거 응시자격의 변화, 공납제도의 변화 등과 관련해서 이들과 군현민 사이의 차별이 점차 해소되어 가는 면을 살펴보고, 오랜 여몽전쟁기를 거치면서 이러한 변화가 가속화되어 원간섭기에 이르러 잡척제가 붕괴해 가는 모습을 검토하려고 한다.

고려 전기의 잡척층은 원간섭기 이후 잡척제가 붕괴하면서 대부분 일반 양인화해 갔지만, 예전 잡척층이 담당하던 신역 중 일부는 이후 '干尺'이라 불리는 사람들이 담당하였다. 이러한 간척층이 성립되는 과정과 특수 신역을 세전하는 雜色役戶로서의 성격에 대해 검토해 보려고 한다.

제4장에서는 원간섭기 이후의 雜色役戶, 除役戶의 확대 현상과 麗末鮮初의 정리 과정에 대해 검토하려고 한다.

원간섭기에는 여러 국가기관에서 필요한 인원을 각 기관에서 민호를 점유하여 신역으로 동원하는 경우가 많았는데, 이러한 원간섭기 잡색역의 확대 현상에 대해 살펴보려고 한다. 여러 기관에서 민호를 점유하여 잡색역호로서 동원하는 데에는 정해진 액수가 있었지만, 실제로는 훨씬 많은 수를 차지하여 役價를 징수하거나 농장에서 사역시켜 문제가 되었다. 또 왕실, 궁원, 권세가 등도 많은 민호를 점유하여 국가에 대한 각종 役 부담을 면제시키고 있었는데 이러한 除役戶의 증가 현상에 대해서도 아울러 검토하려고 한다. 잡색역호와 除役戶가 늘어나는 현상은 상대적으로 軍役·貢役·徭役을 담당할 민

호를 축소시킨다는 점에서 정부는 종종 이에 대한 대책을 마련하였
는데, 여말선초에 이루어진 정리작업에 대해서도 살펴보려고 한다.

고려 전기 역 담당층의 신분 지위에 따라 직역·신역의 부과방식
이 달랐던 것이 조선시대에 들어와 '有身則有役'이라는 일률적인 身
役制로 바뀌는 것은, 고려 일대를 통해 그러한 동질성을 획득하는 과
정이 진행되었음을 알려 준다. 본서에서는 이러한 신역제에서 일어나
는 변동 과정에 대해 잡색역을 중심으로 살펴보려 하였다. 하지만 관
계 자료가 부족한 상황에서 그 성과에 한계가 예상된다. 또 정호층과
백정층, 잡척층 사이에 차별적으로 부과되던 직역·신역이 동질적인
신역으로 변화되는 과정을 살피기 위해서는 정호층의 직역 즉 향역
과 군역의 문제까지도 함께 다루어야 할 것인데, 이를 제외한 잡색역
만을 대상으로 함으로써 전체 役制의 변동을 설명하지 못한 한계가
있다. 이는 앞으로의 과제로 남겨 둔다.

제1장 高麗前期의 신분구성과 役制

1. 高麗前期의 職役·身役

『高麗史』에 나타나는 役의 종류로는 職役, 徭役, 貢役, 軍役, 租·布·役의 役, 雜役, 身役, 鄕役 등이 있다. 이러한 다양한 역은 크게 둘로 나누어 볼 수 있다. 하나는 職役·身役과 같이 특정인을 대상으로 특정한 역을 지우는 것이고 다른 하나는 徭役·貢役과 같이 불특정인을 대상으로 한 노동력 징발이다. 전근대사회의 稅役制 운영은 대체로 신분제와 결부되어 이루어지며, 그러한 모습은 役制의 운영에서 잘 드러난다. 특히 직역·신역은 그 담당자의 법적·사회적 지위를 잘 나타내 준다는 점에서 신분제 연구에서 중요한 지표로서 주목된다.[1]

고려시대 職役의 범주에 대해서는 여러 견해가 있다. 먼저 雜職·胥史·工匠·鄕吏·軍人의 역으로 보아 官職을 직역에서 제외시켜 보는 견해,[2] 軍人·吏屬 등이 부담하는 특수한 신역으로 보면서 광

---

1) 職役과 身分의 관계에 주목하는 연구는 주로 戶籍이 비교적 많이 남아 있는 조선시대를 대상으로 하여 이루어지고 있는데, 고려시대의 경우에도 이러한 시도가 이루어진 바 있다. 許興植, 「國寶戶籍으로 본 高麗의 社會構造」, 『高麗社會史研究』, 아세아문화사, 1981 참조.
2) 이기백, 「고려 군반제하의 군인」, 『고려병제사연구』, 1968, 287쪽. 伍尉·隊正 등 하급무관의 군 복무를 직역이라고 하기도 했는데 이는 오위·대정이 일반 군인과 큰 차이가 없었던 때문이며, 散員 이상의 무관에 대해서 직역

의로는 관직도 포함시키는 견해,3) 그리고 직역은 곧 신역이라고 하
여 군역 · 향역뿐만 아니라 요역 · 관직까지 포괄하는 개념으로 보는
견해가 있다.4) 그런데 요역을 직역에 포함시켜 설명하는 경우에도
白丁을 직역으로 파악하기엔 약간 주저된다고 하였다.5) 최근에는 직
역은 특정인에게 부과되며 일정한 보수를 받는 역이고, 신역은 특정
인에게 부과되지만 보수를 받지 못하는 역으로 부곡제지역민이 담당
하였던 것으로 보는 견해도 나왔다.6) 또 직역은 특정한 부류에 대해
토지의 지급을 매개로 부여된 의무인 데 비해 신역은 모든 개인에게
무차별적으로 부과되는 의무로서, 공민왕대 이후 국역체계가 과거의
'직역'체계에서 '신역'체계로 바뀌어 간 것으로 이해하는 견해도 있
다.7)

고려시대 직역의 범주에 대해서는 다양한 의견이 있지만 대체로
職役者에게 토지가 지급되었다는 점, 그리고 백정을 직역자로 생각
하지 않는 점 등에서는 의견이 일치되어 있다. 그런데, 직역과 신역의
관계에 대해서는 상당한 의견 차이를 보인다. 직역을 신역과 같은 것
으로 보는가 하면, 혹은 특수한 신역으로, 혹은 신역과 별개의 것으로
보기도 한다. 이러한 견해 차이가 나타나는 이유는 신역에 대한 이해
가 다르기 때문이다.

직역을 신역과 같은 것으로 보는 것은 조선시대의 직역, 신역에 대
한 이해와 연결되어 있다. 조선시대에는 호적에 기재되는 관직이나
각종 신역들을 모두 직역이라 부르며, 각종 직역을 그 담당자의 신분
에 따라 양반의 직역, 중인의 직역, 상민의 직역 등으로 분류하기도

이 있는 자라고는 할 수 없다고 하였다.

3) 姜晋哲, 『高麗土地制度史硏究』, 고려대출판부, 1980, 360쪽.

4) 허홍식, 「국보호적으로 본 고려의 사회구조」, 『고려사회사연구』, 1981, 80쪽.

5) 허홍식, 위의 책, 81쪽.

6) 李貞熙, 『高麗時代 徭役制度硏究』, 동아대 박사학위논문, 1995, 23쪽.

7) 劉承源, 「양인」, 『한국사 25』, 국사편찬위원회, 1994, 164쪽.

한다.8) 그런데 고려시대에는 직역을 公民으로서 부담해야 할 당연한 의무로서의 역이라기보다, 국가에서 토지9)라든가 祿俸·別賜10) 등의 경제적인 반대급부를 지불해야 할 특별한 직무와 같은 것으로 생각하였다.

『高麗史』에 보이는 유일한 '身役' 기록은, 신역이 있는 丁口가 신역을 피하여 승려가 되는 일이 성행함을 문제 삼고 丁錢 50필을 납부한 후 祝髮을 허락하도록 한 공민왕 20년의 기사이다.11) 여기서 신역이 있는 丁口라 한 대상은 광범위한 일반 민으로 생각된다. 그런데, 공민왕대는 국역체계가 이전의 직역체계에서 신역체계로 대체되어 가는 시기로 이해되기도 할 정도로 고려 전기의 役制와 달라지므로, 이 기록의 신역 개념을 고려 전기에 그대로 적용하기는 어렵다. 國役體系가 직역체계에서 신역체계로 바뀌었다는 이해는 신역을 '有身則有役'의 신역 개념으로 이해하는 데서 온 것이다. 조선시대에는 '有身則有役'12)의 신역제 원칙이 표방되었다. 즉 모든 장정은 누구나

---

8) 조선시대 職役의 분류에 대해서는 李俊九, 『朝鮮後期 身分職役變動 硏究』, 일조각, 1993, 32쪽 참조.

9) 고려시대에 직역자에게 토지를 지급한 사실은 충렬왕 24년(1298) 충선왕이 즉위하여 내린 교서 속에 "先王制定內外田丁 各隨職役 平均分給 以資民生 又支國用"(『高麗史』卷78, 食貨志1, 田制, 經理, 中冊, 709쪽)이라 한 데서도 알 수 있다.

10) 『高麗史』卷80, 食貨志3, 祿俸, 中冊, 751쪽, "高麗祿俸之制 至文宗大備 …… 內而妃主宗室百官 外而三京州府郡縣 莫不有祿 以養廉恥 而以至雜職胥史工匠 凡有職役者 亦皆有常俸 以代其耕 謂之別賜".

11) 『高麗史』卷84, 刑法志1, 職制, 中冊, 847쪽, "(恭愍王二十年)十二月 敎曰 …… 一諸人未受度牒 不許出家 已嘗著令 主掌官司 奉行未至 致使丁口 規避身役 不修戒行 至敗敎門 今後 情願爲僧者 先赴所在官司 納訖丁錢五十匹布 方許祝髮 違者 罪師長父母 自鄕吏及津驛公私有役人等 竝行禁約".

12) 『世宗實錄』卷32, 世宗 8年 4月 辛卯, 3冊, 23쪽, "有田則有租 有身則有役 有戶則有貢物". 그런데 이미 『經濟六典』에서도 '有身則有役'의 원칙이 그 모습을 보이는데, 이는 다음 기록을 통해 알 수 있다. 『世宗實錄』卷44, 世

신역을 부담하도록 되어 있어서, 관직자 혹은 일부 그에 준하거나 특
수한 경우로서 신역을 면제해 준 자를 제외하고는 모두 신역을 지도
록 되어 있었다.[13] 물론 身役制가 정립된 조선시대에도 어디까지나
원칙상 모든 장정에게 신역을 부과한다는 것이지 실제에서는 閑役人
이 많았고 정부로서도 장정 모두를 빠짐없이 검괄할 때의 문제점을
잘 알고 있었다. 고려 전기에 '有身則有役'의 신역제가 성립되어 있
지 않았다는 것은 신역이 없는 장정이 많았다는 의미 정도가 아니라
장정 개개인에게 신역을 일률적으로 부과한다는 원칙이 성립되지 않
았다는 의미이다. 이는 특정한 직역·신역이 없는 백정이 광범하게
존재했다는 점에서도 알 수 있다.

그런데, 고려 전기에 '有身則有役'의 身役制가 시행되지 않았다고
하여 신역이라는 용어를 사용할 수 없다고 한다면, 직역자 외에 특정
인이 특정한 역을 담당하였을 때 이를 무엇이라 불러야 할지 문제가
된다. 백정 중 일부는 특정한 역을 담당하며 소규모 토지를 지급받기
도 하였다. 예컨대 의종대 기록에 보이는 봉획소의 백정과 같은 것이
다.[14] 이들은 특정한 역을 담당하면서도 여전히 白丁으로 기록에 나
타나는 것으로 보아 丁戶로 바뀐 것은 아니었다. 백정이 특정한 역을
담당하면서도 직역을 담당하는 정호가 된 것은 아닌데 이럴 경우 백
정의 역을 무엇이라 하였을까.

백정이 특정한 역을 담당하는 경우 이를 徭役이라 부른 것으로 추
측되는 기록이 있다. 성종대 首露王陵 소속 位田을 나누어 받은 김

宗 11年 4月 辛卯, 3冊, 175~176쪽, "司憲府啓 經濟六典內 凡民有身則有
役 故欲剃髮者 必受度牒 方許出家 已有著令……".

13) 『孝宗實錄』卷13, 孝宗 5年 11月 壬寅, 35冊, 691~692쪽, "大司成金益熙上
疏 …… 祖宗朝身役之法甚嚴 公卿大夫之子弟 亦莫不各有所屬處 有蔭者
爲忠順衛 無蔭者爲保人 盖擧一國無閑遊焉".

14) 『高麗史』卷81, 兵志1, 兵制, 中冊, 781쪽, "(毅宗三年) 西北面兵馬使曹晋
若奏 定烽燧式 平時夜火晝烟各一 二急二 三急三 四急四 每所 防丁二白
丁二十人 各例給平田一結".

해부의 '徭役戶丁'15)에 대한 기록이 있는데, 여기서 토지를 받은 徭役戶丁은 守陵 役을 담당하는 백정일 가능성이 있다고 생각된다. 만약 그렇다면 백정이 담당하는 특정한 역을 요역이라 한 예가 된다. 고려 전기 직역이 없는 군현의 백정은 주로 요역을 담당하였는데 이들 중 일부가 특정 역을 담당하는 경우에도 그 역을 요역의 일종으로 생각하여 徭役戶丁이라 불렀으리라는 추측이 가능하다.

하지만, 일반적으로 요역은 불특정 民戶를 대상으로 징발하는 노동력을 가리키는 것이므로 특정인에게 부과한 역을 요역이라 하는 것은 적절치 않다고 생각되기도 한다. 고려 전기 신역의 용례를 기록에서 찾을 수는 없지만 일부 백정이 특정한 역을 담당하였을 때 이를 신역으로 부를 수 있을 것으로 생각된다. 또 고려 전기 향·소·부곡 등 특수 행정구역의 주민들은 잡다한 역을 담당하면서 대체로 토지 지급 없이 그 역을 世傳하였는데 이들이 담당한 역도 특정인에게 부과되는 역이라는 점에서 신역이라 부를 수 있을 것이다.

한편, 고려시대 직역의 범주에 대해서는 관직을 포함시킬 것인가에 대해서 논란이 있는데, 비록 하급장교이긴 하지만 伍尉·隊正의 직역에 대한 기록이 나오는 것을 보면16) 관직도 직역에 포함시킬 수 있을 것으로 생각된다.

이상 살펴본 바와 같이 고려 전기에는 官員·胥吏·雜類·鄕吏·軍人 등이 국가로부터 토지를 받으면서 담당하는 직무·역할에 한정하여 직역이라 하고, 직역 외에 백정들이 특정한 역을 담당하거나 향·소·부곡 등 특수 행정구역의 민들이 특정 역을 담당할 때 이를

---

15)『三國遺事』卷2, 紀異, 駕洛國記, "淳化二年 金海府量田使中大夫趙文善 申省狀稱 首露陵王廟屬田結數多也 宜以十五結仍舊貫 其餘分折於府之役 丁 …… 使又申省 朝廷然之 半不動於陵廟中 半分給於鄕人之丁也 節使受 朝旨 乃以半屬於陵園 半以支給於府之徭役戶丁也".

16)『高麗史』卷84, 刑法志1, 公式, 職制, 中冊, 843쪽, "(忠烈王二十四年)正月 忠宣王卽位下敎曰 …… 又領府隊尉隊正 無功超授軍不領散員 謀避本領職 役 付托勢家 橫行外方 濫乘驛馬 侵擾貧民 亦令有司 收職牒充本役".

신역으로 부를 수 있을 것으로 보인다. 이러한 고려 전기의 직역·신
역제는 점차 변화하는데 그 변화의 방향은 토지와 결부되어 부과되
던 직역이 점차 토지와의 결부관계가 해소되어 다른 신역과 동질화
해 가고, 또 군현의 일부 백정과 특수 행정구역의 민들이 담당하던
잡다한 신역들 사이의 차별이 해소되어 동질화해 가는 것이었다. 이
러한 과정을 거쳐 조선시대에는 '有身則有役'의 身役制가 표방되고
관직이나 각종 신역들을 모두 직역이라 부르게 되었다.

직역의 신역화와 신역의 동질화 과정은 軍役의 변화를 통해서도
살펴볼 수 있지만, 군역 외의 잡다한 신역 즉 잡색역을 통해서 더 잘
드러날 것으로 생각된다. 토지 지급을 전제로 부과되던 직역이 잡색
역화하는 변화가 일어나고, 직역이나 신역이 없던 백정이 잡색역에
차정되고, 차별대우를 받으며 苦役인 신역을 져야 했던 특수 행정구
역의 민들이 군현의 백정과 함께 잡색역에 차정되는 모습들을 통해
고려 후기 직역·신역제의 변화가 진행되는 방향을 알 수 있을 것으
로 생각된다.

2. 官人層과 丁戶層의 職役

고려 전기의 직역으로는 관직·잡직·서리직 그리고 향리·군인의
역 등이 있는데, 국가에서는 직역 담당자에 대해 토지를 지급하였다.
관원·서리·잡류 등 직역자에 대해서는 전시과 토지가 지급되었
다. 工匠도 직역자에 포함되는데[17] 모든 공장이 직역자로 파악된 것
은 아니다. 공장 중 일부는 직역자로서[18] 이들은 別賜와 武散階田柴

---

17) 『高麗史』 卷80, 食貨志3, 祿俸 序文, 中冊, 751쪽, "以至雜職胥史工匠 凡有
　　職役者 亦皆有常俸 以代其耕 謂之別賜".
18) 工匠은 職役層 工匠과 賦役層 工匠으로 나누어 볼 수 있다고 한다. 서성호,
　　「고려전기 지배체제와 工匠」, 『한국사론』 27, 1992 참조.

科 지급대상이 되었다. 雜類는 電吏·騙史·門僕·所由 등 使令 혹
은 刑官 卒徒와 같은 역할을 담당하는 말단이속직으로서 양반 관원
이나 서리와 함께 전시과 토지를 지급받았다. 잡류는 未入仕職으로
서 入仕線을 넘어 동일계 吏職으로 나아갈 수 있었는데 그들이 나아
가는 仕路는 雜路였다. 잡로는 品官 仕路와 인접하여 있으면서도 연
결되지 않는 吏職 仕路였으며 雜路人은 제도적으로 吏職에서 시종
해야 하는 신분적인 제약을 받고 있었다.[19] 잡류 자손은 靖宗 11년
(1045) 判에서 과거에 응시할 수 없도록 규제되었다.[20] 이러한 금지
조처는 문종 2년(1048) 鄕貢에 관한 判에서도 확인되는데 잡류와 관
계된 자는 원칙적으로는 製述·明經 兩大業은 물론 雜業인 醫業에
도 응시할 수 없도록 규제되었다.[21] 전시과 토지를 받는 대상에는 관
원, 서리, 잡류뿐 아니라 京軍도 있었는데, 京軍에게 지급된 永業田
은 그 자손이 서리나 관원이 되는 경우에도 이어받을 수 있었다.[22]

---

19) 홍승기, 「고려시대의 雜類」, 『역사학보』 57, 1973.

20) 『高麗史』 卷73, 選擧志1, 科目1, 中冊, 590쪽, "(靖宗)十一年四月 判 五逆
五賤不忠不孝鄕部曲樂工雜類子孫 勿許赴擧".

21) 『高麗史』 卷73, 選擧志1, 科目1, 中冊, 590쪽, "文宗二年十月 判 各州縣副
戶長以上孫 副戶正以上子 欲赴製述明經業者 所在官試貢京師 尙書省國
子監審考 所製詩賦違格者及明經不讀一二机者 其試員科罪 若醫業 須
要廣習 勿限戶正以上子 雖庶人 非係樂工雜類 並令試解".

22) 이는 肅宗代 李永의 사례를 통해 알 수 있다. 李永의 아버지는 安城郡 戶
長 출신으로 京軍에 선발되어 永業田을 받았는데 그가 죽자 이 영업전을
이어받기 위해 서리가 되려 하였으나 서류 제출 과정에서 政曹 主事에게
모욕을 당하고는 이를 포기하고 과거에 급제하였다. 『高麗史』 卷97, 列傳,
李永, 下冊, 165쪽, "李永字大年 安城郡人 父仲宣以本郡戶長 選爲京軍 永
幼從師學 父沒欲繼永業田爲胥吏 以狀付政曹主事 揖不拜 主事怒且罵 永
卽裂其狀曰 吾可取第仕朝 何禮汝輩 爲肅宗朝擢乙科". 이영이 아버지의
京軍永業田을 연립하기 위해서 서리가 되려 하였다는 것으로 보아 서리가
되면 아버지의 경군영업전을 서리의 영업전으로 인정받을 수 있었음을 알
수 있다. 그리고 양반 관리가 되어서도 양반의 영업전으로 인정받았을 것이
다. 전시과 계열 군인전인 경군영업전은 이처럼 서리의 영업전으로 또 양반

한편, 鄉吏·其人·軍人에게도 국가로부터 토지가 지급되었다. 먼저 군인과 기인이 받은 토지는 '軍其人戶丁田'[23]으로 불리며 성격이 비슷한 토지였는데 군인에 대한 足丁 17結의 토지 지급을 '古者田賦之遺法'[24]이라 한 점이 주목된다. '古者田賦'란 '古者以田賦出兵'의 의미인데 田賦로써 군인을 내는 제도는 조선시대에도 한때 논의된 적이 있다.[25] 조선 仁祖대의 일로서 토지를 많이 소유한 '豪右之家'에서 군인을 내도록 하자는 생각에서 나온 이러한 건의는 실행되지는 않았지만 여기서 '田賦出兵'하는 것은 成周의 제도로 거론되었다. 조선 인조대 당시의 '전부출병' 방안은 일정 규모의 토지를 기준으로 군인을 내도록 하자는 것으로 군인에 대한 토지 지급을 의미한 것은 아니다. 고려시대에는 일정 규모의 토지를 기준으로 군인을 내도록 하며 동시에 그 토지를 군인에게 지급하는 것이라는 점에서 차이가 있지만, '田賦'로써 군인을 낸다는 점에서는 같은 것이다.[26] 軍人戶丁田은 원칙적으로 군인 본인이나 그 內外族親의 토지에 대해 免租 혹은 收租[27]를 허용하면서 군인 1丁을 내도록 한 것으로 생각된다.[28]

관리의 영업전으로 이름이 바뀌면서 자손에게 연립될 수 있었다.

23) 『高麗史』 卷80, 食貨志3, 常平義倉, 中冊, 761쪽, "顯宗十四年閏九月 判 凡諸州縣義倉之法 用都田丁數收斂 一科公田 一結租三斗 二科及宮寺院兩班田 租二斗 三科及軍其人戶丁 租一斗 已有成規".

24) 『高麗史』 卷81, 兵志1, 兵制, 中冊, 783쪽, "(恭愍王)五年六月 下敎曰 ……一國家以田十七結爲一足丁 給軍一丁 古者田賦之遺法也 凡軍戶素所連立爲人所奪者 許陳告還給".

25) 『仁祖實錄』 卷2, 仁祖 元年 5月 乙未, 33冊, 531쪽, "上召見韓浚謙李時發浚謙時發曰 田賦出兵 成周之制也 今亦以田結出兵 則雖豪右之家 無敢不出矣 上曰 幾結當出一兵 浚謙曰 我國西路戎兵 不滿三萬 一結出一兵 …… 時發曰 一結出一兵太過 八結出二人似可 上曰 我國土豪 多占大土而國雖有難 無預於行伍 以田賦出兵可也 宜令大臣議處".

26) 조선시대의 기록에서는 '田賦之軍'이 보이기도 하는데, 이는 '田結出夫'의 원칙에 따라 징발된 요역의 役夫를 가리키는 것이다. 尹用出, 『조선후기의 요역제와 고용노동』, 서울대출판부, 1998, 37쪽 참조.

27) 직역자에게 지급된 足丁은 직역자 본인의 소유지에 대한 免租와 그 내외족

其人의 立役 역시 토지와 결부되어 이루어졌는데[29] 기인은 향리
로서 上京 從役하는 자라는 점에서 其人戶丁田과 같은 성격의 토지
가 향리의 田丁에도 있었다고 해야 할 것이다. 향리·기인에 대한 田
丁 지급의 내용은 대체로 軍人戶丁田과 마찬가지로 직역자 본인이
나 그 내외족친의 토지에 대해 免租 혹은 收租를 허용한 것으로 생
각된다.[30] 그런데, 景宗대 始定田柴科에서는 지방에 잔류한 호족도
元尹 이상의 官階를 가진 자는 紫衫에 해당하여 관료에 준하여 給田

친의 소유지에 대한 收租를 포함하고 있다. 이에 대해서는 오일순, 「高麗前
期 足丁의 성격과 그 변화」, 『한국 고대·중세의 지배체제와 농민』, 지식산
업사, 1997, 229~231쪽 참조.

28) 고려시대 軍人田의 성격에 대해서는 다양한 의견이 제시되어 있는데, 대략
다음 네 가지로 나누어 볼 수 있다. 군인전을 田柴科로 지급된 토지로 보면
서 직업군인에게 지급된 收租地로 보는 견해(李基白, 「高麗軍役考」, 『高麗
兵制史研究』, 1968), 기본적으로 군인 자신의 소유지 위에 설정된 면조지로
보는 견해(姜晋哲, 『高麗土地制度史研究』, 1980), 군인이 이원적으로 구성
되었다고 보면서 상층 군인, 개경 거주 군인은 토지를 받았으나 하층 군인,
외방 거주 군인은 토지를 받지 못하였다고 보는 견해(鄭景鉉, 『高麗前期 二
軍六衛制 研究』, 서울대 박사학위논문, 1992 ; 吳永善, 「고려전기 군인층의
구성과 宿衛軍의 성격」, 『韓國史論』 28, 1992), 그리고 이원적 구성론에 찬
성하면서 田柴科계열의 군인전과 족정·반정계열의 군인전이라는 두 계열
의 군인전이 지급된 것으로 보는 견해(오일순, 「高麗前期 部曲民에 관한 一
試論」, 『學林』7, 1985 ; 權寧國, 『高麗後期 軍事制度 研究』, 서울대 박사학
위논문, 1995)가 그것이다. 필자는 족정계열의 군인전 즉 軍人戶丁田을 받
은 군인을 保勝·精勇의 州縣軍으로 생각한다.

29) 『高麗史』卷75, 選擧志3, 其人, 中冊, 652쪽, "文宗三十一年判 凡其人 千丁
以上州 則足丁 年四十以下 三十以上者許選上 以下州 則半足丁勿論 兵倉
正以下 副兵倉正以上 富强正直者選上 其足丁限十五年 半丁限十年立役
半丁至七年 足丁至十年 許同正職 役滿加職".

30) 예종 3년(1108)에 進奉長吏의 田丁稅布를 면제해 준 일이 있는데 이러한
조처가 進奉長吏에 대한 은전이 된 것으로 보아 이 토지는 職役者 혹은 그
內外族親의 所有地인 것으로 생각된다. 『高麗史』卷80, 食貨志3, 賑恤, 恩
免之制, 中冊, 763쪽, "(睿宗)三年二月 以封王太后 諸州縣進奉長吏從卒等
各田丁稅布 全放".

되었으며, 성종대에 재래의 官階가 폐지되고 鄕職으로 변화된 후에
도 元尹 이상의 향직자는 전시과 토지의 지급대상이 되었다.[31] 향직
은 戶長과 같은 일부 상층 향리층에게 지급될 뿐으로 모든 향리가
향직을 받은 것은 아니고[32] 또 향직을 받았다고 하여 전시과 토지가
반드시 지급되었는지는 알 수 없지만, 고려 전기의 향리 가운데 전시
과 토지를 받은 경우도 있었을 것을 예상할 수 있다.[33] 하지만 향리
는 기본적으로 軍人戶丁田과 같은 성격의 田丁을 기반으로 직역을
담당했다고 생각된다.

 고려정부는 지방사회의 유력자들을 향리·군인·기인 등의 직역자
로 확보하면서 이들을 丁戶로 파악하여 토지를 지급하고 이 토지를
매개로 자손에게 그 직역을 세습하도록 하였다. 중앙의 관인층에게는
직역의 대가로 전시과 토지를 지급하는 한편,[34] 지방의 유력자들은
향리·기인·군인 등으로 국가의 직역체계 속에 편제하면서 이들에
게는 軍其人戶丁田과 같은 성격의 토지를 지급한 것으로 보인다. 전

---

31) 姜晋哲,『高麗土地制度史研究』, 1980, 31~49쪽 참조.
32) 鄕職을 받은 계층은 국가, 왕실에 대한 有功者, 鄕吏의 상층(戶長), 無官의
   老人, 武散階 보유자, 군인, 양반, 서리, 女眞酋長 등이며, 극소수의 향리가
   향직의 칭호를 받기는 하였지만 원래는 향리직과 직접 결부되는 것은 아닌
   것으로 생각되고 있다(武田幸男,「高麗時代の鄕職」,『東洋學報』 47-2,
   1964).
33) 목종대 기사에 나타나는 戶長의 職田에 대해서도 이러한 맥락에서 이해할
   수 있을 것으로 생각된다(『高麗史』 卷78, 食貨志1, 田制, 田柴科, 中冊, 708
   쪽, "穆宗元年三月 賜郡縣安逸戶長 職田之半"). 고려 전기 戶長에 대한 토
   지 지급과 관련해서는 盧明鎬,「羅末麗初 豪族勢力의 경제적 기반과 田柴
   科體制의 성립」,『진단학보』 74, 진단학회, 1992, 35~36쪽 참조.
34) 景宗대 始定田柴科에서는 지방에 잔류한 호족도 元尹 이상의 官階를 가진
   자는 紫衫에 해당하여 관료에 준하여 給田되었지만, 목종대 改定田柴科에
   이르면 관직 반열의 高下가 유일한 기준으로 되었다(姜晋哲,『高麗土地制
   度史研究』, 1980, 40쪽). 元尹 이상의 향직자의 경우 여전히 급전대상이 되
   었지만, 목종대 이후 田柴科는 기본적으로 중앙의 관인층을 대상으로 하였
   다고 말할 수 있다.

시과의 성격에 대해서는 다양한 의견이 제시되었지만 관직자에게 품계에 따라 지급하는 전시과 토지가 田賦의 원리로 지급되는 軍人戶丁田과 같은 것이라고는 생각하기 어렵다.

이렇게 보면 고려 전기 직역 담당자는 크게 보아 중앙의 官人層과 지방의 丁戶層으로 나누어 볼 수 있겠다. 하지만 중앙의 관인층이라 해도 여기에는 양반 관원과 서리·잡류 등이 포함되어 그 신분 지위가 구별되듯이, 지방의 정호층 내에서도 신분 지위가 달랐다. 향리층 중에서도 상층 향리층 즉 호장층35)은 하층 향리층이나 군인 등과는 구별되었다. 이를 짐작하게 하는 기록은 문종 2년의 鄕貢에 관한 判文이다. 향공의 대상 중에서 제술·명경업에 응시할 자격을 가진 자는 부호장 이상의 孫과 부호정 이상의 子에 제한되며, 의업에 대해서는 戶正 이상의 子에 한정하지 말고 '비록 庶人이라도' 악공·잡류에 관계된 자가 아니면 허락하라는 것이다.36)

문종대 당시 鄕貢에서 제술·명경업에 응시할 수 있는 대상이 된 副戶正 이상의 子는 관리가 될 자격을 가진 자로서, 서인과는 다른 계층으로 인식되었다.37) 사환권을 기준으로 생각해 보면 문종대 당

---

35) 고려 전기 戶長層에 대해서는 盧明鎬, 「고려시대 향촌사회의 친족관계망과 가족」, 『한국사론』 19, 서울대국사학과, 1988, 189~192쪽 ; 姜恩景, 『高麗後期 戶長層의 變動 硏究』, 연세대 박사학위논문, 1997, 10~30쪽 참조.

36) 『高麗史』 卷73, 選擧志1, 科目1, 中冊, 590쪽, "文宗二年十月 判 各州縣副戶長以上孫 副戶正以上子 欲赴製述明經業者 所在官試貢京師 尙書省國子監審考 所製詩賦違格者及明經不讀一二机者 其試貢員科罪 若醫業 須要廣習 勿限戶正以上子 雖庶人 非係樂工雜類 並令試解".

37) 고려시대의 향리가 이 문종대 기록에서처럼 서인과 다른 계층으로 파악되는가 하면 공민왕대 기록에서는 士人과 향리가 별개의 존재로 파악되기도 한 것을 보면, 향리는 士人과 庶人 어느 편에도 속하지 않는 신분층이었다고 이해되기도 한다(김난옥, 「高麗時代 士庶의 用例와 신분적 의미」, 『史叢』 46, 1997). 하지만 고려 전기에는 향리층 중에 상층 향리층인 戶長層에 한해서 庶人과 구별되는 존재, 즉 士人으로 인식한 것으로 생각해 볼 수 있지 않을까 한다.

시 상층 향리층인 호장층과 그 이하의 사람들 즉 하층 향리층, 保勝·精勇의 州縣軍, 白丁 등의 사이에는 큰 간격이 있었다. 향리와 군인은 모두 직역 담당자로서 국가로부터 토지를 분급받는 丁戶였지만, 이들의 신분 지위가 같았다고 보는 것은 적어도 문종대 당시에는 적용하기 어렵다. 여기서 '丁戶層'이라고 표현한 것은 '직역을 담당하며 정호로 파악된 사람들'을 의미한 것으로 그들이 동질적인 하나의 신분층을 형성했다고 생각하는 것은 아니다. 하지만 고려 초기 지방사회의 유력자들에게 향리·군인의 직역을 지우면서 이들을 정호로 파악한 것이기 때문에, 정호층은 하나의 신분층은 아니라 해도 대체로 지방사회의 유력자들이었다고 말할 수 있다.

3. 白丁層의 役

고려시대에는 군현지역의 일반 농민으로서 일정한 직역이 없는 白丁이 있었다. 백정은 원래 '직역이 없는 장정'이라는 뜻이겠지만, 丁戶에 대비된 경우에는 白丁戶의 뜻으로 사용되었다.[38] 백정은 직역이 없는 장정이라는 점에서 직역자를 내고 있는 家戶의 率丁도 백정이라 할 수 있다. 하지만 정호와 대비되어 사용되는 백정은 白丁戶로 보아야 할 것이다. 군현지역의 백정호는 직역이 없는 민호로서 이들에게는 徭役과 貢役이 부과되었다. 백정호는 租·布·役 三稅 중의 役을 부담하였는데, 이는 토목공사의 역 등 중앙정부에서 직접 징발하는 요역이었다.

백정호는 삼세 중의 역뿐 아니라 貢役을 부담하였다. 貢役은 중앙정부에서 개개 민호에 대해 직접 징발하는 것이 아니라 군현단위로 貢賦를 부과하고 이를 지방관부에서 조달하는 과정에서 민호에 배정

---

38) 예를 들면, 『高麗史』卷79, 食貨志2, 農桑, 中冊, 734쪽, "(顯宗)十九年正月判 今諸道州縣 每年桑苗 丁戶二十根 白丁十五根 田頭種植 以供蠶事".

된 역이었다. 백정호는 이러한 공역을 부담하는 민호로서 '貢戶'로 불리기도 하였다. 明宗 18년(1188)에는 수령들이 공역이 있는 군현의 百姓을 使令에 斜屬[39]시켜 役價를 거두고 그 貢賦를 면제시켜 주어 貢戶가 이로 인해 逃流한다고 하면서 관련자를 처벌하는 조처가 내리기도 하였다.[40] 당시 수령들이 貢戶를 사령이라는 이름으로 점유하여 실제로 사령으로 부리는 것이 아니라 役價를 거두면서 貢役을 면제해 주고 있었던 것이다. 향리 역시 이를 모방하여 공호를 점유하고 역가를 징수하였다. 문제는 남아 있는 공호가 공역의 무거움을 견디지 못하고 逃流하는 데 있었다. 여기서 공역을 지는 군현의 백성을 貢戶라 하였는데 이는 백정호를 가리키는 것으로 생각된다.[41]

이러한 貢戶는 충목왕대의 기사에서도 別抄나 鷹坊戶와 구별되어 파악되었다.[42] 공호는 국가에 貢役을 부담하는 민호로서, 향리나 군

---

39) '斜屬'은 '不正하게 소속시킨다'는 뜻이다. 이러한 斜屬의 용례는 조선 태종 17년 各司奴婢刷卷色에서 상소한 내용 중에서도 확인된다. 고려말 이래의 公處奴婢에 대한 변정 문제가 논의되면서 관리들이 용렬하여 고의로 斜屬시키고 있다고 하였다. 즉 당시 공처노비에는 良人으로서 군역을 피하여 冒名한 자도 있다는 것이다. 고려말 이래 관리들이 양인 피역자 등을 관노비로 斜屬시키고 있음을 말한다. 『太宗實錄』卷33, 太宗 17年 閏5月 辛酉, 2冊, 165쪽, "辛酉各司奴婢刷卷色上疏 竊惟前朝之季 土田臧獲之制大毁 互相侵奪 極爲紊亂 …… 但公處奴婢 開國以來 失於推刷 或文契不明 多致遺失 或官吏庸劣故令斜屬 以良人而避軍冒名者 有之 以私賤而背主投屬者 有之 其逋逃避役與容隱者 盖亦多矣".

40) 『高麗史』卷78, 食貨志1, 貢賦, 中冊, 729쪽, "明宗十八年三月 下制 諸州府郡縣百姓 各有貢役 邇來守土員僚 斜屬使令 徵取役價 其貢賦經年除免 掾吏之徒 竝遵此式 役之不均 貢戶之民 因此逃流 各道使者 巡行按問 如此官以罪奏聞 其餘掾吏 依刑黜職 令均貢役".

41) 貢戶에 대해서는 유망한 농민을 현거주지에 부적시키는 정책과 관련해서 설명되기도 하지만(北村秀人,「高麗時代의 貢戶에 대하여」,『大阪市立大學人文硏究』32-9, 1981 ; 蔡雄錫,「12·13세기 향촌사회의 변동과 민의 대응」,『역사와 현실』3, 1990), 백정호를 貢戶라 부른 것은 현거주지 부적 정책과 직접 관련 있다고는 생각되지 않는다.

42) 『高麗史』卷85, 刑法志2, 禁令, 中冊, 865쪽, "(忠穆王元年五月) 整理都監

인과 같은 직역호와 구별되어 대체로 백정호를 가리키는 것으로 볼 수 있다. 그런데, 원간섭기 榷鹽制 하의 鹽戶를 貢戶라 한 것으로 보이는 사례가 있다.[43] 염호가 국가에 貢鹽을 바친다는 점에서 貢戶라 부른 것으로 보인다. 이렇게 보면 공호가 모두 백정호였다고는 말할 수 없지만, 군현지역의 백정호는 직역호가 아니고 국가에 貢役을 부담하는 민호라는 의미에서 貢戶라 불렀다고 할 수 있다.

군현지역의 백정호는 徭役, 貢役 외에도 二三品軍에 소속되었다. 2·3품군은 『高麗史』 兵志 州縣軍條에 기재되어 있지 않은 데서 알 수 있듯이, 중앙정부의 직접적인 통제 밖에 있었다.[44] 그런데 문종 즉위 후 내린 判에서 부모의 나이가 70세 이상인데 형제가 없는 군인은, 京軍은 監門衛에 속하게 하고 外軍은 村留2·3품군에 속하게 하며 親沒 후에 本役에 환속시키라고 하였다.[45] 여기서 노부모 봉양을 위해 임시로 촌류2·3품군에 속하게 된 外軍은 保勝·精勇의 州縣軍으로 생각된다. 보승·정용의 주현군은 중앙에 번상하거나 변방에 방수하였기 때문에 이들을 이러한 임무에서 잠시 벗어나게 하기 위해 촌류2·3품군에 속하게 하였을 것이다.

2·3품군은 보승·정용의 주현군처럼 군인호정전을 받으면서 복무하는 군인은 아니었지만, 보승·정용의 주현군이 특별한 사정이 있을 때에는 촌류2·3품군에 소속되기도 한 것을 보면 유사시 동원할 수 있는 군액으로서 파악되고 있었음을 짐작할 수 있다. 또 州縣卒 혹은

狀 …… 國制內乘鷹坊投屬人 並皆革罷 令各縣別抄及貢戶定役".

43)『高麗史』卷79, 食貨志2, 鹽法, 中冊, 741쪽, "(忠肅王)十二年十月 下敎 各處鹽戶人有定數 貢有定額 近年以來 鹽戶日損 貢數仍存 內外管鹽官 不行察體 以逋戶貢鹽 加徵貢戶 以充本數 民甚苦之 如有逋逃者 所在官司 推還本役 其有未得根尋 與夫故沒無後者 並除貢數 諸倉貢民 亦依次例".

44) 이기백, 『고려병제사연구』, 1968, 208쪽.

45)『高麗史』卷81, 兵志1, 兵制, 中冊, 778쪽, "文宗卽位 …… 判 凡軍人有七十以上父母 而無兄弟者 京軍則屬監門 外軍則屬村留二三品軍 親沒後 還屬本役".

州縣兵으로 기록에 나타나는 군인 중에는 2·3품군과 관련된 것으로 보이는 예가 있다.[46)]

특히 다음 기록이 주목된다.

> (仁宗)十四年五月 詔 諸州縣兵築城者 水軍轉輸軍餉者 賜今年 田租之半[47)]

인종 14년 5월에 조서를 내리기를, 諸州縣兵으로서 성을 쌓은 자와 水軍으로서 군량을 轉輸한 자에게 금년 田租의 반을 하사하라는 것이다. 이 주현병은 본래 田租를 국가에 납부하고 있었는데 특별히 은혜를 베풀어 그 해 田租의 반을 면제해 준 것이다.

그런데, 이 일은 묘청의 난과 관련이 있다. 인종 13년(1135) 묘청의 난이 일어나자 서경을 봉쇄하기 위해 그 해 10월 성 밖에 土山을 쌓았는데 이 때 州縣卒 23,200명과 僧徒 550명이 동원되었다.[48)] 인종 14년 4월 김부식이 개선하고 5월에 이를 축하하는 조서를 내렸는데[49)] 그 일환으로 토산을 쌓는 데 동원된 주현졸에 대해 그 해 전조의 반을 면제해 주었다. 이 때 동원된 주현졸은 다른 기록에서는 '西南界州縣卒二萬三千二百'[50)]으로 되어 있다. 2만 3천여 명에 달하는 서남계 주현졸이 보승·정용의 주현군이라고는 생각되지 않는데, 이들은 백정으로 조직된 2·3품군일 것으로 생각된다.

---

46) 이 점에 대해서는 金塘澤, 「고려초기 地上軍의 형성과 구조 - 州縣軍의 성격」, 『高麗軍制史』, 1983, 103쪽 참조.

47) 『高麗史』 卷80, 食貨志3, 賑恤, 恩免之制, 中冊, 763쪽.

48) 『高麗史節要』 卷10, 仁宗 13年 10月, 265쪽, "發州縣卒二萬三千二百 僧徒 五百五十人 築土山 分命將軍義甫等四人 將精卒四千二百及北界州鎭戰卒 三千九百 爲遊軍 以備剽掠".

49) 『高麗史節要』 卷10, 仁宗 14年 4~5月, 267~268쪽.

50) 『高麗史』 卷98, 列傳, 金富軾, 下冊, 176쪽, "發西南界州縣卒二萬三千二百 僧徒五百五十 負土石集材木".

대체로 2·3품군은 소속 군현에 머무르면서 지방단위의 노역부대로서 기능했던 것으로 추측되지만, 이처럼 비상시 築城과 같은 노역이나 전투부대로서 동원되었던 것이다. 백정들은 2·3품군에 소속되어 유사시 '州縣卒'이라는 이름으로 동원됨에도 불구하고 이것이 직역으로서의 군역으로 간주되지는 않았다. 外軍丁에게 70세 이상 부모가 있는데 다른 형제가 없을 경우 侍養을 위해 촌류2·3품군에 속하게 하였다가 親沒 後 本役에 환속시키는 것을 '許令充軍'[51]이라 하였다. 촌류2·3품군에 편제된 상태는 '充軍' '充軍役'의 상태가 아니라고 보았던 것이다.

이상 고려 전기 백정호가 직역이 없는 민호로서 貢役과 3세 중의 役을 부담하며 촌류2·3품군에 편제되었음을 살펴보았는데, 백정 중에는 특정한 역에 차역되는 경우도 있었다.

(毅宗三年) 西北面兵馬使曹晋若奏 定烽燧式 平時夜火晝烟各一 二急二 三急三 四急四 每所 防丁二白丁二十人 各例給平田一結[52]

의종 3년(1149) 서북면병마사 曹晋若이 상주하여 봉횃식을 정했는데 이 규정에 의하면 烽燧所[53]마다 防丁 2인과 白丁 20인을 두고 각기 平田 1결을 例給한다는 것이다. 12세기의 일이지만 백정이 특정한 역을 담당하며 토지를 지급받고 있다. 이는 백정의 본래 의미, 즉 '직역이 없는 장정'과는 거리가 있는 것으로 이 경우 국가는 약간의 토지를 지급하였다. 백정으로서 특정 역에 付籍되어 差役되는 경우 토지를 지급한다는 원칙은 麗末 田制改革 때까지도 고려되었다. 趙

---

51) 『高麗史』 卷81, 兵志1, 兵制, 中冊, 779~780쪽, "(文宗)三十五年十月判 凡 內外軍丁 親年七十以上 無他兄弟者 並令侍養 親沒 許令充軍".

52) 『高麗史』 卷81, 兵志1, 兵制, 中冊, 781쪽.

53) 충정왕대의 기록에서도 봉횃소의 존재가 확인된다. 『高麗史』 卷81, 兵志 1, 兵制, 中冊, 783쪽, "忠定王三年八月 置松嶽山烽燧所".

浚의 제1차 전제개혁 상소문에 보이는 白丁代田[54]은 바로 그러한 토지였다. 백정대전을 지급받도록 되어 있는 백정은 '百姓으로서 특정한 役 담당자의 籍에 付籍되어 差役당하고 있는 자'로, 백정대전은 모든 백정을 대상으로 한 것은 아니었다. 특정한 역에 차역당하면서 토지를 지급받고 있는 백정은 의종대 봉획소의 백정에서 확인되는데 이외에 守陵, 守墓의 역에도 백정이 차역된 것으로 생각된다.

守墓에 백정을 동원한 사실은 大覺國師墓 비문을 통해 알 수 있다.[55] 즉 대각국사 묘의 수묘에 백정 4인이 차역되었는데 이들에게는 衣食을 지급하였다고 한다.[56] 이 비문에서는 衣食을 지급하였다고만 되어 있어 이들에게 토지가 지급되었는지는 분명치 않은데, 어쨌든 백정을 守墓役에 차역하면서 그에 대한 경제적인 반대급부가 이루어졌던 것이다.

이외에도 『三國遺事』에 전하는 다음 기록은 守陵役에 차역된 백정에 대한 기록일 가능성이 있다.

淳化二年 金海府量田使中大夫趙文善 申省狀稱 首露陵王廟屬田
結數多也 宜以十五結仍舊貫 其餘分折於府之役丁 …… 使又申省
朝廷然之 半不動於陵廟中 半分給於鄕人之丁也 節使受朝旨 乃以
半屬於陵園 半以支給於府之徭役戶丁也[57]

淳化 2년(成宗 10, 991)에 김해부의 量田使 조문선이 보고하기를,

---

54) 『高麗史』 卷78, 食貨志1, 田制, 祿科田, 中冊, 714~717쪽, "(辛禑十四年)七
月 大司憲趙浚等上書曰 …… 一白丁代田 百姓付籍當差役者 戶給田一結
不許納租 其在公私賤人當差役者 亦許給之 明白書籍".
55) 河泰奎, 「고려시대 백성의 개념과 그 존재형태」, 『국사관논총』 20, 1990,
113쪽.
56) 「開城靈通寺大覺國師碑」, 허홍식 편, 『韓國金石全文』, 1984, "又造家墓下
引白丁四人居之 給衣食使守墓".
57) 『三國遺事』 卷2, 紀異, 駕洛國記.

수로왕의 능묘에 딸린 田結이 많으므로 15결은 종전대로 陵의 祭享
에 供하고 그 나머지는 府의 役丁에게 나누어 주자고 하였다. 양전사
가 거듭 아뢰자 조정에서도 옳게 여겨 절반은 능묘 소속으로 하고 절
반은 '鄕人之丁'에게 분급하도록 하였다는 것이다.

수로왕릉의 位田은 신라 문무왕대에 30頃이 책정되어 고려 초에도
그대로 유지되었는데[58] 성종 10년에 이르러 그 절반을 김해부의 役
丁에게 나누어 주게 하였던 것이다. 김해부의 역정은 '鄕人之丁', '府
之徭役戶丁'으로도 나타난다. 이 役丁, 徭役戶丁은 곧 백정호인데 수
로왕릉의 位田이었던 15결의 토지를 나누어 받은 김해부의 요역호정
은 누구일까. 이는 수로왕릉을 수릉하는 역에 차역된 백정호가 아닐
까 한다.

이상에서 살펴본 바와 같이 고려 전기 군현의 백정은 직역이 없는
민호로서 대체로 국가에 대해 貢役과 3세 중의 役을 부담하며 2·3
품군에 편제되었지만, 때로는 봉획소의 백정이나 수릉·수묘의 역에
차역된 백정과 같이 특정한 역에 차역되는 경우도 있었다. 백정으로
특정 역에 차역된 경우에는 국가로부터 일정 액수의 토지가 지급되
었는데, 그 지급액수는 의종대 봉획소 백정의 예에서 보이듯 1결 정
도의 규모에 불과한 것으로 보인다.

백정을 특정한 역에 차역하는 것은 고려 전기에는 예외적인 일이
었으나 점차 잦아지게 된 것으로 생각되며, 후술하는 바와 같이 원간
섭기 이후에는 토지를 지급하지 않고 백정호를 특정 역에 정하는 현
상이 크게 확대되었다. 특정한 역에 백정을 정할 때 토지를 지급한다
는 원칙도 원간섭기 이후 적용되지 않는 경우가 많았지만, 麗末 趙浚
의 전제개혁 상소문에서는 白丁代田 항목에서 이 원칙이 다시 확인
되었다. 선초에 특정한 역 담당자에 대한 토지 지급이 어떤 기준 하

---

58) 이러한 사정에 대해서는 姜晉哲, 『고려토지제도사연구』, 1980, 364~365쪽
    참조.

에 실시되었는지는 확실치 않지만, 水站干·宗廟干·迎曙亭干59) 등
일부 잡색역호에 대해서 토지가 지급된 것을 기록을 통해 확인할 수
있다. 이러한 잡색역호에 지급한 토지들은 대부분 세종대 國用田制
의 시행에 따라 人吏位田, 喬桐江華水軍口分田 등과 함께 혁파되었
다.60) 이러한 과정은 향리, 군인 등 직역자에 대해 국가에서 토지를
지급하는 제도가 소멸하는 과정이며,61) 아울러 특정 역에 차역된 백
정에 대해서 일정한 토지를 지급하는 제도가 소멸하는 과정이기도
하였다.

4. 雜尺層의 役과 신분

  고려 전기의 직역·신역에는 官人層·丁戶層이 담당한 직역이 있
었고, 또 일부 백정층이 담당한 守陵·守墓의 역이나 봉획소의 역 등
이 있었지만, 이외에도 국가 운영에 필요한 잡다한 역이 있었는데 이
들은 대체로 津·驛·鄕·所·部曲 등 특수 행정구역의 주민들을
동원하여 해결하였다. 이들 특수 행정구역은 다양한 명칭을 가지고
있었지만 그 주민들은 ‘津驛雜尺’ 혹은 ‘雜尺’으로 통칭되었으므로 이
들을 군현의 백정층과 구별하여 雜尺層이라 부를 수 있을 것으로 생
각된다. 그리고, 이들 특수 행정구역의 주민과 비슷한 신분 지위에 있
는 각종 稱尺者들도 있었는데 이들도 잡척층에 포함시킬 수 있을 것
이다.
  먼저 이들 특수 행정구역에 거주하는 주민들을 잡척층으로 부를

59) 劉承源, 『朝鮮初期身分制研究』, 1987, 180~181쪽.
60) 金泰永, 「科田法체제에서의 收租權的 土地支配關係의 변천」, 『경희사학』
    9·10, 1982/『朝鮮前期 土地制度史 研究』, 지식산업사, 1983, 114~115쪽.
61) 오일순, 「高麗前期 足丁의 성격과 그 변화」, 『한국 고대 중세의 지배체제와
    농민』, 지식산업사, 1997.

수 있고 이들이 담당한 신역이 어떤 것이었는가에 대하여 검토해 보
려고 한다. 잡척에 대해서는 다음과 같은 기록이 보인다.

가-1) (太祖)二十六年夏四月 御內殿 召大匡朴述希 親授訓要曰
…… 其八日 車峴以南 公州江外 山形地勢 並趨背逆 人心亦
然 彼下州郡人 叅與朝廷 與王侯國戚婚姻 得秉國政 則或變
亂國家 或嘀統合之怨 犯蹕生亂 且其曾屬官寺奴婢 津驛雜
尺 或投勢移免 或附王侯宮院 姦巧言語 弄權亂政 以致災變
者 必有之矣 雖其良民 不宜使在位用事[62]

가-2) 郡縣人與津驛部曲人 交嫁所生 皆屬津驛部曲 津驛部曲與雜
尺人 交嫁所産 中分之 剩數從母[63]

가-3) 六月辛亥赦 加上先王先妃尊諡 名山大川德號 文武兩班南班
雜路凡有職者加次第同正職 弘儒侯薛聰文昌侯崔致遠加賜
爵 州府郡縣吏 津驛雜尺長典等 賜武散階有差[64]

가-4) 藝文館提學李先齊上書 其一曰 …… 今將高麗式目形止案
考其諸城備禦之制 稍合於中朝諸衛之法 …… 雜尺 所丁 一
千二百六十八 津江丁六百二十四 部曲丁三百八十二 驛丁一
千五百八十五 白丁軍 七萬九百六十人 計隊二千八百九十五
此前朝盛時西北軍額之大略也……[65]

가-1은 고려 태조 26년(943) 태조가 내린 훈요십조의 일부분인데,
車峴 이남 公州江 바깥 출신 인물에 대해 경계하고 있다. 그 지방 州
郡人이 조정에 참여하여 국정을 잡게 되면 국가를 변란케 할 것이며
또 官寺奴婢, 津驛雜尺 들도 권세에 붙어서 재변을 일으키는 자가
반드시 있을 것이니, 비록 양민이라도 벼슬자리에 두지 말라고 하였

62) 『高麗史』 卷2, 世家, 太祖 26年 4月, 上冊, 54~55쪽.
63) 『高麗史』 卷84, 刑法志1, 戶婚, 中冊, 853쪽.
64) 『高麗史』 卷24, 世家, 高宗 40年 6月, 上冊, 481쪽.
65) 『文宗實錄』 卷4, 文宗 卽位年 10月 庚辰, 6冊, 302~303쪽.

다.

가-2는 刑法志 戶婚條의 기록으로 연대를 알 수 없는 것인데, 郡縣人과 津驛部曲人 交嫁 所生은 모두 진역부곡에 소속시키고 진역부곡과 잡척인 交嫁 所産은 반으로 나누며 남는 수는 어머니를 따른다는 내용이다.

가-3은 高宗 40년(1253) 6월 경내에 赦하고 文武兩班 南班雜路의 모든 有職者에게 次第 同正職을 가하고 州府郡縣吏와 津驛雜尺長典 등에게는 武散階를 賜하되 차등있게 하라는 것이다.

가-4는 조선 문종 때 李先齊의 상서문 중에서 高麗式目形止案에 대해 언급한 부분이다. 고려가 번성하던 시절 서북지방의 군액이라고 한 가운데 '雜尺 所丁 1268 津江丁 624 部曲丁 382 驛丁 1585 白丁軍 70960人 計隊 2895'라고 하였다.

이를 검토해 보면 먼저 사료 가-1에서 차현 이남 공주강 바깥의 사람들을 奴婢, 津驛雜尺, 良民으로 나누어 언급하고 있는데, 이 진역잡척에는 진역민과 함께 비슷한 지위에 있는 향·부곡·소·장·처민 등도 포함되는 것으로 보인다. 이 지역 사람들 전체를 대상으로 하고 있는데 향부곡민이나 장처민, 所民 등을 제외할 이유가 없기 때문이다. 이 훈요십조의 내용이 고려 태조 당대의 것이 아니라는 의문이 제기되기도 하지만 그렇다 해도 이 내용은 고려 전기의 상황을 전하고 있는 것으로 생각된다. 여기서 진역잡척은 노비와 구별됨은 물론 '양민'과도 구별되었다. 진역잡척의 신분에 대한 良賤論議는 일단 놓아 두고, '양민'과 구별해서 언급되는 경우가 있었다는 점이 주목된다.

津驛鄕所部曲莊處 등의 민호를 진역잡척이라 부르는 것은 사료 가-3에서도 확인된다. 모든 유직자에게는 차제 동정직을 가하고 향리들에게는 무산계를 내린 것인데, 여기서 향리들을 州府郡縣吏와 津驛雜尺長典으로 구별해서 말하고 있다. 이 진역잡척장전에는 津驛

吏뿐 아니라 향·부곡·장·처·소 등의 吏가 모두 포함되는 것으로
보인다.

사료 가-1과 가-3을 통해 '진역잡척'이라는 용어가 고려 전기부터
적어도 고종 40년(1253)까지 사용되었다는 것, 그리고 이는 津驛人을
비롯하여 이들과 비슷한 지위에 있는 향·부곡·장·처·소 등 특수
행정구역의 민호를 포괄하는 용어였다는 것을 짐작할 수 있다. 또 '진
역잡척'은 '雜尺'(사료 가-4) 혹은 '雜尺人'(사료 가-2)이라고도 하였
다.

그런데 잡척에 대해서 이를 所丁만을 지칭한 것으로 보는 견해도
있다.66) 사료 가-4에서 잡척을 所丁, 津江丁, 部曲丁, 驛丁 전체를
포괄하는 것으로 보지 않고 '雜尺所丁'으로 보는 것인데, 이에 따르
면 사료 가-2에서 津驛部曲人과 따로 나오는 잡척인도 所丁으로 생
각할 여지가 있다. 이렇게 본다면 진역잡척은 진역인과 잡척을 합칭
한 것이 된다. 이런 입장에서 사료 가-2를 검토해 보면, 군현인과 진
역부곡인 交嫁 所生은 모두 진역부곡에 소속시키고 진역부곡인과 잡
척인 즉 所丁의 交嫁 所産은 반으로 나누며 남는 수는 어머니를 따
른다는 내용이 된다.

그런데 잡척이 所丁만을 가리키는 것으로 보기에는 몇 가지 의문
이 있다.

먼저 사료 가-2에서 군현인과 진역부곡인 交嫁 所生은 모두 진역
부곡에 속하게 한다고 했는데, 군현인과 所民의 교가 소생에 대해서
는 언급이 없다. 그러면서 진역부곡인과 소민의 교가 소생에 대해서
는 특별히 언급하면서 반으로 나누도록 한 것이 된다. 소민과 진역부
곡민을 특히 구별하여 그 교가 소생을 반으로 나눈다는 규정을 만들
필요가 있었을까. 예를 들면 진역인과 부곡인의 교가 소생은 어떤 쪽
에 귀속되든 상관이 없고 다만 소민과의 교가 소산만 반으로 나눈다

---

66) 金炫榮, 「고려시기의 所에 대한 재검토」, 『한국사론』 15, 1986, 101쪽.

제1장 高麗前期의 신분구성과 役制 45

는 것일까. 또 '雜尺'이라는 말이 '~尺'이라 불리며 일반 양인보다 낮은 지위에 있던 사람들과 관련이 있으리라는 점을 생각하면 津尺과의 관련성도 부인하기 어려워 보인다.

한편, '잡척'이 일차적으로 칭척자와 관련이 있는 것으로 생각해 보면 농사에 종사하지 않고 특수한 생업에 종사하는 잡다한 사람들이 원래의 잡척이라고 생각할 수도 있다. 고려시대의 칭척자로서 기록에 보이는 楊水尺 즉 禾尺, 그리고 墨尺, 刀尺, 稼尺, 琴尺, 津尺 등은 모두 농업을 전업으로 하는 민호가 아니다. 농업을 전업으로 하는 향부곡민, 장처민 등이 '~尺'으로 불린 예를 찾을 수 없다는 점에서 이들을 '잡척'이라 할 수 있을까 하는 의문이 생길 수도 있다. 하지만 이들이 '진역잡척' 혹은 '진역부곡인' 등으로 함께 취급된 것은 비록 모두 칭척자는 아닐지라도 일반 군현민과 노비의 중간에 위치하여 賤役을 世傳하는 자들로서 그 신분 지위가 동일한 사람들이었기 때문일 것이다. 이렇게 보면 진역잡척은 아무래도 '津驛人과 雜尺'의 합칭이라기보다는 '津驛 등의 雜尺'으로 보는 편이 자연스럽다.

이상 살펴본 바와 같이 고려 전기 津, 驛, 鄕, 部曲, 莊, 處, 所 등 특수 행정구역에 거주하는 사람들은 군현민과 구별되어 '진역잡척'으로 불렸으며 때로는 이들을 '잡척', '잡척인'이라고도 하였다. 이처럼 소·부곡·진·역인 들이 부담하는 역의 내용 등이 서로 다름에도 불구하고 '잡척'으로 불렸던 것은 이들이 노비나 일반 군현인과 구별되는 독립된 신분층을 구성하고 있었던 것을 보여준다.[67] 따라서 이들을 잡척층이라고 부를 수 있을 것으로 생각된다. 또 진역잡척이 군현민이나 노비와 구별되는 존재로 언급되는 것은 고려 전기부터의 일이지만(사료 가-1), 고종 40년(1253)에도 '진역잡척'이라고 칭하고 있는 것(사료 가-3)이 주목된다. 이는 적어도 고종 40년까지는 기본

---

67) 劉承源, 「良賤制의 沿革」, 『朝鮮初期 身分制研究』, 을유문화사, 1987, 114쪽.

적으로 고려 전기 이래의 잡척제가 유지되었음을 보여주는 것이다.

그런데, 잡척층에는 이들 특수 행정구역 주민만이 아니라 稱尺者들도 포함시킬 수 있을 것이다. 고려시대의 칭척자로는 楊水尺, 墨尺, 刀尺, 稤尺, 琴尺 등이 기록에 나타난다.

이 중 楊水尺에 대해서는 고려 중기 이후 상당히 많은 기록이 보인다. 양수척은 본래 고려 태조가 백제를 칠 때 통제하기 어려웠던 사람들의 遺種이라는 설명이 있는 것으로 보아 고려 초부터 존재한 것으로 생각된다. 양수척은 본래 貫籍도 없고 따라서 국가에 대한 稅役 부담에서 제외되어 있었는데 그런 점에서 칭척자 중에서도 독특한 존재였다. 양수척에 대해서는 李義旼의 아들 李至榮이 朔州分道 將軍이었을 때 기생 紫雲仙에 소속시켜 貢을 징수한 것을 시작으로 하여 이후 崔忠獻이 計口徵貢하기를 더욱 심하게 하였다고 한다.[68] 대개 12세기 말 명종 때부터 시작된 것으로 보이는 양수척에 대한 徵貢은 정부 차원에서 이루어진 것이 아니고 당시 권력을 쥔 무인들에 의해서 자의적으로 이루어진 것이었다. 양수척은 그 신분상 지위가 일반 양인과 노비의 중간에 위치한다는 점에서 잡척층에 포함시킬 수 있겠지만, 고려 전기에는 국가에 대한 세역 부담이 없었다는 점에서 다른 잡척과는 구별되는 특이한 예에 해당된다.

양수척을 제외하면 墨尺, 刀尺, 稤尺, 琴尺 등의 칭척자들은 모두 여말선초의 기록에서 겨우 한두 개의 기록으로 모습을 보일 뿐이어

---

68) 『高麗史』 卷129, 列傳, 崔忠獻, 下冊, 799~800쪽, "初李至榮爲朔州分道將軍 楊水尺多居興化雲中道 至榮謂曰 汝等本無賦役 可屬吾妓紫雲仙 遂籍其名 徵貢不已 至榮死 忠獻又以紫雲仙爲妾 計口徵貢滋甚 楊水尺等大怨 及契丹兵至 迎降鄕導 故悉知山川要害道路遠近 楊水尺 太祖攻百濟時 所難制者遺種也 素無貫籍賦役 好逐水草 遷徙無常 唯事畋獵編柳器 販鬻爲業 凡妓種本出於柳器匠家 後楊水尺等帖匿名書云 我等非故反逆也 不堪妓家侵奪 故投契丹賊爲鄕導 若朝廷殺妓輩及順天寺主 則可倒戈輔國矣 忠獻聞之 乃歸其妓紫雲仙上林紅于其鄕 順天寺主亦恃勢自恣與妓爲亂者也 聞之亡去".

서 이들이 고려 전기에도 존재했었는지 확언할 수 없다. 하지만 양수
척이 일찍부터 있었다는 점, '잡척'이라는 용어로 보아 다양한 칭척자
의 존재가 예상된다는 점 등을 생각하면 고려 전기에 津·驛·鄕·
所·部曲 등 특수 행정구역의 주민 외에도 다양한 칭척자들이 존재
했을 가능성이 있다.

먼저 墨尺과 刀尺에 대한 『高麗史』의 기록으로는 昌王 즉위년
(1388) 趙浚의 전제개혁에 관한 상서문 중에서 보이는 것이 유일하
다.[69] 묵척, 도척에게 位田을 전례대로 절급하도록 건의하는 것으로
보아 이전에도 묵척, 도척에게 위전이 지급되고 있었음을 알 수 있다.
그런데 『조선왕조실록』에 도척은 보이지 않으나 묵척은 찾아볼 수
있다. 17세기 초 기록에서 司憲府에 묵척이 있었음이 확인된다.[70] 이
러한 조선시대 사헌부 소속의 묵척은, 사헌부에 소속되어 監察이 書
罪할 때 먹병을 들고 따라다니던 墨子[71]와 같은 것으로 생각된다. 그
런데 조준의 전제개혁안에 보이는 묵척은 사헌부에만 소속된 것으로
는 보이지 않는다. 紙匠이나 刀尺과 함께 언급된 것으로 보아 당시
중앙과 지방의 관청에 소속된 묵척이 많이 있었던 것이 아닌가 한다.

刀尺에 대해서는 조선 후기에 膳夫의 의미로 사용되었던 것으로
보아 고려시대에도 그러했을 것으로 추측된다.[72] 묵척, 도척과 함께
언급된 '水汲'은 『高麗史』에서는 이 기록이 유일한 것이지만, 조선시

---

69) 『高麗史』卷78, 食貨志1, 田制, 祿科田, 中冊, 717쪽, "(辛禑十四年)七月 大
司憲趙浚等上書日 …… 一位田 城隍鄕校紙匠墨尺水汲刀尺等位田 前例折
給".
70) 선조 40년(1607) 사헌부의 監察 元士悅이 사헌부의 나장과 묵척을 보내어
승지의 종을 잡아오도록 시킨 일이 있으며(『宣祖實錄』卷215, 宣祖 40年 8
月 丙寅, 25冊, 356쪽), 광해군 14년(1622)에도 사헌부의 墨尺에 관련된 기
록이 보인다(『光海君日記』卷178, 光海君 14年 6月 甲申, 33冊, 456쪽).
71) 『고법전용어집』, 법제처, 1979, 283쪽.
72) 劉承源, 「조선초기의 '身良役賤'階層」, 『한국사론』 1, 서울대, 1973/『朝鮮初
期身分制研究』, 을유문화사, 1987, 180쪽.

대에는 관청에서 물긷는 일을 담당하던 官婢를 '水汲' 혹은 '汲婢', '汲水婢'라고 하였다.[73] 고려시대의 水汲은 묵척, 도척과 함께 位田 지급대상자로 거론되는 것으로 보아 관노비가 아니라 관청에서 물긷는 일을 담당한 칭척자로 추측된다. 혹은 위의 전제개혁안에서 '墨尺水汲刀尺'이라 하고 있어서 '水汲刀尺'으로 연결되는 것일 가능성도 있다. 조선시대의 水汲婢도 물긷는 일만 담당한 것이 아니라 음식을 조리하는 일까지 담당한 것을 보면,[74] 수급과 도척이 서로 관련이 있다고 생각된다.

稼尺에 대한 기록은 조선 태종 11년의 기록이 유일한 것이다. 태종 11년(1411) 河崙의 얼자 河永을 從良시키는 일에 대해 왕은 기한을 넘겼지만 특별히 이를 허락하고 사헌부에 녕령하기를 하영의 母之祖가 久遠帳籍에는 백정으로 시행되어 오다가 50년 이후부터 稼尺으로 시행되고 있으니 의심스럽다고 하면서 다시 변정하도록 하였다.[75] 1411년으로부터 대략 50년 이전 즉 1361년 무렵 이전의 오래 된 장적에는 백정으로 되어 있으나 그 이후 장적에는 稼尺으로 되어 있다는 것이다. 태종은 하영의 출신을 수척의 후손이 아니라 백정의 후손으로 결정하도록 압력을 가하고 있다. 이 기록을 통해 적어도 여말선초에 수척이 있었다는 것을 알 수 있다. 수척은 고을마다 있었던 곡식 창고인 稼庫[76]와 관련된 업무를 신역으로 하고 있는 칭척자로 추측

---

73) 丁若鏞 저, 茶山硏究會 역주,『譯註 牧民心書』1, 창작과비평사, 1979, 151쪽 ;『譯註 牧民心書』2, 1979, 107쪽.

74) 丁若鏞 저, 茶山硏究會 역주,『譯註 牧民心書』2, 107쪽.

75)『太宗實錄』卷21, 太宗 11年 1月 甲子, 1冊, 572쪽, "崙啓曰 臣之孼子永從良之事 憲司以限年未呈郤之 乞命受理 上特許之 命司憲府曰 河永良賤事 汝等謂以限內未呈不當受理 然永母之祖 於久遠帳籍 以白丁施行 五十年以後 乃以稼尺施行 則不無疑慮也 宜更辨正".

76) 稼庫에 대한 기록은 태종 18년(『太宗實錄』卷35, 太宗 18年 2月 辛丑, 2冊, 206쪽), 성종 원년(『成宗實錄』卷6, 成宗 1年 6月 乙卯, 8冊, 507쪽) 등 몇 개 더 보이는데, 각 고을마다 곡식창고로서 稼庫가 있었던 것으로 생각된다.

된다.[77]

또, 琴尺이라는 칭척자도 있었다. 금척에 대해서는 『高麗史』에 기록이 없고 『조선왕조실록』에 '前朝의 身良役賤者'로 금척이 보인다. 고려조의 身良役賤者 가운데 오직 금척의 딸만을 妓役으로 정했을 뿐 그 나머지는 모두 無役이라는 내용이다.[78] 금척은 신라 樂工의 하나로 『三國史記』에 모습을 보이지만,[79] 고려시대의 악공은 신분상 서인으로서[80] 칭척자인 금척과는 구별해야 할 것이다. 금척은 그 명칭으로 보아 그들이 담당한 일은 악공과 비슷하였을 것이지만, 신분 지위가 악공보다 한 단계 낮았을 것으로 짐작된다.

이상에서 墨尺, 刀尺, 稤尺, 琴尺 등 칭척자에 대해 살펴보았는데, 이들이 관청에서 서류 작성에 필요한 먹의 조달 관리, 음식 조리, 창고 관리, 악기 연주 등과 관련된 신역을 담당하였다면 고려 전기에도 이러한 인원이 필요했을 것이다. 고려 전기 이들의 존재를 보여주는 기록은 없지만, 고려 전기 '잡척'이라는 범주가 있었던 것으로 보아

---

77) 숙척에 대해서는 창고직의 일종으로 이해하기도 하고(유승원, 「조선초기의 '신량역천'계층」, 『朝鮮初期身分制硏究』, 을유문화사, 1987, 192쪽), 各宮 곧 왕실의 雜務에 사역되는 職役으로 보는 견해도 있다(李景植, 「高麗末期의 白丁代田」, 『학예지』 3, 육사육군박물관, 1993, 111쪽).

78) 『太宗實錄』 卷26, 太宗 13年 9月 丙子, 1冊, 685쪽, "議政府上干尺白冠等 人女孫立役之法 啓曰其在前朝身良役賤者 唯琴尺之女 定爲妓役 其餘皆 無役 國初屬司宰監身良水軍之女 皆不定役 乞以干尺白冠等人女孫 自壬 辰年受敎以後從良者 依前朝判定百姓例立役 從之". 또, 세종 17년(1435)에는 琴尺의 女孫인 朴彧이 전에 寧海敎授官이 되었을 때, 琴尺의 여손으로서 본향인 盈德의 수령을 욕보였다고 하여 파면된 일이 있었음을 전하는 기록이 있다(『世宗實錄』 卷69, 世宗 17年 7月 丁亥, 3冊, 642쪽).

79) 신라에서는 樂工을 모두 '尺'이라 불렀으며 여기에 琴尺, 笛尺, 歌尺, 舞尺 등이 있었다. 『三國史記』 卷32, 雜志, 樂志, "政明王九年 幸新村 設醣奏樂 笛舞 監六人 笛尺二人 舞尺一人 下辛熱舞 監四人 琴尺一人 舞尺二人 歌 尺三人 …… 羅時 樂工皆謂之尺".

80) 『高麗史』 卷73, 選擧志1, 科目1, 中冊, 590쪽, "文宗二年十月 判 …… 若醫 業 須要廣習 勿限戶正以上子 雖庶人 非係樂工雜類 並令試解".

잡다한 종류의 칭척자들이 고려 전기부터 존재하였고 이들은 잡척의 범주에 포함된 것으로 이해해도 좋지 않을까 한다. 하지만 고려 전기 잡척층에 이들을 포함시킨다고 하더라도 잡척층의 대부분을 이룬 것은 특수 행정구역의 주민이라 할 것이다.

이제 이들 잡척층이 담당한 役에 대해 살펴보기로 하자.

먼저 고려 전기의 驛은 교통·운수를 담당한 기관의 의미가 아니라 그러한 기관이 설치된 행정구역을 의미하였으며, 그 주민은 驛吏, 驛丁戶, 驛白丁 등으로 구성되었다. 驛丁戶는 驛의 등급에 따라 額數가 정해졌는데, 만약 토지가 있는데도 역정호가 부족할 때는 역백정 중 자원자를 충립하도록 하였다.[81] 역정호는 토지를 지급받으며 驛에서 이루어지는 運送·傳命과 관련된 役을 담당하였을 것이며, 역백정은 驛이라는 행정구역 안에 속해 있는 토지 중 국가에 조세를 바치는 토지를 경작하는 농민이었을 것으로 생각된다.[82]

驛丁戶와 驛白丁의 존재는 군현지역에서 직역층으로서 丁戶層과 직역이 없는 白丁層의 구별과 다를 바 없어 보이기도 한다. 하지만 驛의 민호는 역정호와 역백정으로 나뉘어 있음에도 불구하고 '진역 잡척'으로 불렸다. 또 '高麗式目形止案'에서 驛丁은 잡척으로서 白丁軍과 구별되어 파악되었는데(사료 가-4), 잡척 항목의 驛丁이 驛丁

---

81) 『高麗史』卷82, 兵志2, 站驛, 中冊, 801~802쪽, "分各驛丁戶爲六科 …… 一科 丁七十五 二科丁六十 三科丁四十五 四科丁三十 五科丁十二 六科丁七 …… 若有田而丁口不足 以本驛白丁子枝自願者 充立". 이 자료는 연대가 기록되어 있지 않은데 6科의 성립 시기를 대체로 성종대에서 문종대 사이로 보고 있기 때문에(劉善浩, 『高麗郵驛制硏究』, 단국대 박사학위논문, 1992, 35~36쪽 참조), 고려 전기 驛制가 정비될 무렵의 사정을 보여주는 것으로 볼 수 있다.

82) 驛이 租稅도 부담했던 것에 대해서는 홍승기, 「천민」, 『한국사 5』, 국사편찬위원회, 1975, 348쪽 참조. 『高麗史』卷80, 食貨志3, 賑恤, 災免之制, 中冊, 766쪽, "(文宗)十五年正月 湞西道撫問使尙書考功員外郞韓丁翊奏 管內龍泉驛 曩被水灾 公館民居 並皆漂沒 今方遷徙創造館宇 民力勞匱 請減今明兩年租稅 從之".

戶만을 가리키고 驛白丁은 뒤의 白丁軍으로 파악되었다고는 생각되지 않는다. 진역잡척이 백정과 구별된 것은 인종대의 監試格에서 庄丁이 白丁과 구별되며 보다 불리한 조건에 있었던 것[83]으로 보아도 짐작된다. 진·역·향·소·부곡 등 특수 행정구역의 주민은 일반적으로 백정과 구별되었던 것이다.

이렇게 보면 驛丁戶는 驛에서 運送·傳命과 관련된 役을 담당하며 토지를 받았다는 점에서 驛白丁과 구별되었지만, '高麗式目形止案'에서처럼 전체 민을 파악할 때는 驛丁으로서 함께 파악되면서 백정과는 구별되었던 것이다. 驛丁戶의 문제는 이러한 특수 행정구역의 吏에게도 해당된다. 향·소·부곡의 吏에게도 그들이 담당하는 직무·역할과 관련하여 국가로부터 토지가 지급되었다. 향·소·부곡 등 특수 행정구역의 吏와 역정호는 잡척층에 포함되면서도 국가로부터 토지를 받는 특수한 경우이며, 이들을 군현의 향리나 군인과 같은 성격의 직역층으로 보기 어렵다고 생각된다.

고려 전기 驛의 주민은 驛吏, 驛丁戶, 驛白丁으로 구별되어 있었지만 이들 사이의 구별은 점차 사라져서 驛吏가 驛戶,[84) 驛子[85)로 불리게 되었다.

교통·운수기관으로서 驛과 함께 자주 連稱되는 津이 있는데, '高麗式目形止案'에서는 津丁이 江丁과 함께 '津江丁六百二十四'로 파악되었다(사료 가-4). 특수 행정구역으로서 江에 대해서는 毅宗대 禮

---

83) 『高麗史』 卷73, 選擧志1, 科目1, 中冊, 591~593쪽, "(仁宗十四年)十一月
判 …… 凡明經業監試格 庄丁 十二机 以周易尙書毛詩各二机 禮記春秋各
三机 白丁 九机 以周易尙書各一机 毛詩禮記各二机 春秋三机……".

84) 驛吏를 驛戶라 한 것은 충숙왕 때의 폐행인 申靑에 대해 '多仁縣伐里驛吏'
라고 하고 곧 이어 '靑本驛戶'라고 함을 보아도 알 수 있다(『高麗史』 卷124,
列傳, 申靑, 下冊, 698~699쪽).

85) 『高麗史』 卷78, 食貨志1, 田制, 祿科田, 中冊, 714쪽, "忠穆王元年八月 都
評議使司言 …… 乞依先王制定 京畿八縣土田 更行經理 御分宮司田 鄕吏
津尺驛子雜口分位田 考覈元籍量給".

成江人들이 縣으로 승격시켜 줄 것을 바라고 의종이 총애하던 환관 白善淵 등에게 뇌물을 준 일이 있었음을 보아도 알 수 있다.86) 이러한 임내로서의 江은 元宗대까지도 그 존재가 확인된다.87)

江邊에 위치한 특수 행정구역으로는 津·江 외에 渡도 있었다. 津·江·渡는 서로 혼동되어 사용된 것으로 보인다. 渡가 江으로 기록된 예는 벽란도를 벽란강이라 한 데서 볼 수 있고,88) 津을 渡라 한 것은 沙平津을 沙平渡라 한 데서 알 수 있다.89) 津과 關은 각각 수륙의 要處에 설치된 기관을 가리키는 것으로 關津으로 병칭되기도 하지만 津을 가리켜 關이라고도 하였다. 사평진을 사평관이라 한 기록이 그것이다.90) 이렇게 보면 津·江·渡 등은 강변에 위치한 특수 행정구역으로서 성격이 같은 것이며 그 거주민은 고려 전기 이래 '진역잡척'으로서 인식되었던 것이다.

津에는 津吏가 있었다.91) 최승로의 시무28조에서 문제로 제기한

---

86)『高麗史』卷122, 列傳, 白善淵, 下冊, 662쪽.

87) 원종 12년(1271)의 일인데, 西京이 西海道의 銀波莊과 三進江을 분할하여 屬縣으로 삼으려 하니 원종이 元의 中書省에 글을 보내 그 불가함을 말하고 元帝의 명으로 예전처럼 고려에 속하게 해 달라고 요구하였다. 이 때 서경에 동녕부가 설치되어 元의 직속령이 되어 있었는데 서해도의 은파장과 삼진강을 동녕부에 포함시키려는 의도를 저지하려 한 것이다. 여기서 江이 莊과 함께 독립된 행정구역으로서 屬縣으로 언급됨이 주목된다(『高麗史』卷27, 世家, 元宗 12年 7月 丙寅, 上冊, 548쪽).

88)『高麗史』卷128, 列傳, 李義旼, 下冊, 785쪽, "至榮以碧瀾江普達院爲願利".

89)『高麗史』卷56, 地理志1, 中冊, 256쪽, "南京留守官 …… 漢江[卽沙平渡]";『高麗史』卷100, 列傳, 丁彦眞, 下冊, 230쪽 ;『東國李相國集』卷6, 宿沙平津/『高麗名賢集』1, 66쪽. 선초에는 津을 津渡로 표현한 예가 많다.

90)『東國李相國集』卷7, 次韻朴還古南遊詩十一首 幷序/『高麗名賢集』1, 87쪽.

91) 津吏의 존재는 흔히 '鄕部曲津驛吏'로 연칭되는 데서도 알 수 있지만(『高麗史』卷75, 選擧志3, 銓注, 鄕職, 中冊, 653쪽), 文集을 통해서도 확인된다(『稼亭集』卷20, 度官遊戲作/『高麗名賢集』3, 131쪽 ;『陶隱文集』卷2, 鄕生朴歸父之行民望以詩爲贐次韻/『高麗名賢集』4, 381쪽).

바 큰 집을 짓는 津渡의 豪右[92]란 대개 津渡의 吏일 것으로, 고려 초
에는 상당한 재력을 가진 津吏가 있었던 듯하다. 津의 주민에는 뱃사
공이나 어부가 있었을 것인데, 이는 의종대에 예성강인들이 왕이 참
여한 예성강 놀이에서 水戲를 벌였을 때 예성강의 篙工·漁者 들이
동원된 것을 보아도 알 수 있다.[93] 漁者는 고려시대의 문집에서 沙戶
로 표현되기도 하였는데,[94] 沙平津에서 지은 시 중에서도 篙工·沙
戶에 대한 언급을 찾아볼 수 있다.[95] 津江의 주민이 뱃사공이나 어부
인 것은 당연히 짐작되는 일이지만, 때로는 縣으로 승격되기 위해 뇌
물을 줄 정도의 경제력을 가진 곳도 있었음을 보면 상당한 면적의 토
지를 가진 경우도 있었을 것이다.

이와 관련해서 津의 농장에 관한 기록도 관심을 끈다. 宣宗 원년
(1084)에 東女眞이 興海郡 母山津農場을 침입하여 戍卒이 이를 격
퇴하였다는 기록이다.[96] 홍해군 모산진농장은 연안 屯田의 하나로
생각되는데[97] 이러한 둔전이 津에 있었다. 여기서 주목되는 점은 고
려 전기의 津이 단순히 나루터로서 수로교통을 담당하는 데 그치는
것이 아니라, '農場'이라 할 정도로 농업을 상당 규모로 하고 있는 경
우도 예상된다는 점이다. 고려 전기 津의 주민에는 뱃사공이나 어부
외에 농민도 포함될 여지가 있다고 생각된다. 그런데, 고려 전기의 津

---

92) 『高麗史節要』 卷2, 成宗 元年 6月, 47쪽, "由是諸州郡縣及亭驛津渡豪右
競構大屋 踰越制度".

93) 『高麗史』 卷18, 世家, 毅宗 19年 4月 戊申, 上冊, 377쪽.

94) 李奎報는 어부인 沙戶가 물고기를 稅로 납부하고 있음을 말하였다. 『東國
李相國集』 卷6, 馬巖會賓友大醉夜歸記所見贈鄕校諸君/『高麗名賢集』 1,
76쪽, "沙戶魚爲稅 畋師鹿作租".

95) 『東國李相國集』 卷10, 沙平江上偶吟/『高麗名賢集』 1, 119쪽.

96) 『高麗史』 卷10, 世家, 宣宗 1年 6月 壬午, 上冊, 202쪽, "東女眞寇興海郡母
山津農場 戍卒擊敗之 擒五人".

97) 白賢珠, 「高麗時代 屯田의 연구」, 연세대 석사학위논문, 1973 ; 安秉佑, 「고
려의 둔전에 관한 일고찰」, 『한국사론』 10, 서울대국사학과, 1984, 5쪽.

에 다양한 성격의 주민이 있었더라도 이들은 모두 '진역잡척'으로서 일반 양인과 구별되는 잡척층이었다.

이처럼 상당한 토지를 가지며 다양한 주민 구성을 보이는 津江의 모습은 고려 전기의 津江이며 고려 후기에는 점차 교통·운수기관만을 지칭하는 것으로 바뀌어 갔다. 그런 점에서 津은 驛과 비슷한 형태의 변화 과정을 겪었다. 驛의 주민이 역리·역정호·역백정으로 구성되었다가 고려 후기에는 驛吏가 곧 驛戶 혹은 驛子로 불린 것과 마찬가지로, 津에서도 고려 전기에는 津吏와 다양한 성격의 津丁이 있었는데 고려 후기에는 津吏가 곧 津尺으로 불리게 되었다.[98]

고려 전기 津驛의 주민 가운데 일부는 신역으로서 교통·운수기관에서 잡다한 업무에 종사하였으며 또 일부는 농업이나 어업에 종사하며 국가에 조세를 납부하고 있었던 것으로 생각된다.

다음으로 鄕·部曲·莊·處는 농업을 주업으로 하는 지역으로서, 그 주민은 특수한 토지를 경작하는 役을 담당한 것으로 생각된다. 장·처의 토지는 내장택, 궁원, 사원에 分屬되어 田租를 납부하였는데,[99] 莊處民은 이들의 佃戶로서 1/4租를 부담하고 있었던 것으로 이해되고 있다.[100] 향·부곡은 대체로 성격이 같은 것으로 이해되는데,[101] 부곡민은 屯田 경작에 충당되기도 하였다.[102] 필자는 부곡의

---

98) 『高麗史』卷78, 食貨志1, 田制, 祿科田, 中冊, 714쪽, "忠穆王元年八月 都評議使司言 …… 乞依 先王制定 京畿八縣土田 更行經理 御分宮司田 鄕吏津尺驛子雜口分位田 考覈原籍量給 兩班軍閑人口分田 元宗十二年以上公文 考覈折給 其餘諸賜給田 竝皆收奪 均給職田 餘田公收租稅 以充國用 制可".

99) 『新增東國輿地勝覽』卷7, 驪州牧, 古跡, 登神莊, "高麗時 …… 又有稱處者又有稱莊者 分隷于各宮殿寺院及內莊宅 以輸其稅".

100) 莊處의 수조율에 대해서는 군현의 민전 수조율과 함께 1/4로 보는 견해(姜晉哲,『高麗土地制度史研究』, 고려대출판부, 1980, 405쪽)도 있지만, 군현의 민전 수조율은 1/10로 보고 莊處의 궁원·사원전 등에는 이에 비해 고율인 1/4이 적용된 것으로 보는 연구가 나오고 있다(朴鍾進,『高麗時代 賦稅制度 研究』, 서울대 박사학위논문, 1993, 71~72쪽).

토지가 田柴科의 科田으로 지급되었으며 그 수조율이 1/4이 아닐까 추측하였는데[103] 이렇게 보면 향·부곡민은 전시과의 과전이나 국둔전 등의 토지를 경작하는 역을 졌던 것으로 생각할 수 있겠다. 향·부곡민은 이외에도 布·役과 貢役을 부담하였는데[104] 이들의 貢役은 군현지역에 비해 더 무거웠을 것으로 예상된다.

所는 수공업을 주업으로 하는 지역으로서 광산물과 해산물, 특수한 수공업 생산품 등을 생산하여 국가에 납부하는 역을 부담하였다. 所에도 所吏와 匠人, 장인을 보조하는 일반 所民 등[105] 다양한 주민구성을 보이는 것으로 생각된다.

이상 살펴본 津·驛·鄕·所·部曲·莊·處는 함께 연칭되며 동질성을 가지는 특수 행정구역임이 분명한데, 고려 전기에는 이외에도 군현지역보다 한 단계 낮은 지위에 있는 행정구역으로 島가 있었다. 고려 전기 島民은 흔히 범죄자의 후손으로 인식되어 천시되고, 해산물 등 특산물을 수시로 징수당하는 등 일반 군현민에 비해 무거운 貢役 부담을 지고 있었다.[106] 島民이 군현민에 비해 차별대우를 받았던

---

101) 임건상, 『조선의 부곡제에 관한 연구』, 1963 ; 박종기, 『고려시대 부곡제연구』, 1990, 142쪽 참조

102) 『高麗史節要』 卷3, 顯宗 15年 正月, 92~93쪽, "顯宗十五年 都兵馬使奏 發西京畿內河陰部曲民百餘戶 徙嘉州南屯田所 以充佃作". 현종 15년(1024) 河陰部曲民 100여 호를 發하여 嘉州 남쪽 둔전소에 옮기고 佃作에 충당시키자는 都兵馬使의 건의가 실행되었는지 여부는 확인할 수 없지만 부곡민이 둔전 경작자로 充定될 수 있는 농민이었음이 주목된다.

103) 오일순, 「高麗前期 部曲民에 관한 一試論」, 『학림』 7, 1985.

104) 『高麗史』 卷80, 食貨志3, 賑恤, 恩免之制, 中冊, 763쪽, "(睿宗)三年二月 以封王太后 …… 東西州鎭及諸州縣鄕部曲等雜所長吏 漏失雜物色徵還及徭貢未收者 限乙酉年 銀金 限癸卯年 並皆放除" ; 『高麗史』 卷80, 食貨志3, 賑恤, 災免之制, 中冊, 766~767쪽, "(肅宗)七年三月 三司奏 東京管內州郡鄕部曲十九所 因去年久旱 民多飢困 乞依令文 損四分以上免租 六分以上免租調 七分以上課役俱免 已輸者 聽折減來年租稅 制可".

105) 朴宗基, 『高麗時代部曲制硏究』, 서울大出版部, 1990, 75쪽 ; 徐明禧, 「고려시대 '鐵所'에 대한 연구」, 『한국사연구』 69, 1990, 19쪽.

것은 효자에 대한 포상에서 그 籍을 군현으로 옮겨주고 있는 것에서
도 확인된다.107) 차별대우를 받는 섬은 물론 군현이 설치되지 않은
섬일 것이다. 이러한 島民을 잡척층에 포함시켜도 좋을지 망설여지
나, 조정에 필요한 각종 해산물을 조달하는 무거운 貢役을 지면서 군
현으로 編籍되기를 바라고 있던 고려 전기의 島民은 크게 보아 잡척
층의 범주에 넣을 수 있을 것으로 여겨진다.

이상에서 고려 전기 특수한 행정구역으로서 津·驛·鄕·部曲·
莊·處·所 등의 주민은 군현민과 구별되면서 잡척층을 이루었으며,
이들은 교통·운수기관의 운영이나 둔전·왕실전·궁원전·사원전
등의 경작, 수공업품 생산 등에 관련된 신역을 담당하였음을 살펴보
았다. 군현의 丁戶가 담당하는 직역 외의 다양한 役을 잡척이라 부르
는 특정 신분집단에 세습시키는 이러한 제도를 '雜尺制'라 부를 수
있겠다. 고려정부는 정호제와 잡척제를 통해 국가에 필요한 다양한
역을 징발하고 있었던 것이다.

고려정부는 잡척층에 대해서 각종 규제를 만들어 그들에게 부과된
신역을 世傳하도록 강제하였다. 고려 전기 鄕·部曲·津·驛人은 승
려로 출가하는 것이 금지되었고,108) 顯宗 13년에는 戶長 칭호에서도
향·부곡·진·역리는 '長'이라고만 칭하도록 하였으며,109) 靖宗 11

---

106) 『高麗史節要』卷2, 成宗 元年 6月, 47쪽, "一諸島居民 以其先世之罪 生長
海中 活計甚難 又光祿寺 徵求無時 日至窮困 請從州郡之例 平其貢役".

107) 『高麗史節要』卷2, 成宗 9年 9月, 54~55쪽, "(成宗九年)九月敎日 …… 車
達三人咸富等四人 免出驛島 隨其所願 編籍州縣 順興等五人 擬授官階 以
揚孝道". 島民이 州縣에 編籍되는 것은 군현민이 官階를 받는 정도에 해당
하는 혜택이었음을 알 수 있다.

108) 『高麗史』卷85, 刑法志2, 禁令, 中冊, 859쪽, "禁鄕部曲津驛兩界州鎭編戶
人爲僧".

109) 『高麗史』卷75, 選擧志3, 銓注, 鄕職, 中冊, 653쪽, "(顯宗)十三年四月 崔士
威奏 鄕吏稱號混雜 自今諸州府郡縣吏 仍稱戶長 鄕部曲津驛吏 只稱長 從
之".

년 判에서는 향·부곡인 자손은 과거 응시가 금지되었다.110) 또 진역부곡인과 군현인 사이에 낳은 자식은 모두 진역부곡에 속하게 하고, 잡척끼리의 혼인에서도 그 자식은 반으로 나누어 각각의 지역에 속하며 남는 수는 어머니 쪽에 속하게 하는 규제가 있었다(사료 가-2). 잡척끼리의 혼인에 대해 그 자식을 반으로 나눈다는 규정이 현실적으로 얼마나 실행되었을까 하는 것은 의문이지만, 잡척의 역과 신분은 親孫과 外孫 모두에게 세전할 것이 강요되었던 것이다.

고려 전기 잡척층이 일반 양인보다 하위의 신분임은 진역부곡인과 군현인 사이의 소생을 모두 진역부곡에 소속시킨다는 규정에서도 알 수 있는데, 실제로 진역잡척을 '양민'과 구별하여 언급하기도 하였다. 고려 태조의 훈요십조에서는 차현 이남 공주강 바깥 출신 인물에 대해 경계하면서, 그 지방 진역잡척이 '或投勢移免 或附王侯宮院'하여 간교한 말로써 정치를 어지럽힐 것을 경계하고 아울러 비록 '양민'이라도 그 지방 사람들은 정치에 참여시키지 말라고 하였다(사료 가-1). 잡척과 '양민'을 일단 구별해서 언급하고 있는 것이 주목된다.

그렇지만 잡척을 '양민'과 구별해서 언급했다고 해서 바로 賤人이라고 말하기도 어렵다. 이는 여말선초 干尺이 '양인'과 구별되면서도 이들을 '身良役賤'이라 하여 '身良'임을 분명히 하고 있는 것을 보아도 그렇다.111) 고려 말의 간척에 대해서는 '身良'임을 분명히 한 데 비해 고려 전기의 잡척에 대해서는 이러한 분명한 기록이 없다. 잡척에 대해 良, 賤의 이분법적인 구분을 적용한다면 노비가 아니라는 점에서 양인의 범주에 포함된다고 하겠지만,112) 일반 양인과 노비의 중

---

110) 『高麗史』 卷73, 選擧志1, 科目1, 中冊, 590쪽, "(靖宗)十一年四月 判 五逆五賤不忠不孝鄕部曲樂工雜類子孫 勿許赴擧".

111) 선초의 기록에 의하면 "고려의 제도에 身良役賤者인 丁吏, 驛吏, 干尺 등의 딸은 良夫에게 시집가면 良人이 되고 同類에게 시집가면 그 役을 세운다"(『太宗實錄』 卷27, 太宗 14年 1月 己卯, 2冊, 1쪽)고 하여 干尺을 '良夫' '良人'과 구별되는 존재로 설명하였다. 干尺을 '良人'과 구별하면서도 '身良役賤者'라 하여 '身良'임을 인정하고 있다.

간에 위치하고 있었다고 하는 편이 더 정확할 것이다.113)

그런데 고려 전기의 잡척을 양인의 범주에 포함시킨다고 하여도 일반 양인인 군현의 백정과의 신분 지위상의 격차는 상당히 심하였다. 이는 그 交嫁 所生을 모두 진역부곡에 소속시키도록 한 것이나, '양민'과 구별되는 존재로 인식되었던 점 등에서도 알 수 있다. 또 잡척층을 양인 신분의 범주에 포함시켜 볼 수 있다고 해도, 당시에는 양인이라고 하여 모두 사환권이 있었던 것도 아니었다. 오히려 사환권을 기준으로 볼 때는 문종대 당시 상층 향리층인 호장층과 그 아래의 계층들 사이에 큰 간격이 있었다.114)

---

112) 종래 향소부곡민 등에 대해서는 賤人으로 간주해 왔으나 최근에는 良人으로 보는 견해가 우세해지는 경향을 보인다. 이에 대해서는 洪承基,「신분제도」,『한국사 15』, 국사편찬위원회, 1995, 54쪽 참조.

113) 고려 전기의 잡척층은 庶人의 범주에 포함되지 않았던 것으로 생각된다. 문종 2년 향공에 관한 판문에서 의업의 경우 비록 서인이라도 악공·잡류에 관계된 자가 아니면 허락하라는 내용이 보인다(본서 제1장 주 21)의 사료). 이 때 잡류에 관계된 자도 응시할 수 없었던 의업에 부곡민 등이 응시할 수 있었을 것으로는 생각되지 않는다. 그런데도 여기서 서인 가운데 악공·잡류에 관계된 자만 아니면 응시할 수 있도록 하여 향부곡민 등의 언급이 없는 것을 보면 이들이 서인의 범주에 포함되지 않았기 때문이 아닐까 한다.

114)『高麗史』卷73, 選擧志1, 科目1, 中冊, 590쪽, "文宗二年十月 判 各州縣副戶長以上孫 副戶正以上子 欲赴製述明經業者 所在官試貢京師 尙書省國子監審考 所製詩賦違格者及明經不讀一二机者 其試員科罪 若醫業 須要廣習 勿限戶正以上子 雖庶人 非係樂工雜類 並令試解".

제2장 雜類層의 성격과 雜類職의 雜色役化

1. 雜類의 종류와 신분적 성격

1) 雜類의 종류

고려 전기의 잡류로 기록에 나타나는 것은 電吏, 所由, 注膳, 幕士, 驅史, 門僕, 杖首, 大丈 등이다.[1] 이들 가운데 電吏·驅史는 使令·從者의 역할을 담당하고, 所由·杖首·大丈은 刑官 卒徒, 門僕은 관청의 출입문 수위, 注膳은 식사 준비, 幕士는 張設의 임무를 맡은 것으로 알려져 있다.[2] 잡류 중『高麗史』百官志 吏屬 항에 기록되어 있는 것은 中書門下省 소속의 電吏 180인과 門僕 10인, 刑部 소속의 杖首 26인, 御史臺의 所由 50인, 尙舍局의 幕士 40인, 供驛署의 幕士 40인, 守宮署의 幕士 50인 등이고,[3] 明宗 때 西京에 電吏 25인을 배치한 기록이 있다.[4] 注膳은 吏屬 항에 보이지 않지만 尙食局에 속한 雜路 8인이 注膳과 관련된 것으로 추측되고, 尙衣局의 吏屬인 注衣 1인도 잡류로 이해된다.[5] 驅史와 大丈은『高麗史』百官志에 보

---

1)『高麗史』卷75, 選擧志3, 限職, 中冊, 641~642쪽, "(文宗)十二年五月 ……
   戊子年制 電吏所由注膳幕士驅史門僕子孫……"; "(肅宗元年)七月 判
   …… 注膳幕士所由門僕電吏杖首等雜類……"; "仁宗三年正月 判 電吏杖
   首所由門僕注膳幕士驅史大丈等子孫……".

2) 洪承基,「高麗時代의 雜類」,『歷史學報』57, 1973, 61~63쪽.

3)『高麗史』卷76, 百官志1, 中冊, 659~684쪽.

4)『高麗史』卷77, 百官志2, 外職 西京留守官, 中冊, 698쪽.

이지 않는데, 大丈은 그 명칭으로 보아 杖首와 비슷한 刑官 卒徒로 추측되고 있다.6) 또 驅史에 대해서는 다른 기록을 통해서, 이들이 관리들에게 분급되어 종자의 역할을 담당하고 여러 관청이나 궁원에도 소속되었던 것을 알 수 있다. 驅史는 驅使, 丘史로 기록되기도 하고 驅從, 丘從으로도 불렸다.7)

또 고려 전기의 잡류를 나열한 기록 중에 보이지는 않지만 잡류에 속한다고 생각되는 것으로 螺匠이 있다. 나장에 관해서는 『高麗史』 兵志 撿點軍 항목 중 街衢監行과 관련해서 나장이 배치되어 있는 것이 확인된다.8) 街衢監行을 담당하는 軍人(撿點軍) 40명과 함께 나장 11명이 배치되어 있는데, 나장의 소속처에 대해서는 설명이 없다. 街衢所가 범법자를 逮捕, 拘置, 治罪하는 기관인 점을 생각하면, 가구소에 刑官 卒徒로서 나장이 소속되어 있었던 것이 아닌가 한다.9) 가구소는 문종 30년에 설치되었다고 하는데,10) 나장도 이 때 설치되었을 가능성이 있다. 그런데 이 兵志 撿點軍 항목에 실린 기록이 어느 시기의 것인지 분명치 않은 데 비해, 명종 26년(1196) 이전에 監倉使 휘하에 나장이 있었음을 보여주는 기록이 있다.11)

---

5) 洪承基, 앞의 글, 1973, 61~65쪽.

6) 洪承基, 위의 글, 63쪽.

7) 驅史는 驅使, 丘史와 같은 것이다(金光洙, 「高麗時代의 胥吏職」, 『韓國史研究』 4, 1969, 11쪽). 그리고 『高麗史』의 趙浚傳에서 '驅史'로 기록된 것이 같은 내용을 수록한 刑法志에서는 '驅從'으로 되어 있다. 또 '丘從'은 『高麗史』에서는 찾을 수 없지만 李穡의 詩 "使丘從往視駱駝橋水云涉者腰以上於是縮坐又吟"(『牧隱詩藁』 卷18/『高麗名賢集』 3, 성균관대 대동문화연구소, 1973, 502쪽)에서 볼 수 있고, 또 『조선왕조실록』에 많이 나타난다.

8) 『高麗史』 卷83, 兵志3, 撿點軍, 中冊, 820쪽, "街衢監行 將校二 螺匠十一 都典十一 軍人四十".

9) 鮮初의 나장은 司憲府의 所由, 刑曹의 杖首와 함께 刑官卒徒로서 義禁府에 소속되어 있었다(申解淳, 「朝鮮前期의 西班京衙前 皂隷·羅將·諸員」, 『大東文化研究』 21, 1987, 185쪽).

10) 『高麗史』 卷77, 百官志2, 諸司都監各色, 中冊, 692쪽.

螺匠은 이후 元宗 11년(1270)에도 그 존재가 확인되는데,[12] 확실한 소속관청이 나타나는 것은 충렬왕대에 설치된 巡軍萬戶府에 이르러서이다.[13] 순군만호부의 螺匠은 우왕 13년에 冠服제도를 明나라 제도에 따라 개정하는 조처에서 '巡軍螺匠'[14]으로 모습을 보인다. 나장은 巡軍에 소속되어 도성 순찰 업무를 담당할 뿐 아니라, 충렬왕 2년(1276) 왕의 명령에 따라 죄인을 체포한 기록이 있다.[15] 충혜왕 後3년(1342) 왕의 행차에서 호위를 담당하는 侍從의 역할을 하기도 하고,[16] 충목왕대에는 行省에서 나장을 지방에 파견하여 作弊하는 일이 문제가 되기도 하였다.[17] 고려 전기 잡류에 관한 자료에서 나장을 언급한 예를 찾을 수 없지만, 적어도 명종대에는 나장이 있었던 것을 보면 원간섭기에 巡馬所(뒤의 巡軍萬戶府)가 설치되기 이전부터 나

---

11) 『高麗史節要』 卷13, 明宗 26年 4月, 357쪽. 명종 26년 4월에 최충헌이 李義旼 일족을 처형하였는데, 그 전에 이의민의 아들 李至榮이 朔方道分道將軍일 때 監倉使 崔莘尹을 죽이려 하다가 그는 도망가고 휘하 나장을 죽인 일을 언급하고 있다.

12) 『高麗史節要』 卷18, 元宗 11年 12月, 489쪽, "初螺匠木同 認良民爲隷 賣與達魯花赤".

13) 충렬왕 때 설치된 巡馬所 소속의 나장을 고려시대의 잡류계 이속직에 포함시킬 수 있을 것이라는 점이 지적된 바 있다. 이에 대해서는 申解淳, 「朝鮮前期의 西班京衙前 皂隷·羅將·諸員」, 『大東文化硏究』 21, 1987, 186~187쪽 참조.

14) 『高麗史』 卷72, 輿服志1, 冠服通制, 中冊, 567쪽, "(辛禑)十三年六月 始革胡服 依大明制 …… 巡軍螺匠團領皂衣纏帶 唯所由團領皂衣 丁吏黃衣 抄紫衣 其頭巾與帶仍元制 以其微賤不改".

15) 『高麗史』 卷28, 世家, 忠烈王 2年 11月, 上冊, 573쪽, "南京司錄李益邦 齎八關賀箋來 有人以私憾 因內竪譖之 王遣螺匠 鎖頸以來".

16) 韓㳓劤, 「麗末鮮初 巡軍硏究」, 『震檀學報』 22, 1961, 73쪽 ; 『高麗史』 卷36, 世家, 忠惠王 後3年 4月, 上冊, 734쪽, "夏四月戊辰王擊毬于崇仁門外 去儀衛 止令螺匠啓道".

17) 『高麗史』 卷84, 刑法志1, 職制, 中冊, 846쪽, "忠穆王元年 整理都監狀 …… 近年以來 行省令宣使螺匠等 授牌字發送 攪擾民閒 今後稱宣使螺匠作弊者 械送于京".

장이 있었던 것은 분명하다. 또 街衢와 관련된 나장의 존재로 보아 가구소가 설치된 문종 30년 무렵에는 나장이 있었던 것으로 보인다. 나장은 所由·杖首와 비슷한 刑官 卒徒로서 고려 전기 잡류의 범위에 포함시킬 수 있을 것이다.

그 밖에 麗末 기사에서 幕士와 함께 거론되는 注選도 잡류의 일종으로 추측된다. 주선에 대한 기록으로는 昌王 즉위년(1388) 10월 憲司에서 올린 상서문에서 막사와 함께 혁파를 건의한 것이 있고,[18] 조선 태조 원년(1392) 7월 下教한 내용 중에 역시 막사와 함께 혁파하라는 것이 보일 뿐이다.[19] 고려 전기 주선의 존재를 알려주는 기록을 찾아볼 수 없지만, 그 명칭이 注膳·注衣와 흡사한 점이나 막사와 함께 혁파가 논의된 점으로 보아 잡류의 일종으로 볼 수 있지 않을까 한다. 창왕 즉위년 기사에서 '司設幕士注選'이라 한 것을 보면 당시注選은 막사와 함께 司設署에 소속되어 있었던 것으로 보인다. 『高麗史』 百官志에 尙舍局(후의 司設署)의 吏屬으로 幕士 40인이 기재되었을 뿐 주선에 대한 기록은 없지만,[20] 주선도 막사와 함께 尙舍局에 소속된 잡류의 일종으로 볼 수 있지 않을까 한다.

이렇게 보면 고려 전기 잡류에는 이미 알려진 바 電吏, 所由, 注膳, 幕士, 驅史, 門僕, 杖首, 大丈, 注衣 외에도 螺匠과 注選을 포함시킬 수 있을 것이다. 이들 잡류직은 말단이속직으로서 電吏, 驅史 등 使

---

18) 『高麗史』卷84, 刑法志1 職制, 中冊, 850~851쪽, "十月 憲司又上書曰 …… 其人分隷各處 役之如奴隷 至有逋亡者 主司督京主人 日徵闕布人一匹 主人不能償之 直趣州縣 倍數督徵 州郡凋弊 願自今一切罷去 使還鄕里 其各殿之役 以近日革罷倉庫奴婢代之 各司之役使者 亦以辨正都監屬公奴婢充之 司設幕士注選之屬 亦皆革去 以安民生". 『高麗史』의 趙浚傳과 『高麗史節要』에는 大司憲 趙浚 등이 올린 상서문으로 같은 내용이 기록되어 있다.

19) 『太祖實錄』卷1, 太祖 元年 壬申 7月, 1冊, 22쪽, "一外吏上京從役 如其人 幕士注選軍之設 自有其任 法久弊生 役如奴隷 怨讟實多 自今一皆罷去".

20) 『高麗史』百官志에는 司設署에 속한 幕士 40인이 있는데 注選은 보이지 않는다. 中冊, 682쪽, "司設署 …… 吏屬 文宗置 書令史四人 記官二人 幕士四十人".

슈 역할의 비중이 컸다. 그런데 모든 使令이 다 잡류직이었던 것은
아니다. 잡류직에 포함되지 않는 사령 중에서 대표적인 것으로 丁吏
를 들 수 있다. 丁吏는 종래 대체로 잡류의 하나로 이해하였다.[21]
　丁吏의 성격과 관련해서 다음 기록이 주목된다.

　　(忠烈王)二十二年五月 中贊洪子藩條上便民事 …… 一諸州縣及
　鄕所部曲人吏 無一戶者多矣 外吏依勢避役者 悉令歸鄕 丁吏亦令
　減數歸還 …… 一出使人員 將丁吏上守 所至州縣 皆有贈遺 謂之
　例物 亦令禁止 王嘉納[22]

　이는 충렬왕 22년(1296) 洪子藩이 올린 便民18事 중 일부이다. 홍
자번은 여러 주현과 향소부곡에 人吏가 한 집도 없는 곳이 많으니
外吏로서 권세가에 의탁하여 避役하고 있는 자들을 모두 귀향시키고
丁吏도 그 수를 줄여서 귀환시킬 것을 건의하였다. 아울러 당시 出使
人員들이 丁吏上守를 데리고 이르는 주현마다 贈遺를 받으며 '例物'
이라 하니 이를 금지할 것도 건의하였다.
　여기서 주목되는 것은 당시 향리 부족 문제를 해결하기 위해서 향
리로서 피역하고 있는 자들을 귀향시킬 것과 함께 丁吏도 그 수를
줄여서 귀환시킬 것을 건의하고 있는 점이다. 丁吏는 지방에서 서울

<hr>

21) 洪承基, 앞의 글, 1973, 64~68쪽 ; 劉承源, 「朝鮮初期의 雜職－掌樂院의 雜
　職」, 『震檀學報』 51, 1981/『朝鮮初期身分制硏究』, 을유문화사, 1987, 346
　쪽 ; 申解淳, 「朝鮮前期의 西班京衙前 皂隷,羅將,諸員」, 『大東文化硏究』
　21, 1987, 184쪽. 필자도 丁吏를 잡류로 본 적이 있는데(「高麗時代의 役制
　構造와 雜色役」, 『國史館論叢』 46, 1993, 68쪽), 여기서 수정하고 싶다. 한
　편, 丁吏는 下典으로 이해되기도 하였는데(金光洙, 「高麗時代의 胥吏職」,
　『韓國史硏究』 4, 1969, 10쪽), 다음 기록에서 丁吏와 諸司下典이 함께 나오
　는 것을 보면 下典은 아닌 것으로 생각된다. 『高麗史』 卷82, 兵志2, 屯田,
　中冊, 812쪽, "(忠烈王九年)三月 令諸王百官及工商奴隷僧徒 出軍糧有差
　…… 白丁抄奴所由丁吏諸司下典獨女官寺奴婢 十斗".
22) 『高麗史』 卷84, 刑法志1, 職制, 中冊, 843쪽.

로 올라와 使令으로 役使되었던 것인데, 이들 중 일부를 귀환시키는
것이 향리 부족을 해결하는 하나의 방안으로 논의되고 있음을 보면
이들도 향리 출신으로 생각된다.

『高麗圖經』에는 丁吏에 대해 다음과 같은 기록이 있다.

　　丁吏皆丁壯之人 初置吏者也 舊說轉爲頂禮 蓋是語音訛謬 自此
升補爲吏 由吏而後授官 自令官而下 各給丁吏 以備使令 視官品而
爲多寡之差 其常執事 則文羅頭巾 人使至則加幘 每貴臣 從者一二
人 唯伴官屈使從者 與使副所給 一等服飾耳23)

이는 '丁吏'라는 항목에 수록된 내용이다. 丁吏는 '初置吏者'로 이
로부터 승보하여 吏가 되고 이후 授官하는 자인데, 令官 이하에게
丁吏를 주어 사령에 대비토록 하였다는 것이다. 즉, 仁宗代에 宋人
徐兢이 파악한 바에 의하면 丁吏는 使令職을 하고 있는 '初置吏者'
이고 吏職을 거쳐 관인이 될 수 있는 사람들이었다.

『高麗圖經』의 기록은 고려를 잠시 방문한 중국 사신에 의한 것이
므로 그 내용을 그대로 사실로 믿기는 어렵지만, 丁吏에 대해 '由吏
而後授官'하는 자로 본 점이 주목된다. 고려 전기 지방향리로서 上京
從役하며 일정 기간 立役 後 同正職을 받아 관직에 진출하는 존재로
는 其人을 들 수 있다.24) 그런데, 『高麗圖經』에서는 정리도 일정 기
간 입역 후 관직에 진출할 수 있었던 것처럼 기록되어 있는 것이다.
실제로 丁吏 입역 후에 관직에 나아가는 사례가 있었는지는 알 수
없지만, 정리에게도 기인과 마찬가지로 그러한 기회를 주도록 되어

<hr>

23)『高麗圖經』卷21, 皂隷 丁吏.
24)『高麗史』卷75, 選擧志3, 其人, 中冊, 652쪽, "文宗三十一年判 凡其人 千丁
以上州 則足丁 年四十以下 三十以上者許選上 以下州 則半足丁勿論 兵倉
正以下 副兵倉正以上 富强正直者選上 其足丁限十五年 半丁限十年立役
半丁至七年 足丁至十年 許同正職 役滿加職".

있었던 것으로 생각해 볼 수 있지 않나 한다.

丁吏를 향리 출신으로 上京從役하는 자라고 이해한다면, 기인과
어떤 관계에 있었던 것일까. 其人은 고려 초에는 향리 자제를 서울에
거주케 하여 볼모로 삼은 것으로 그 고을의 일에 대해 자문하는 역할
을 하였는데, 文宗代의 其人 選上 규정에 의하면 戶長層 출신의 상
위 향리직자에서 選上토록 하였다.25) 기인이 이처럼 상층 향리층인
호장층 출신이었다고 한다면 丁吏는 하층 향리층 출신이 아닐까 생
각된다. 기인은 고려 후기 향리의 지위 하락과 함께 官府의 使令役
에 동원되기도 하는 등26) 정리와 비슷한 처지에 놓이는 것으로 보인
다. 하지만 정리의 경우에는 그 役이 더욱 천시되어 麗末鮮初에는
身良役賤으로 인식되었다.

鮮初의 기록에서 丁吏는 鹽干, 津尺, 驛子와 함께 고려조 이래의
身良役賤者로 이해되었는데, 고려조에는 신량역천자의 身役이 그 女
孫에게는 강제되지 않아서 丁吏의 딸이 '良夫'에게 시집가면 '良人'이
된다고 하였다.27) 정리는 신량역천자로서 이처럼 '良夫' '良人'과 일
단 구별되어 설명되었다. 신량역천자는 '身良'임이 인정되면서도 일
반 양인과는 구별되는 존재로서, 일반 양인과 노비의 중간에 위치하
고 있었다고 하겠다.

한편, 『高麗圖經』에는 丁吏를 관노예로 설명한 부분도 있다. '給
使' 항목에서는 관원에게 지급된 丁吏와 驅使에 대해 설명하면서 정
리는 관원행차시 앞에서 말을 어거하고 給使는 巾瓶을 잡고 뒤따른
다고 하면서 모두 官奴隷라고 하였다.28) 여기서 정리와 구별해서 설

---

25) 姜恩景,『高麗後期 戶長層의 變動 硏究』, 연세대 박사학위논문, 1997, 29쪽
    참조.
26) 『高麗史』卷83, 兵志3, 工役軍, 中冊, 831~832쪽, "忠宣王元年三月 ……
    其人者 主宮室修營官府使令之役 郡縣吏之子 必經是役然後 得補吏職".
27) 『太宗實錄』卷27, 太宗 14年 正月 己卯, 2冊, 1쪽, "前朝之制 身良役賤者
    皆不役其女孫 丁吏驛子之女 嫁良夫卽爲良人 嫁同類乃立其役 鹽干津尺
    之女亦同 水軍女孫 宜與干尺之女同."

명하고 있는 급사는 그 뒤의 기록으로 보아 驅使를 말한 것으로 생각된다.

驅使(驅史)로 불린 사람들 중에는 관원이나 小吏가 그들의 奴를 종자로 삼은 경우도 있었겠지만,[29] 고려 전기 정부에서 관원에게 지급한 驅使(驅史)는 잡류로서 이를 관노예로 본 것은 잘못된 것이라 하겠다. 구사와 마찬가지로 정리도 관노예로는 생각하기 어렵고 '由吏而後授官'하는 자라는 앞서 '丁吏' 항목의 설명이 더 사실에 가까운 것이 아닌가 한다.

고려시대의 丁吏는 관원의 使令으로서 兵馬使를 수행하였고,[30] 이외에도 지방에 파견되는 宰臣, 按廉使 등 出使人員을 수행한 것을 기록을 통해 확인할 수 있다.[31] 鮮初의 기록을 통해서는 정리가 兩府와 司諫院의 행차에 喝道하는 일을 담당한 것을 알 수 있는데, 이러한 정리는 태종 14년(1414) 4월에 이르러 혁파되고 그 일은 皂隷가

---

28) 『高麗圖經』 卷22, 雜俗1, 給使, "給使之賤 視官品而爲多寡之數 國相 丁吏四人 驅使三十人 令官倍之 前有靑蓋持之在數十步外 乘馬 許二人控馭 自是而降 前不張蓋控馬不許用二人 民庶乘馬 唯自執鞭馭而已 丁吏多前驅 給使執巾瓶從物後隨 列卿而上 丁吏三人 驅使二十人 正郎 丁吏二人 驅使十五人 員郎以上 丁吏一人 驅使十人 初品共給三人 皆官奴隷也 世代相承 爲之".

29) 이 책 100쪽 참조.

30) 洪承基, 앞의 글, 1973, 64쪽.

31) 丁吏가 지방에 파견되는 宰臣을 수행한 것은 『高麗史』 卷68, 禮志10, 嘉禮 外方城上錄事謁宰臣及外官迎宰臣儀, 中冊, 502쪽에서 "宰臣出廳南向坐 錄事入謁 次隨使丁吏入謁 其官員長吏以次入謁"이라 한 데서 알 수 있다. 또 按廉使를 수행한 것은 충렬왕 24년 정월 충선왕 즉위교서에서 "一忽只 鷹坊尙乘巡馬宮闕都監阿車赤等 當新員赴任之時 遽徵封送 因而取斂於民 一切禁斷 乃至按廉及諸別衛 抄與丁吏 亦不得贈與"(『高麗史』 卷84, 刑法志1, 職制, 中冊, 844쪽)라 한 데서 짐작할 수 있다. 또 충렬왕 19년에는 慶尙道按廉使가 丁吏에게 살해된 일이 있었는데 이 정리도 안렴사를 수행하고 있었던 것으로 보인다(『高麗史』 卷30, 世家, 忠烈王 19年 正月, 上冊, 556쪽).

대신하게 되었다.[32] 그리고, 혁파된 丁吏는 그 해 8월에 樂工으로 배정되었다.[33] 이후 예전 정리로서 악공에 定屬된 자는 연령순으로 매년 2인씩 除役시키고 출신지 수령으로 하여금 그 일족 중 可當者를 뽑아 올리도록 되어 있었는데, 수령이 可當者가 없다는 구실로 전혀 上送하지 않아서 문제가 되었다.[34] 세종 7년(1425)에는 丁吏 출신의 악공에 대해서 60세에 비로소 除役하도록 하고 제역 1년 전에 정리로 하여금 자신의 '一族子支' 내에서 1인을 선정하게 하여 대역시키는 自代法이 마련되었다.[35]

선초 丁吏 혁파 과정을 보면, 정리에 대해 엄격한 世傳律이 적용되는 사실이 주목된다. 정리는 身良役賤者로서, 비록 혁파되어 악공으로 배정된 후에도 그 자손 중 한 명에게 악공 役을 세전하도록 강요되었던 것이다. 麗末에는 其人役도 苦役化하여 노예처럼 役使된다고 표현될 정도였는데[36] 정리의 지위는 이보다 더욱 낮아져서 그들이 담당한 역은 賤役으로 생각되고 役의 세전이 강요된 것으로 보인다.

고려 말에 丁吏가 賤視되었던 것은 다른 기록을 통해서도 짐작된다. 우왕 13년(1387) 明나라 제도를 따르는 冠服제도 개정이 있었는데, 정리에 대해서는 所由·抄奴와 함께 그 頭巾과 帶를 예전 元나라 제도 그대로 사용하도록 두었다. 그 이유에 대해서는 이들이 미천하기 때문에 고치지 않은 것이라고 하였다.[37] 미천하다고는 했지만

---

32) 『太宗實錄』卷27, 太宗 14年 4月 丁卯, 2冊, 13쪽. 태종 17년에는 丁吏를 혁파하고 두었던 皂隷를 喝道로 개칭하였다(申解淳, 「朝鮮前期의 西班京衙前 皂隷,羅將,諸員」, 『大東文化研究』21, 1987, 185쪽).

33) 『太宗實錄』卷28, 太宗 14年 8月 丁未, 2冊, 30쪽.

34) 劉承源, 「朝鮮初期의 雜職 - 掌樂院의 雜職」, 『震檀學報』51, 1981/『朝鮮初期身分制研究』, 을유문화사, 1987, 355쪽. 『世宗實錄』卷27, 世宗 7年 2月 庚申, 2冊, 655쪽.

35) 劉承源, 위의 책, 355쪽.

36) 『高麗史』卷84, 刑法志1, 職制, 中冊, 850~851쪽.

이들의 지위가 동일한 것은 아니었다. 所由는 잡류직의 하나로 고려 말 당시 일반 양인이 담당하는 신역으로 변화되었고, 抄奴는 大內使令奴였으며, 丁吏는 일반 양인과 노비의 중간에 위치한 신량역천자였다. 抄(抄奴)는 왕명을 받들고 出使하는 內侍가 데리고 다녔으므로 그런 점에서 出使人員을 수행하는 정리와 함께 논의의 대상이 되기도 하였다.38) 그런데, 所由와 丁吏의 지위 하락 현상은 14세기에 비로소 일어난 일은 아니다. 1262년 작성된 尙書都官貼의 내용 가운데 노비의 父로 丁吏, 所由가 나타나는 것으로 보아39) 이미 13세기 중엽 이들이 婢夫가 되기도 할 정도로 그 사회적 지위가 낮았음을 짐작할 수 있다. 이처럼 정리는 所由와 함께 지위가 점차 하락되었지만, 소유가 일반 양인의 身役化한 데 비해 정리는 한 단계 더 낮은 신량역천자로 인식되었다. 소유 등의 잡류직이 고려 후기에 점차 일반 양인을 신역으로 징발하여 충당하여 간 것과는 달리, 丁吏는 驛子나 津尺과 함께 신량역천자로서 취급되고 신역의 세전이 강제되었던 것이다.

이상에서 고려 전기 잡류의 종류에 이미 알려진 바 電吏·所由·注膳·幕士·驅史·門僕·杖首·大丈·注衣 외에도 螺匠·注選을 들 수 있고, 그간 잡류의 하나로 생각해 온 丁吏는 비록 맡은 일은 使令으로서 잡류와 비슷하지만 外吏로서 上京從役하는 자로 보인다는 점에 대해 검토해 보았다.

<hr />

37) 『高麗史』 卷72, 輿服志1, 冠服通制, 中冊, 567쪽, "(禑王)十三年六月 始革胡服 依大明制 …… 巡軍螺匠 團領皂衣纏帶 唯所由團領皂衣 丁吏黃衣 抄紫衣 其頭巾與帶 仍元制 以其微賤不改(抄者 大內使令奴之名 常著紫衣 烏巾 內侍奉命出使者 率行)."

38) 『高麗史』 卷84, 刑法志1, 職制, 中冊, 844쪽, "一忽只鷹坊尙乘巡馬宮闕都監阿車赤等 當新員赴任之時 遽徵封送 因而取斂於民 一切禁斷 乃至按廉及諸別衛 抄與丁吏 亦不得贈與."

39) 許興植, 「1262년 尙書都官貼의 分析(下)」, 『韓國學報』 29, 1982, 76쪽.

2) 雜類層의 성격

고려 전기의 잡류는 관료기구의 말단에 위치한 吏屬職으로서 주로 기능적인 업무에 종사하면서, 사무직이라 할 胥吏와는 구별되고 있었다. 서리와 잡류는 함께 이속직을 구성하였으나, 서리직이 品官仕路에 연결되어 있는 데 비해 잡류는 殿驅官, 堂引, 堂直, 監膳, 典食, 典設, 堂從, 供膳, 酒食, 供設, 掌設, 注藥 등 流外雜職에 나아갈 수 있을 뿐이었다. 未入仕職인 잡류는 入仕線을 넘어 동일계 吏職으로 나아가며 이를 雜路라 하였는데, 이들은 제도적으로 吏職에서 시종해야 하는 신분적인 제약을 받고 있어서 대표적인 吏族으로 이해되어 왔다.[40)]

고려 전기 잡류직에 종사하는 사람들은 그 입사로를 雜路로 제한받고 있어서 대개 그 자손에게 잡류직을 世傳시키며 하나의 신분층을 이루었던 것으로 생각된다. 그런데 잡류의 아들이 父業을 계승하도록 강제되었는지에 대해서는 알 수 없다. 고려 전기 각종 자격 제한 규정에서 잡류와 함께 언급된 악공의 경우에는, 문종 7년 判文에서 아들 중 한 명은 의무적으로 父業을 계승하도록 강제하고 나머지 아들도 잡류직에 동원하도록 하였다.[41)] 하지만 잡류는 비록 종종 악공과 함께 거론되었지만 악공보다는 나은 지위에 있었던 것으로 생각되므로, 잡류에게 악공과 같은 世傳律이 적용되었다고 할 수는 없다. 다만 고려 전기 잡류는 전시과 토지를 지급받았지만 양반으로 진출하는 길이 봉쇄된 상황에서 대체로 이 전시과 토지를 매개로 잡류직을 세전하며 잡류층을 형성하였을 것으로 생각된다.

고려 전기 잡류층의 존재는 이처럼 田丁의 지급과 仕路의 제한이라는 두 가지 조건을 배경으로 한 것으로 설명할 수 있다. 이제 이 두

---

40) 洪承基, 「高麗時代의 雜類」, 『歷史學報』 57, 1973, 75~82쪽.

41) 『高麗史』 卷75, 選擧志3, 銓注, 限職, 中冊, 641쪽, "文宗七年十月 判 樂工有三四子者 以一子繼業 其餘屬注膳幕士驅史 轉陪戎副尉尉校尉 限至曜武校尉".

가지 조건에 대해서 살펴보려고 한다.

먼저, 잡류에게 지급된 田丁에 대해서 살펴보면, 고려 전기의 잡류는 양반, 서리 등과 나란히 전시과 토지를 받았다. 잡류가 전시과 지급 규정에서 확실한 모습을 드러내는 것은 문종 30년(1076)의 更定田柴科에서이다. 그런데 景宗 원년(976) 始定田柴科 규정에서 잡류는 보이지 않지만 田 15결을 지급받는 '其未及此年科等者'에 해당되었던 것으로 추측되고, 그 후 穆宗 원년(998)의 改定田柴科에서는 제18과에 殿驅官, 堂引 등의 流外雜職이 보이고 '不及此限者'에게는 田 17결을 지급하고 있으므로 잡류는 여기에 포함되었을 것이다.[42] 文宗 30년 更定田柴科 규정에서 잡류는 제18과 田 17결을 받았는데 유외잡직으로 入仕하면 액수가 단계적으로 늘어나 殿驅官에 이르면 최고 25결의 田地를 받도록 되었다.[43]

전시과 토지는, 肅宗代 李永의 사례에서 확인되는 바와 같이 전시과 지급대상 범위를 벗어나지 않으면 직역이 바뀌어도 자손에게 연립시키는 것이 허용되었다.[44] 그런데, 잡류와 잡류 자손은 전시과 토지를 받은 직역층 중에서 유독 다른 직역으로 이동하는 데 제약을 받았다. 잡류와 잡류 자손은 대체로 仕路가 雜路로 제한됨으로써 직역의 대가로 받은 전시과 토지를 직역과 함께 세전하였던 것으로 생각된다.

다음으로, 고려 전기 잡류와 잡류 자손에 대해 어떻게 仕路를 제한하였는지 살펴보기로 한다.

잡류는 기왕의 연구에서 밝혀진 바와 같이 未入仕職인 잡류직에서 벗어나 入仕할 때 雜路로 그 승진이 제한되었다.[45] 그런데, 잡류 자

---

42) 姜晉哲,『高麗土地制度史研究』, 1980, 38~46쪽. 이후 德宗 3년 '兩班及軍閑人田柴科'를 改定하였다고『高麗史』食貨志는 전하고 있는데(中冊, 709쪽), 구체적인 내용에 대한 기록이 없어서 잡류가 어떠한 대우를 받았는지 알 수 없다.

43)『高麗史』卷78, 食貨志1, 田制, 田柴科, 中冊, 710쪽.

44) 이 책의 제1장 29쪽 참조.

손이 고려 전기에 과거에 응시할 수 없었는지에 대해서는 논란이 있
고, 잡류와 그 자손이 나아가는 仕路에 대해서도 몇 가지 문제가 있
으므로 이하에서 자세히 살펴보고 싶다.

먼저, 고려 전기 잡류 자손에 대해 과거 응시가 금지되었던 것은
다음 判文을 통해 알 수 있다.

> (靖宗)十一年四月 判 五逆五賤不忠不孝鄉部曲樂工雜類子孫 勿
> 許赴擧46)

靖宗 11년(1045) 判하기를 五逆, 五賤, 不忠, 不孝, 향, 부곡, 악공,
잡류 자손은 과거에 응시하는 것을 허락하지 않는다고 하였다. 여기
서 과거 응시가 금지된 대상에 대해서는 종래 대개 五逆, 五賤, 불
충·불효한 자, 향·부곡민, 악공, 잡류의 자손으로 이해해 왔는데,47)
최근 부곡민은 良人이며 고려시대의 양인은 과거에 응시할 수 있었
다는 의견이 제기되면서 이 判文에 대해서도 해석을 달리하는 견해
가 나왔다. 즉, '五逆, 五賤, 不忠, 不孝'는 '향, 부곡, 악공, 잡류 자손'
을 수식하는 내용이라고 보아, 五逆, 五賤, 不忠, 不孝의 죄를 범하지
않은 향, 부곡, 악공, 잡류의 자손은 과거에 응시할 수 있었다는 것이
다.48) 이에 대해서 적어도 '五賤'을 죄의 종류로 해석하기는 어렵다
는 점이 지적되었다.49) 또 '불충·불효'의 죄를 범한 향·부곡민, 악
공, 잡류의 자손은 과거에 응시할 수 없도록 규제하여 그렇지 않은
부곡민, 악공, 잡류 자손은 과거에 응시할 수 있도록 하고 또 이러한
죄를 범한 일반 군현민의 자손은 과거에 응시할 수 있도록 허용했다

---

45) 洪承基, 앞의 글, 1973, 69~77쪽.
46) 『高麗史』 卷73, 選擧志1, 科目1, 中冊, 590쪽.
47) 許興植, 『高麗科擧制度史硏究』, 일조각, 1981, 80쪽.
48) 朴宗基, 『高麗時代 部曲制硏究』, 서울대출판부, 1990, 50쪽.
49) 朴龍雲, 「과거제」, 『한국사 13』, 국사편찬위원회, 1993, 405쪽.

는 것도 자연스럽지 않다. 고려시대에 불충·불효죄는 극히 무거운
형벌로 징벌하는 범죄로서 大赦가 내려져도 赦免대상에서 제외되었
다.[50] 불효죄 중에서도 최악이라 할 惡逆의 범죄를 저지른 사람은 참
형이나 교형 등 극형을 받았고, 감형되어 歸鄕된 자라 하더라도 그
자손에 이르기까지 國子學, 太學, 四門學에 입학할 수 없도록 하는
규제도 있었다.[51] 불충·불효죄를 지은 자는 향·부곡인, 악공, 잡류
가 아니라도 그 자손에 이르기까지 과거에 응시할 자격을 박탈한 것
으로 이해해야 할 것이다. 또 문종 7년 판문에서 악공의 아들 중 한
명은 의무적으로 父業을 계승하고 나머지도 잡류직에 동원한 것을
보면,[52] 악공의 자손에 대해서는 적어도 문종 7년(1053) 당시 과거
응시 자체가 금지되었다고 볼 수 있다.

이렇게 보면 위의 靖宗 11년 판문은 역시 五逆, 五賤, 不忠不孝罪
를 범한 자와 향·부곡인, 악공, 잡류 자손의 과거 응시를 금지한 것
으로 보아야 할 것으로 생각된다. 악공, 잡류 자손은 靖宗 11년(1045)
과거에 응시할 수 없도록 규제되었고 이러한 금지조처는 문종 2년
鄕貢에 관한 判文에서도 확인된다.

　나-1) 文宗二年十月 判 各州縣副戶長以上孫 副戶正以上子 欲赴
　　　　製述明經業者 所在官試貢京師 尙書省國子監審考 所製詩賦

50) 李熙德, 「高麗律과 孝行思想에 대하여」,『역사학보』 58, 1973/『高麗儒教政
　　治思想의 研究』, 일조각, 1984, 246~247쪽.
51) 李熙德, 위의 책, 245~246쪽 참조.『高麗史』卷74, 選擧志2, 學校, 中冊, 626
　　쪽, "仁宗朝式目都監詳定學式 國子學生 …… 大學生 …… 四門學生 ……
　　三學各三百人在學以齒序 凡係雜路及工商樂名等賤事者 大小功親犯嫁者
　　家道不正者 犯惡逆歸鄕者 賤鄕部曲人等子孫及身犯私罪者 不許入學". 특
　　히 여기서는 입학 금지대상을 雜路에 관계된 자, 惡逆을 범하여 귀향한 자,
　　賤鄕部曲人 등 자손과 身犯私罪者로 표현하여 惡逆을 범한 향부곡인, 잡로
　　인으로 해석할 여지가 없다.
52)『高麗史』卷75, 選擧志3, 銓注, 限職, 中冊, 641쪽, "文宗七年十月 判 樂工有
　　三四子者 以一子繼業 其餘屬注膳幕士驅史 轉陪戎副尉校尉 限至曜武校
　　尉".

違格者及明經不讀一二机者 其試貢員科罪 若醫業 須要廣習
勿限戶正以上子 雖庶人 非係樂工雜類 並令試解[53]

　문종 2년(1048) 10월 判하기를 각 주현 副戶長 이상 손자와 副戶
正 이상 아들로 제술·명경업에 응시하고자 하는 자는 소재관이 시
험쳐 보고 서울에 천거하면 尙書省 國子監[54]에서 심사하되 그 지은
詩賦가 격에 어긋나거나 明經에서 한두 机도 읽지 못할 경우에는 그
試貢員을 죄줄 것이며, 의업과 같은 것은 널리 학습시킬 필요가 있으
므로 비록 庶人이라도 악공·잡류에 관계되지 않은 자는 다 시험보
게 한다는 것이다. 물론 이 판문은 악공·잡류의 과거 응시자격 자체
를 논한 것은 아니고 鄕貢에 관한 것이지만, 악공·잡류의 자손은 鄕
貢에서 제술업·명경업은 물론 醫業에도 응시할 수 없도록 규제하고
있었다.
　이상 살펴본 바와 같이 고려 전기 잡류 자손에 대해서는 靖宗 11
년(1045) 赴擧 不許, 문종 2년(1048) 향공의 대상에서 의업에조차 응
시할 수 없도록 명시하여 적어도 靖宗·文宗代에는 잡류 자손의 과
거 응시 금지 규정이 유효했다고 생각된다. 그럼에도 불구하고 고려
전기 잡류 자손이 과거에 응시할 수 있었다는 주장이 상당한 설득력
을 가지는 이유는 바로 다음에 보이는 康師厚의 사례 때문이다.

　　子淵等又奏 製述業康師厚 十擧不中例 依甲午年赦當脫麻 然師
　厚儒林郎堂引上貴之曾孫 堂引是驅史之官 戊子年制旨 電吏所由
　注膳幕士驅史門僕子孫 工於製述明經律書算醫卜地理學業登科 或
　兵陣之下成大功者 許陞朝行 又准丙申年別制 上項人子孫 蒙恩入
　仕者 合依父祖仕路量授 今師厚不宜脫麻 僉知政事金顯等奏 師厚

---

53) 『高麗史』卷73, 選擧志1, 科目1, 中冊, 590쪽.
54) 이는 '尙書省 소속의 國子監'으로 해석된다(朴龍雲, 「고려시대 과거의 고시
　　와 체계에 대한 검토」, 『한국사연구』 61·62합, 1988/『高麗時代 蔭敍制와 科
　　擧制 硏究』, 일지사, 1990, 185쪽).

曾祖上貴職雖堂引 得兼儒林郎 父序應擧十度 亦得脫廝入仕 師厚
十載螢雪之功 不可不念 伏望亦許脫廝 從子淵等議55)

문종 12년(1058) 5월에 李子淵 등이 상주한 내용은 다음과 같다.
製述業의 康師厚는 十擧不中例에 따라 甲午年赦에 의해 脫廝해야
하지만 그는 儒林郎 堂引 康上貴의 증손으로 堂引은 驅史의 官이다.
戊子年制旨에 電吏, 所由, 注膳, 幕士, 驅史, 門僕의 자손은 製述, 明
經, 律書算醫卜地理業에 登科하거나 전쟁터에서 大功을 세운 자는
朝行에 오르는 것을 허용한다고 하였고 또 丙申年別制에서는 상항
인 자손으로 蒙恩入仕者는 父祖 仕路에 의해서 헤아려 제수하도록
하였으니 강사후는 탈마할 수 없다는 것이다. 이에 대해 叅知政事 金
顯 등은 강사후의 증조 강상귀는 職이 비록 堂引이지만 儒林郎을 겸
하였고 그 아버지 역시 十擧不中으로 이미 탈마 입사하였으니 탈마
를 허락해야 한다는 것이다. 이 때 문종은 이자연의 의견에 따르도록
하여 탈마를 허락하지 않았다.

문종 12년(1058) 당시 堂引 강상귀의 증손인 강사후는 이미 제술
업에 10번이나 응시하고 있었고 갑오년 赦에 의해 十擧不中例에 따
라 탈마해야 하지만 그 출신이 문제 되었다. 또 그의 아버지는 이보
다 앞서 十擧不中例의 적용을 받아 탈마하였다. 堂引은 '驅史之官'이
라 한 바와 같이 잡류인 驅史가 나아가는 流外雜職이었는데, 이러한
당인의 증손인 강사후가 문종 12년 당시 이미 제술업에 10번이나 응
시하고 있었다. 또 그의 아버지는 堂引의 손자로서 역시 제술업에 10
번이나 응시하여 十擧不中例가 적용되어 이미 탈마하고 있었으며,
1058년 당시에도 강사후의 제술업 응시 자격은 아무런 문제가 되지
않았고 다만 탈마를 허락할 것인지 그것만이 문제되고 있었다. 이와
같은 강사후의 사례는 靖宗 11년(1045) 判에서 잡류 자손의 과거 응

55) 『高麗史節要』卷5, 文宗 12年 5月, 137~138쪽.

시가 금지되었지만, 그 이전은 물론 그 이후에도 잡류 자손이 제술업
에 응시하고 있었던 좋은 예로 제시되는 것이다.

먼저 여기서 거론되고 있는 규정들에 대해 검토해 보고 싶다. 이자
연이 들고 있는 규정은 다음의 세 가지이다.

① 戊子年制旨 : 電吏所由注膳幕士驅史門僕子孫 工於製述明經律
  書算醫卜地理學業登科 或兵陣之下成大功者 許陞朝行
② 甲午年赦 : 十擧不中 脫麻
③ 丙申年別制 : 雜類子孫 蒙恩入仕者 合依父祖仕路量授

여기에서 먼저 무자년·갑오년·병신년이 각각 언제인가 하는 것
이 문제가 되겠다.

먼저 갑오년과 병신년은 각각 문종 8년(1054)과 문종 10년(1056)으
로 추측된다. 갑오년 赦의 내용에 포함되어 있는 ‘十擧不中 脫麻’를
시행하려는 과정에서 문제가 된 것이기 때문에 이 갑오년은 문종 12
년(1058)에서 가장 가까운 갑오년인 문종 8년(1054)이 될 것이다.『高
麗史』의 選擧志 恩例 조항에는 ‘十擧不中 脫麻’의 사례가 기록되어
있는데 문종 8년 기록은 보이지 않는다. 하지만, 문종 8년 이전 갑오
년은 성종 13년(994)인데 그 후 목종 즉위년(997) 교서에서 ‘十擧不
中 脫麻’ 조처를 내리고 있는 것을 보면[56] 이 갑오년은 문종 8년
(1054)임에 틀림없다. 또 丙申年別制의 내용은 잡류 자손 蒙恩入仕
者에 대해 父祖仕路를 헤아려 제수하라는 것인데, 이 병신년도 문종
12년에서 가장 가까운 병신년인 문종 10년으로 생각된다. 문종 10년
에는 雜路人의 자손에 대한 仕路 제한 규정이 발표된 것을 다른 기
사에서 확인할 수 있는데(사료 나), 丙申年別制는 이 규정과 관련이
있는 것으로 보인다.

다음으로 잡류 자손으로 등과한 자와 전쟁터에서 큰 공을 세운 자

---

56)『高麗史』卷74, 選擧志2, 科目2, 恩例, 中冊, 615쪽.

는 朝行에 오르는 것을 허락한다는 戊子年制旨에 대해서는, 역시 가장 가까운 문종 2년(1048) 무자년의 制旨가 아닐까 한다.57) 이 무자년에 대해서는 성종 7년(988)으로 보는 견해도 있다.58) 만약 이 무자년을 성종 7년으로 본다면 성종대에는 아직 잡류 자손에 대한 과거 응시 금지 규제가 없었고 따라서 잡류 자손으로 등과한 자에 대해서 朝行에 오르도록 허용한 것으로 볼 수 있다. 이렇게 보면 잡류 자손은 鄕貢 醫業에도 응시할 수 없도록 한 문종 2년 戊子年의 判과 충돌하지 않아서 오히려 설명이 쉬워질 수도 있겠다. 그렇지만 이자연이 말하는 무자년은 함께 언급하고 있는 갑오년·병신년과 마찬가지로 당시로부터 가장 가까운 무자년 즉 문종 2년(1048)일 가능성이 더 높아 보인다.

이 무자년을 문종 2년(1048)으로 본다면, 바로 이 해는 잡류에 관계된 사람은 제술·명경업은 물론 의업에도 응시할 수 없다고 하는 判(사료 나-1)이 내려간 해였다. 즉, 문종 2년(1048)에는 잡류 자손에 대한 두 가지의 서로 상반되는 조처가 취해진 것이 된다. 하나는 잡류 자손은 의업도 볼 수 없도록 한다는 것이고 다른 하나는 잡류 자손으로 등과한 자는 朝行에 오르는 것을 허용한다는 것이다. 잡류 자손으로 등과한 자는 조행에 오르는 것을 허용한다는 戊子年制旨를 문종 2년(1048)의 조처로 보는 경우, 이 때에 와서 잡류 자손의 과거 응시를 전면 허용한 것으로 이해되기도 한다.59) 靖宗 11년(1045)의 禁令이 내린 이후에도 실제로는 잡류 자손의 과거 응시를 묵인하다가 문종 2년(1048)부터는 정식으로 허용한 것으로 이해하는 것이다. 그런데 같은 해인 문종 2년 10월에 내린 鄕貢에 관한 判(사료 나-1)에서 잡류에 관계된 사람은 제술·명경업은 물론 의업에도 응시할 수 없다고 하고 있는 것은 어떻게 이해해야 할까.

---

57) 朴龍雲, 『高麗時代 蔭叙制와 科擧制研究』, 일지사, 1990, 236쪽.
58) 朴宗基, 『高麗時代 部曲制研究』, 서울대출판부, 1990, 48쪽.
59) 朴龍雲, 앞의 책, 1990, 236쪽.

일단 문종 2년의 戊子年制旨와 사료 나-1의 판문, 이 두 기사를 모두 인정하고 가능한 설명을 찾아보면 잡류 자손으로 등과한 자는 朝行에 오르는 것을 허락한다는 戊子年制旨에 대해 다음과 같이 생각해 볼 수 있다. 첫째는 戊子年制旨를 靖宗 11년(1045) 잡류 자손 과거 응시 금지 규제가 나오기 이전에 이미 등과한 자에 대한 조처라고 보는 것이다. 잡류 자손에 대해서 과거 응시를 금지하는 규제가 靖宗 11년(1045)에 처음 만들어졌다면 그 이전 등과한 자에 대한 처리가 문제 될 것이고 3년 후인 문종 2년(1048)에 무자년제지를 내려 이미 등과한 자에 대해서는 朝行에 오를 수 있도록 허락한 것으로 볼 수 있기 때문이다. 둘째는 잡류 자손 중에서 과거에 응시할 수 있었던 특별한 경우에 대한 조처라고 보는 것이다. 여기서 康師厚의 경우 靖宗 11년 잡류 자손 과거 응시 금지 규제가 발표된 후에도 계속해서 제술업에 응시하고 있었다는 점이 주목된다. 堂引 강상귀의 증손 강사후는 문종 2년(1058) 당시 이미 제술업에 10번이나 응시하고 있었으며 이 과거 응시 자체에 대해서는 아무도 문제 삼지 않았다. 그의 탈마를 반대하는 이자연도 이에 대해서는 문제 삼지 않고, 다만 戊子年制旨를 들어 '등과'한 경우에만 조행에 오르도록 한 것이기 때문에 '十擧不中 脫麻'의 예를 적용시킬 수 없다고 하였다. 그렇다면 강사후의 사례는 특수한 예로 볼 수 없을까. 강사후는 그의 증조부가 비록 당인이지만 정9품의 文散階인 儒林郎을 겸하고 있었고 그의 탈마를 주장한 김현은 바로 이 점을 강조하였다. 고려시대의 문산계는 文班만의 散階가 아니라 文班과 武班 모두의 산계였는데,[60] 잡류와 유외잡직에 대해서는 강상귀가 문산계를 가진 유일한 사례로 거론된다.[61]

---

60) 朴龍雲, 「고려시대의 文散階」, 『진단학보』 52, 1981/『高麗時代 官階·官職 研究』 고려대출판부, 1997, 66~68쪽.

61) 旗田巍, 「高麗の武散階 - 郷吏·耽羅の王族·女眞の酋長·老兵·工匠·樂人の位階」, 『朝鮮學報』 21·22合, 1961/『朝鮮中世社會史の研究』, 法政大學

그러나 유외잡직이 일반적으로 문산계를 받고 있었는지 의문이다. 강사후의 탈마를 주장하는 근거로 강상귀가 堂引이지만 儒林郎이라는 문산계를 겸하고 있다는 점을 들고 있는 것을 보면 유외잡직에 문산계를 주는 것은 이례적인 일이 아닌가 한다. 당인 강상귀는 유림랑이라는 문산계를 가지고 있었고 그런 연유로 그 자손이 제술업에 응시할 자격을 가지게 된 것은 아닐까. 강사후는 비록 驅史의 官인 堂引의 증손이었지만, 그 증조부는 문산계를 받았고 그의 父도 이미 탈마하고 있는 특수한 사례로 보인다. 또 김현은 강사후의 아버지가 이미 脫麻入仕하고 있었던 점도 들면서 강사후의 탈마를 주장하였는데 강사후의 아버지가 脫麻入仕할 당시에는 문제가 되지 않았다가 이때 와서 문제 삼는 것도 주목된다. 잡류 자손에 대한 규제가 靖宗, 文宗代에 들어와 특히 더 강조되고 있는 것으로 생각된다.

戊子年制旨에 대해 이러한 해석이 가능하다면, 靖宗 11년의 判文이나 文宗 2년의 判文(사료 나-1)에서 보이듯이 잡류 자손은 적어도 靖宗·文宗대에는 원칙적으로 과거 응시가 금지되었다고 이해해도 좋을 것이다. 잡류 자손에 대해 과거 응시가 전면 허용되는 것은 인종 3년(1125)에 이르러서인 것으로 생각된다.

한편, 고려 전기 잡류와 잡류 자손이 문반으로 진출하는 것을 막으려는 노력은 과거 응시를 금지하는 데 그치지 않고 이들이 蒙恩入仕할 때에도 적용되었다. 잡류 자손은 문종 10년(1056) 丙申年別制에서 '雜類子孫 蒙恩入仕者 合依父祖仕路量授'라 하여, 몽은입사하는 경우에도 父祖의 仕路에 의해 헤아려 제수하도록 규제되었다. 잡류 자손은 몽은입사할 때에도 雜路로 제한된 것인데, 다만 外孫의 경우에는 仕路 제한이 완화 적용되었다. 이는 다음 판문을 통해 알 수 있다.

나-2) (文宗)十年十二月 判 雜路人子孫 從父祖曾祖出身仕路 外孫

出版局, 1972, 410쪽.

許屬南班 若祖母之父係雜路者 許敍東班[62]

문종 10년(1056) 12월 判하기를 雜路人 자손은 父, 祖父, 曾祖父의 출신사로에 따르도록 하는데 外孫의 경우에는 南班에 속하는 것을 허락하고 祖母의 아버지가 잡로에 관계된 경우에는 東班에 서용하는 것을 허락하였다.

문종 10년은 바로 병신년으로, 이 판문은 앞서 이자연이 거론한 丙申年別制와 관련있는 것으로 생각된다. 이 문종 10년의 판문은 잡류의 친손에 대해서는 증손에 이르기까지 잡로를 벗어날 수 없도록 하는 규제를 확인하면서 외손에 대해서는 그 규제를 완화 적용하여 南班에 속하는 것을 허락하고 그 다음대인 陳外曾孫에 이르러서는 東班에 서용하는 것을 허락하였다. 그런데 잡류 자손에 대한 사로 규제는 몽은입사의 경우에도 적용되었을 것이다. 이자연이 거론한 丙申年別制의 내용에서는 잡류 자손으로 몽은입사하는 자는 父祖의 仕路에 의해 헤아려 제수하도록 하라고만 되어 있으나, 外孫의 경우에는 이러한 규제가 느슨하게 적용되었던 것이다. 즉, 문종 10년(1056) 당시 잡류 자손의 과거 응시가 여전히 금지되어 있는 상황에서 蒙恩入仕하는 경우에도 잡로인의 親孫에 대해서는 子, 孫, 曾孫에 이르기까지 잡로를 벗어날 수 없도록 규제하였던 것이다.

그런데 잡류 자손으로 전쟁터에서 큰 공을 세운 경우 즉 軍功[63]을 세운 경우에는 朝行에 오르는 것이 허락되기도 하였다. 이는 앞서 강사후의 사례에서 언급한 戊子年制旨에 포함된 내용이다. 잡류 자손으로 군공을 세운 경우 조행에 오르는 것을 허용한 문종 2년 戊子年制旨와, 잡류 자손이 몽은입사할 때 잡로로 제한한다는 문종 10년의

---

62) 『高麗史』 卷75, 選擧志3, 限職, 中冊, 641쪽.
63) 『高麗史』 卷75, 選擧志3, 銓注, 限職, 中冊, 641쪽에서는 康師厚의 사례를 언급하면서 戊子年制旨의 내용 중 '兵陣之下成大功者'를 '成軍功者'로 표현하였다.

丙申年別制는 어떻게 해석해야 할까. 문종 12년 강사후의 탈마 여부
가 문제 되었을 때 문종 10년의 丙申年別制와 함께 문종 2년의 戊子
年制旨를 함께 언급하는 것을 보면 戊子年制旨는 당시에도 유효한
것으로 생각할 수 있다. 즉 문종 10년(1056)에 잡류 자손이 몽은입사
할 때 일반적인 경우는 잡류 친손은 잡로를 벗어날 수 없도록 제한하
면서도 군공을 세운 경우에는 朝行에 오르는 것을 허락하고 있었던
것이 아닌가 한다.

사정이 어떻든 실제로 잡류는 특별한 공로를 이유로 品官職에 제
수되기도 하였다. 1095년 10월에 肅宗이 왕위에 오른 직후 대규모의
論功行賞을 행하여 蹠等遷官者가 수백 명에 달하고 工商皂隸로서
顯職에 超授된 자도 있었는데 有司에서는 감히 이에 대해 이의를 제
기하지 못했다고 한다.[64] 숙종은 武力을 이용해서 獻宗의 선위를 받
는 형태로 왕위에 올랐고, 따라서 즉위 후 논공행상의 범위가 넓었던
것이다. 여기서 '皂隸'란 말단이속직으로서 잡류를 가리키는데,[65] 숙
종의 즉위 과정에서 공을 세운 잡류들이 顯職에 초수된 사례가 있음
이 짐작된다.

하지만 이듬해인 숙종 원년(1096)에는 잡류가 몽은입사할 때 南班

---

64) 『高麗史節要』卷6, 獻宗 元年 10月, 169쪽.
65) '皂隸'라는 말은 본래 士의 臣인 '皂'와 輿의 臣인 '隸'를 합친 것으로 '賤官'
   이나 '下人'을 가리키는 용어인데(『大漢和辭典』卷8, 68쪽), 조선시대의 皂
   隸는 西班京衙前의 하나로서 所由, 杖首 등과 구별되었지만, 고려시대의
   皂隸는 잡류직을 지칭한 것으로 보인다. 皂隸는 『高麗史』百官志 吏屬 항
   에 보이지 않으며, 『高麗圖經』에서는 皂隸의 항목에 吏職부터 驅使까지 포
   함시켜 설명하고 있다. 成宗대 崔承老 상서문에서 "삼한공신의 자손이 皂
   隸에 섞여 있다"(『高麗史節要』卷2, 成宗 元年 6月, 48쪽)는 것이나 공민왕
   대 金續命의 상서문에서 "皂隸가 참람되게 朝班에 처하고 있다"(『高麗史』
   卷111, 列傳, 金續命, 下冊, 433쪽)는 '皂隸'는 모두 잡류직으로 생각된다.
   고종 19년 御史臺 皂隸 李通이 반란을 일으켰다는 기록에서 '御史臺 皂隸'
   가 보이지만(『高麗史節要』卷16, 高宗 19년 6月 乙酉, 419쪽), 이는 어사대
   에 속한 所由나 다른 잡류직을 말하는 것이 아닌가 한다.

에만 허락하도록 하는 조처가 발표되었다.

(肅宗元年)七月 判 注膳幕士所由門僕電吏杖首等雜類 雖高祖以
上三韓功臣 只許正路南班 限內殿崇班 加轉[66]

숙종 원년(1096) 7월에 판하기를 잡류는 비록 高祖 이상이 삼한공
신일지라도 다만 正路南班에만 허락하고 內殿崇班에 한정하여 加轉
토록 한다는 것이다. 正路에 대해서는 다양한 해석이 있어서[67] 이를
'과거에 응시할 수 있는 門路를 열어주는 것'으로 이해하기도 하지만,
'정통의 남반'이라는 해석을 따르고 싶다. 『高麗史』에는 赦令이 내릴
때 관원들에게 次第同正職을 가하는 기록이 여러 번 확인되는데, 이
때 관원들을 총칭해서 '文武兩班及南班正雜路凡有職者'[68](예종 3
년), '文武兩班南班雜路凡有職者'[69](고종 40년), '文武正雜凡有職
者'[70](충렬왕 8년), '文武兩班正雜路凡有職者'[71](충렬왕 24년, 충선
왕 즉위교서)라고 한 것이 보인다. 여기서 '文武兩班 南班正雜路'가
'文武兩班南班雜路', '文武正雜' 등으로 표현되고 있음을 확인할 수
있다. 즉 문무양반을 제외하고 보면 '남반정잡로'를 때로는 '남반잡로'
로 혹은 아예 남반을 말하지 않고 '정잡'이라고 표현하고 있는 것이
다. '正雜' 즉 正路와 雜路는 곧 南班正路와 雜路로 보아야 할 것으

---

66) 『高麗史』 卷75, 選擧志3, 限職, 中冊, 642쪽.

67) 正路에 대해서는 '정통의 仕路'라는 의미로 이해하여 正路南班은 '정통의 南
班'으로 보기도 하고(조좌호, 「麗代南班考」, 『동국사학』 5, 1957, 13쪽), '과거
로 出身할 수 있는 正코스'라고 하여 正路는 위로 南班은 아래로 붙여서 해
석해야 할 것이라는 견해도 있다(李丙燾, 「고려남반고」, 『논문집 · 인문사회
과학편』 12, 서울대, 1966, 163쪽). 또 正路를 서리직의 사로로 이해하기도 한
다(洪承基, 「신분제도」, 『한국사 15』, 국사편찬위원회, 1995, 44쪽).

68) 『高麗史』 卷12, 世家, 睿宗 3年 2月, 上冊, 254쪽.

69) 『高麗史』 卷24, 世家, 高宗 40年 6月, 上冊, 481쪽.

70) 『高麗史』 卷29, 世家, 忠烈王 8年 5月, 上冊, 606쪽.

71) 『高麗史』 卷33, 世家, 忠烈王 24年 正月, 上冊, 671쪽.

로 이 正路를 '과거에 응시할 수 있는 門路'라고는 할 수 없을 것이
다. 따라서 이 숙종 원년 判이 삼한공신의 후손으로 잡류직에 있었던
사람들에게 과거 응시를 허락하는 것이었다고는 해석할 수 없다. 다
만 正路南班을 허락하여 정7품의 內殿崇班에까지 승진을 허락한다
는 것이다.

　그런데 '비록 高祖 이상이 삼한공신일지라도 다만 正路南班에만
허락하고'라는 구절은 얼른 이해되지 않는데, 이는 숙종이 즉위한 후
내린 赦令과 관계가 있는 것으로 보인다. 숙종은 獻宗 원년(1095) 10
월 왕위에 오르고 11월에 赦令을 내리는데 그 속에는 삼한공신의 內
外孫으로 무직자는 호마다 한 명씩 입사를 허락하는 조처가 포함되
어 있다.72) 삼한공신의 후손을 입사시키는 은전을 베푼 것인데 그 대
상은 무직자로 되어 있다. 하지만 삼한공신의 후손 중에는 잡류직에
있는 자도 있어서 이들에 대해서 어떻게 할 것인가 하는 문제가 생기
게 되었고 이에 대한 결정이 바로 위의 숙종 원년(1096) 판으로 생각
된다. 즉 삼한공신의 후손으로 일반 무직자가 아닌 잡류인 경우에는
南班에만 허용한다는 것이다. '비록 고조 이상이 삼한공신일지라도'
라는 구절은 그 입사의 은전을 베푸는 대상을 말한 것으로 보인다.
비록 삼한공신의 玄孫 혹은 玄孫의 子 등 먼 후손에 해당할지라도
당시 잡류에 소속된 공신 후손을 남반에 한하여 입사하도록 조처한
다는 것이다.73)

　이 숙종 원년(1096)의 판문은 그 전해의 赦令에 포함된 삼한공신

---

72) 『高麗史節要』卷6, 獻宗 元年 11月, 170쪽, "太祖代及三韓功臣內外孫無職
　　者 戶許一人入仕".

73) 삼한공신의 후손이 잡류에 속한 경우가 있었던 것은 새삼스러운 일은 아니었
　　다. 성종 원년(982) 최승로 상서문 가운데에도 "삼한공신 자손이 매번 宥旨를
　　받을 때마다 포상 錄用한다고 하면서도 아직 관작을 받지 못하고 皁隷에 섞
　　여 있는 자도 있다"고 하면서 "공신의 등차에 따라 그 자손을 錄用할 것"을
　　건의하고 있다(『高麗史節要』卷2, 成宗 元年 6月, 48쪽). 여기서 皁隷란 잡류
　　직을 말한 것이다.

의 후손을 입사시키는 문제와 관련해서 나온 것이지만 잡류가 몽은 입사할 때 南班에 한정해서 허락한다는 원칙을 확인한 것으로 보인 다. 즉, 숙종 즉위 직후 당시 특수한 상황 하에서 잡류를 顯職에 초수 한 일이 있었지만, 정권이 안정되면서 잡류 출신이 몽은입사하는 경 우 南班으로 그 사로를 한정하고 掖庭局의 7품직인 內殿崇班에서 그치도록 하였던 것이다. 잡류가 몽은입사할 때 남반에 한정해서 허 락한 숙종 원년(1096)의 판문은, 앞서 살펴본 문종 10년(1056) 잡류의 자손이 몽은입사할 때 외손에 한해서만 남반 진출을 허용한 것에 비 해 仕路 제한 규제가 점차 완화됨을 보여준다. 이러한 잡류 자손에 대한 사로 제한 규정은 얼마 지나지 않아 인종 3년(1125)에 잡류 자 손의 과거 응시가 전면 허용되면서 의미를 잃게 된다.

이상에서 살펴본 바와 같이 12세기 인종대 이전까지 잡류와 그 자 손은 양반으로 진출하는 길이 차단되어, 국가로부터 직역의 대가로 받은 전시과 토지를 매개로 대체로 잡류직을 世傳하면서 잡류층을 이루고 있었다고 하겠다.

다음으로 고려 전기 잡류의 신분 지위에 대해 생각해 보면, 먼저 그들이 말단이속직인 잡류직을 세전하고 있었다는 점에서 吏族이라 고 말할 수 있다.[74] 아울러 잡류는 庶人의 범주에 포함되는 존재였 다. 잡류가 서인으로 파악된 것은 문종 2년 鄕貢에 관한 判文(사료 나-1)에서도 알 수 있다. 의업의 경우 비록 서인이라도 악공·잡류에 관계되지 않은 사람이면 응시할 수 있도록 한다는 것으로 보아, 잡류 는 서인의 범주에 포함되는 존재로 이해된다.

그런데, 잡류는 庶人이지만 관직체계 내에 포함되어 있었기에 庶 人在官者에 속했다. 『高麗史』에는 庶人在官者에 관한 기록이 몇 군 데 보인다. 우왕 14년(1388) 趙浚의 1차 田制改革案에서는 侍中으로 부터 庶人在官者에 이르기까지 祿科田柴의 지급대상으로 언급되었

---

74) 洪承基, 「高麗時代의 雜類」, 『歷史學報』57, 1973, 78~82쪽.

고[75] 공양왕 2년 8월에 頒行된 士大夫家祭儀에서는 1·2품의 관원, 3~6품의 관원, 7품 이하 관원에서 庶人在官者에 이르는 세 등급으로 나누고 있다.[76] 이 두 기록은 고려 말의 것이지만 고려 전기에도 庶人在官者라는 범주가 있었다. 顯宗 11년 親子가 없는 祖父母 忌日에 관리들에게 휴가를 주도록 하였는데 서인을 제외한 文武入仕人이 그 대상이 되었다.[77] 給暇는 관인을 대상으로 휴가를 주는 것이므로 여기의 서인은 서인재관자일 것이다. 이 때 文武入仕人에 한해서 給暇하도록 제한하고 서인재관자는 給暇 대상에서 제외하고 있는데, 이를 통해 서인재관자는 문무입사인과는 구별되는 존재로서 비록 在官者이지만 여전히 서인 신분인 사람들임을 알 수 있다.

한편 『牧民心書』에서는 고려시대의 庶人在官者에 대해 언급하면서 主史·令史 등 서리직과 함께 電吏·門僕·杖首 등의 잡류직을 들고, 고려시대에는 小吏에 대해 考功이 있었다고 설명하였다.[78] 고려 전기의 잡류는 考功이 행해지고 정해진 승진 규정에 따라 유외잡직으로 진출하며, 서리와 함께 서인재관자의 범주에 포함되는 존재였다고 하겠다.[79] 그런데, 후술하는 바와 같이 고려 후기에 이르면 잡류직은 점차 일반 양인의 身役化해 가고 이러한 추세는 조선 초기까지 이어지는데, 이처럼 잡류직이 일반 양인의 신역으로 변한 후에는

---

75) 『高麗史』卷78, 食貨志1, 田制, 祿科田, 中冊, 714~718쪽, "祿科田柴 自侍中 至庶人在官 各隨其品 計田折給 屬之衙門 當職食之."

76) 『高麗史』卷63, 禮志5, 吉禮小祀, 大夫士庶人祭禮, 中冊, 411~412쪽, "八月 庚申朔 頒行士大夫家祭儀 …… 一品至二品 …… 三品至六品 …… 七品至 庶人在官者 菜二楪 果一楪 魚肉各一器 羹飯盞匙筯並同".

77) 『高麗史』卷64, 禮志6, 凶禮, 百官忌暇, 中冊, 430쪽, "顯宗十一年閏六月 制 無親子祖父母忌日 除庶人外文武入仕人 並給暇一日兩宵".

78) 丁若鏞, 『牧民心書』第4卷, 吏典六條, 第六條 考功/『譯註 牧民心書』2, 다산 연구회, 1979, 158쪽.

79) 조선시대에도 庶人在官者가 있었는데, 여기에는 掖隸·吏胥·軍伍에 속한 세 부류가 있다고 하며 대개 中人으로 이해되고 있다. 조선시대의 서인재관자에 대해서는 韓永愚, 『朝鮮時代 身分史研究』, 집문당, 1997, 66~67쪽 참조.

이들을 '庶人在官者'의 범주에 넣기 어려울 것으로 생각된다.

고려 전기 정부는 잡류를 兩班軍閑人田柴科의 지급대상에 포함시
키고 그 仕路를 제한함으로써 전시과 토지를 매개로 잡류직을 안정
적으로 확보하려 하였다. 잡류는 대체로 자손에게 그 직역을 세전하
였고 그런 점에서 吏族이라 부를 수 있는 존재였다. 고려 전기 잡류
직의 상당 부분은 이처럼 특정 집안에서 세전하는 인원으로 충당할
수 있었으리라고 생각되는데, 부족한 부분에 대해서는 白丁 자원자
로 충원한 것으로 보인다. 고려 초에 처음 잡류직이 성립되었을 때에
도 일반 백성 중에서 자원하는 자로 충당하였을 것인데, 이후 전시과
제도와 관제의 정비에 따라 잡류에 대한 전시과 토지 지급과 승진 규
정이 마련되고 점차 잡류직을 세전하여 갔을 것이다.

백정이 잡류직 충원 대상이 되었으리라는 점과 관련해서 다음 기
록이 주목된다.

> (靖宗)十一年五月 揭榜云 國家之制 近仗及諸衛 毎領設護軍一
> 中郎將二 郎將五 別將五 散員五 伍尉二十 隊正四十 正軍訪丁人
> 一千 望軍丁人六百 凡扈駕內外力役 無不爲之 比經禍亂 丁人多闕
> …… 京中五部坊里 除各司從公令史主事記官有蔭品官子有役賤口
> 外 其餘兩班及內外白丁人子 十五歲以上 五十歲以下 選出充補
> …… 其間諸宮院及兩班等 以丘史賤口 拘交造飾求請者 宮院則所
> 掌員 兩班則勿論職之有無 依例科罪 諸衙門詐稱通粮丘史 追錄名
> 籍 知情規避者 亦皆科罪[80]

정종 11년(1045)에 近仗, 諸衛의 正軍訪丁人, 望軍丁人 등 군인
(丁人)이 부족하여 京中 5부방리의 令史, 主事, 記官, 有蔭品官子,
有役賤口를 제외한 나머지 양반과 內外白丁人子로서 15세 이상 50
세 이하를 대상으로 하여 선출 充補토록 하였는데, 이 때 궁원과 양

---

80) 『高麗史』卷81, 兵志1, 五軍, 中冊, 777쪽.

반 등이 丘史, 賤口로 문서를 조작하거나 각 아문에서 通粮, 丘史를
사칭하여 名籍에 追錄하여 보충 대상에서 제외시키는 일이 생기면
이를 처벌하라는 명령이다. 丘史는 관인뿐 아니라 여러 궁원, 관청에
도 소속되어 있었고, 軍人 充補의 대상이 되는 백정을 丘史의 名籍
에 등록시키는 일은 丘史가 되는 白丁이나 丘史를 부릴 궁원, 양반,
각 아문 모두에게 이익이 되는 일로 여겨지고 있었던 것을 알 수 있
다. 군인에 충보되는 것을 피하여 백정들이 丘史를 사칭하는 상황에
서 이름만 名籍에 올라 있는 경우도 예상되지만, 실제로 당시 丘史
중에는 백정 중 자원자가 입속하는 경우가 있었을 것이다. 고려 전기
잡류는 전시과 토지를 매개로 해서 잡류직을 자손에게 세전하고 있
었고, 정부는 이러한 형태로 잡류직 담당자를 안정적으로 확보하려고
하였다. 그렇지만 부족한 인원에 대해서는 백정 중 자원자로 보충한
것으로 생각된다. 백정 자원자가 잡류직에 충원되면 전시과 토지를
지급하는 것이 원칙이었겠으나, 전시과로 지급할 토지가 한정된 상태
에서 어느 정도까지 지급되었을지는 알 수 없다.

또, 향리 자손 가운데 잡류직에 충보되는 경우도 있었을 것이다.
이와 관련해서 拓俊京의 사례가 주목된다. 척준경은 그 선조가 본래
谷州吏인데 家貧하여 不學하였으므로 서리가 되려 했으나 되지 못
하자 肅宗이 鷄林公이었을 때 그 府에 나아가 從者가 되었다. 그 후
樞密院 別駕가 되고 軍功으로 현달하기에 이르렀다고 한다.[81] 향리
층 출신인 척준경이 서리가 되려 한 것은 향리의 3子 중 1子를 서리
로 從仕함을 허락하는 고려의 제도에 의거한 것이다.[82] 그런데, 그가
서리가 되지 못한 것은 '家貧不能學問'이 원인이었다. 서리가 되려면
어느 정도의 학식이 있어야 했기 때문이다. 그는 서리가 되지 못하자
鷄林公府의 종자가 되었다고 하는데 이 종자가 무엇인지는 확실치

---

81) 『高麗史』 卷127, 列傳, 拓俊京, 下冊, 767쪽.
82) 『高麗史』 卷106, 列傳, 嚴守安, 下冊, 348쪽, "嚴守安 寧越郡吏 身長有膽氣
國制吏有子三 許一子從仕 守安例補重房書吏".

않으나 驅史일 가능성이 있다. 척준경은 '家貧不能學問'했다는 것으로 보아 하층 향리층 출신으로 보이는데, 서리가 되지 못하자 鷄林公府의 驅史가 된 것이 아닌가 한다. 그 후 그는 別駕라는 상급서리직으로 나아갔다. 척준경은 숙종이 계림공이던 시절 그를 隨從하던 驅史로서 숙종 즉위 후 논공행상 과정에서 특별히 別駕가 되었을 것이다. 숙종 즉위 후 대규모 논공행상이 이루어지고 잡류들이 顯職에 초수되었던 것에 대해서는 이미 언급한 바 있는데 척준경도 이 때 별가가 된 것으로 보인다.

諸王府의 구사에 대해 初入仕(初職)를 허락한 예는 예종 3년 大廟에서 왕이 친히 禘祭를 지낸 후 赦를 내리고 이 때 諸王府의 丘史 2인에 대해 '許初職'한 데서도 보인다.[83] 고려 전기에는 丘史가 初職을 받으면 대체로 雜路 入仕職 혹은 南班으로 나아갔을 것이다. 척준경이 鷄林公府의 종자에서 별가라는 상급 서리직으로 나아간 것은 숙종 즉위 직후의 특수한 사례로서 일반적인 것으로는 보기 어렵다. 척준경의 사례는 향리의 三丁一子를 서리에 보임하는 제도 운영과정에서 '家貧不學' 등의 이유로 서리가 될 수 없는 경우 驅史와 같은 잡류직으로 나아가는 경우가 있었음을 보여주는 것으로 생각된다.

다음으로, 잡류직의 부족한 인원을 보충하기 위해서 악공의 아들을 잡류직에 소속시키기도 하였다.

文宗七年十月 判 樂工有三四子者 以一子繼業 其餘屬注膳幕士 驅史 轉陪戎副尉校尉 限至曜武校尉[84]

문종 7년(1053) 10월 판하여 악공의 아들 중 한 명은 父業을 이어 악공이 되도록 하고 나머지는 注膳, 幕士, 驅史에 속하게 하며 陪戎副尉(종9품下의 武散階), 陪戎校尉(종9품上의 武散階)를 거쳐 曜武

83)『高麗史』卷12, 世家, 睿宗 3年 4月 己亥, 上冊, 256쪽.
84)『高麗史』卷75, 選擧志3, 銓注, 限職, 中冊, 641쪽.

校尉(정6품上의 武散階)에서 제한한다는 것이다. 11세기의 기록에서 잡류와 악공은 모두 서인에 포함되며 과거 응시에 규제를 받는 계층으로서 함께 언급되는 경우가 많았는데, 문종 7년에는 악공의 아들을 注膳, 幕士, 驅史 등의 잡류직에 소속시키는 조처가 취해지고 있다. 여기서 잡류직에 소속된 악공의 아들에게 武散階를 사여하는데 정6품上의 무산계인 曜武校尉에서 제한하고 있다. 이는 악공의 아들로서 잡류직에 소속된 사람들은 잡로를 따라 流外雜職으로 나아가는 것이 아니라 무산계를 받도록 한다는 것으로, 악공의 아들이 잡류직에 충원되더라도 다른 잡류직자와 구별하려 한 것으로 보인다. 잡류는 兩班軍閑人田柴科를 받는 대상이었으나 악공은 그렇지 않았다. 악공은 무산계 수여 대상이었으며 무산계전시과 지급 규정에 大匠, 副匠 등의 工匠과 함께 御前部樂件樂人이 田 17결을 받도록 되어 있었다.[85] 즉, 악공의 아들이 잡류직에 충원되더라도 무산계를 받아 승급하며 그에 따라 무산계전시과를 지급받도록 하는 것이 원칙이었다. 이들은 여전히 악공 신분으로서 임시로 잡류직에 동원되고 있었던 것으로 생각된다. 고려시대의 악공은 신분상 서인이었으나 강한 世傳律의 규제를 받았다. 이러한 악공의 아들이 注膳, 幕士, 驅史에 소속되더라도 兩班軍閑人田柴科 토지를 받는 잡류층에 편입된 것은 아니었다.

11세기의 기록에서 잡류와 악공은 모두 서인으로서 과거 응시에 규제를 받고 악공의 자손이 注膳, 幕士, 驅史 등 잡류직에 소속되기도 하는 등 그 성격이 비슷한 점이 많다. 그러나 악공이 武散階田柴科 지급대상인 데 비해서 잡류는 兩班軍閑人田柴科 지급대상이었고 악공보다는 나은 위치에 있었다고 생각된다. 그런 점에서 악공의 아들이 잡류직에 보충되어도 다른 雜類職者와는 구별되었던 것이다.

---

85) 旗田巍, 「高麗の武散階 - 鄕吏·耽羅の王族·女眞の酋長·老兵·工匠·樂人の位階」, 『朝鮮學報』 21·22合, 1961/『朝鮮中世社會史の硏究』, 1972, 398~402쪽 참조.

그런데 靖宗대에서 文宗대에 이르는 11세기 중엽의 기록에서 백정 중 자원자나 악공의 아들로 충원되고 있는 잡류직으로 나타나는 것은 驅史와 注膳, 幕士이었던 점이 주목된다. 말단이속직인 잡류직 가운데 특히 驅史는 여러 관청과 관원들에게 분급되어 사역되는 隨從人, 從者로서 많은 수가 필요하였고 또 관원 개인에게 소속된다는 점에서 다양한 성격의 사람이 포함될 수 있는 소지가 많다고 하겠다.

11세기에 이미 잡류직 중 일부에 이처럼 백정 중 자원자로 충속하거나 악공의 아들을 동원하였지만, 잡류는 다만 流外雜職으로만 입사하도록 허락하고 그 자손에 대해 과거 응시를 금지하면서 지급받은 전시과 토지를 매개로 그 직역을 세전하도록 하여 잡류직을 확보하는 것을 원칙으로 삼고 있었다. 이처럼 고려 전기 잡류에게 지급된 전시과 토지는 잡류와 그 자손의 사로가 대개 잡로로 제한되면서 잡류직과 함께 그 자손에게 세전되었고 이들은 잡류층을 이루고 있었다고 생각된다.

2. 雜類層의 변동과 雜類職의 身役化

1) 雜類層의 변동과 '雜類'의 의미 변화

고려 전기 잡류는 入仕職으로 올라갈 수는 있었으나 雜路에 한정되고 전시과 토지를 받으며 그 자손은 과거 응시가 금지되어 잡류직을 세전하고 있었다는 점에서 하나의 신분층을 이루고 있었다. 그런데 고려 중기 이후 잡류 자손에게 과거 응시가 허용되고 職役 世傳의 매개가 되는 전시과 토지의 운영에도 어려움이 생기면서 吏族으로서의 잡류층의 성격이 변화하게 된다. 또 이러한 잡류층의 변동은 '잡류'의 의미에도 변화를 가져오게 되었다. 이하에서는 고려 중기 이후 잡류층이 변동하는 배경과 이후 '잡류'라는 용어가 다른 의미로 사용되는 경향을 검토해 보고자 한다.

吏族으로서의 잡류층이 변동하는 원인으로는 먼저 잡류 자손의 仕
路에 대한 제한이 풀렸다는 점을 들 수 있다.

우선 눈에 띄는 변화는 인종 3년에 잡류 자손의 과거 응시가 허용
되었다는 점이다.

> 仁宗三年正月 判 電吏杖首所由門僕注膳幕士驅史大丈等子孫 依
> 軍人子孫許通諸業選路例 赴舉 其登製述明經兩大業者 限五品 醫
> 卜地理律算業者 限七品 若堅貞節操有名聞者 所業特異者 擢大業
> 甲乙科 則許授淸要理民職 丙科同進士 則三品職 醫卜地理律算業
> 則四品職 其非登科入仕者 亦限七品 至玄孫許通[86]

인종 3년(1125) 정월에 판하기를 電吏, 杖首, 所由, 門僕, 注膳, 幕
士, 驅史, 大丈 등 자손은 軍人 자손을 諸業選路에 허통한 예에 의하
여 赴舉토록 하고 製述, 明經 兩大業에 등제한 자는 5품에 한품하고
醫卜地理律算業에 등제한 자는 7품에 한품하는데, 堅貞節操로 이름
이 난 자나 所業特異者로서 大業甲乙科에 오른 자는 淸要理民職에
제수하는 것을 허락하고 丙科同進士는 3품직에 한품하고 醫卜地理
律算業의 경우에는 4품직에 한품토록 하며, 登科入仕한 자가 아닌
경우는 역시 7품에 한품하고 玄孫에 이르러 許通하라는 것이다. 이
인종 3년(1125) 판에 의해 잡류 자손은 군인 자손을 諸業選路에 허통
한 예에 따라 과거 응시가 허용되었다. 고려정부는 잡류 자손에 대해
서 靖宗, 文宗대에는 과거 응시를 금지하였는데,[87] 이제 인종 3년

---

86) 『高麗史』 卷75, 選擧志3, 銓注, 限職, 中冊, 642쪽.

87) 『高麗史』 卷73, 選擧志1, 科目1, 中冊, 590쪽, "(靖宗)十一年四月 判 五逆
五賤不忠不孝鄕部曲樂工雜類子孫 勿許赴擧";『高麗史』 卷73, 選擧志1,
科目1, 中冊, 590쪽, "文宗二年十月 判 各州縣副戶長以上孫 副戶正以上子
欲赴製述明經業者 所在官試貢京師 尙書省國子監審考 所製詩賦違格者及
明經不讀一二机者 其試貢員科罪 若醫業 須要廣習 勿限戶正以上子 雖庶

(1125)에 이르러 전면 허용하면서 다만 限品制를 적용하였다. 즉 잡류 자손으로 등과한 자는 일반적으로 5품에 한품하도록 한 것이다. 그러나 특별한 경우에는 淸要理民職[88]의 제수도 허락하여 한품제 적용은 그다지 엄격하지 않았다.

그런데 잡류 자손의 과거 응시가 허용된 이 인종대에 式目都監에서 상정한 學式에 따르면 雜路에 관계된 자는 國子學, 太學, 四門學에 입학할 수 없도록 규제되었다.[89] 이 인종조의 학식이 인종 3년 이후에도 계속 적용되는 것이었다면, 당시 정부는 잡류 자손에 대해서 과거 응시를 허락하면서도 다른 한편 이들이 국학에는 입학할 수 없도록 규제하였던 것으로 생각할 수 있다. 이런 상황에서 잡류 자손의 과거 응시를 허락하였다고 해도 실제로 이를 통해 문반으로 入仕하는 예가 얼마나 되었을지는 의심스럽다. 하지만 잡류 자손들은 비록 國學에 입학할 수 없어서 어려운 조건이라고 하더라도 과거를 통해 文班으로 나아갈 수 있는 기회를 누리게 되었다는 점에서 그 의미를 부여할 수 있다. 이전까지의 잡류는 品官으로 진출하는 길이 봉쇄되어 전시과 토지를 받는 職役層 중에서도 특수한 신분층을 이루었으나, 인종 3년에 이르러 잡류 자손의 과거 응시가 허용됨으로써 文班으로 나아갈 기회가 열린 것이다.

한편, 고려 중기 이후 잡류와 그 자손의 仕路에 대한 제한이 풀리는 것은 蒙恩入仕할 때 나아가는 仕路에서도 볼 수 있다. 앞에서 살펴본 바와 같이 文宗 10년(1056)의 丙申年別制에서는 잡류 자손이 몽은입사하는 경우에도 그 사로를 잡로로 제한하였는데,[90] 숙종 원

人 非係樂工雜類 並令試解".

88) 淸要職에 대해서는 朴龍雲, 「고려시대의 淸要職에 대한 고찰」, 『高麗時代 官階·官職 硏究』, 고려대출판부, 1997 참조.

89) 『高麗史』 卷74, 選擧志2, 學校, 中冊, 626쪽, "仁宗朝式目都監詳定學式 國 子學生 …… 大學生 …… 四門學生 …… 三學生各三百人在學以齒序 凡係 雜路及工商樂名等賤事者 大小功親犯嫁者 家道不正者 犯惡逆歸鄕者 賤 鄕部曲人等子孫及身犯私罪者 不許入學".

년(1096) 판에서는 잡류로서 비록 高祖 이상이 삼한공신일지라도 다
만 正路南班에만 허락하고 정7품의 內殿崇班에 한정하여 加轉토록
하였다.[91] 잡류 혹은 그 자손이 몽은입사할 때 나아가는 仕路에 대한
제한은 문종 10년(1056)에서 숙종 원년(1096)에 이르는 동안 완화되
는 경향을 보인다. 그런데 위의 인종 3년(1125) 判에서 잡류 자손 등
과입사자에 대한 한품제를 언급하고 그 말미에 '其非登科入仕者 亦
限七品'이라 하고 있는 것이 주목된다. 잡류 자손으로 등과하지 않고
입사한 자는 역시 7품에 한품한다는 것이다. 이는 몽은입사의 경우를
말하는데, 숙종 원년 판문에서 정7품의 內殿崇班에 한정하여 加轉토
록 한다는 것과도 통한다. 이 인종 3년 판문에서는 잡류 자손의 과거
응시를 전면 허용하면서 이들이 등과를 통해 입사하는 것이 아닐 때
는 예전처럼 7품에 한품한다는 것을 밝히고 있는 것으로 생각된다.
    여기서 '亦限南班七品'이라 하지 않고 그저 '亦限七品'이라 한 것
은 이 때부터 잡류 자손 몽은입사자에 대해 그 仕路를 南班으로 제
한하지 않게 된 것이 아닐까 하는 생각을 하게 한다. 이 때의 사정은
분명치 않지만 毅宗대 이후 잡류인 驅史가 隊正 등 무반직으로 진출
하고 있는 사례가 종종 보이는 것을 보면 이 무렵 이후 잡류는 西班
으로도 나아간 것으로 생각된다. 그러한 사례로 毅宗 때 朴光升은
驅史 출신으로 그가 隨從하던 관원 金光中의 도움을 받아 隊校가 되
어 仕路에 오르고 있고,[92] 鄭邦佑는 電吏 출신으로 明宗 때 大將軍
知御史臺事가 되고 있다.[93] 이처럼 잡류 출신으로 품관직에 진출하

---

90) 『高麗史節要』卷5, 文宗 12年 5月, 137쪽. "又准丙申年別制 上項人子孫 蒙
    恩入仕者 合依父祖仕路量授".

91) 『高麗史』卷75, 選擧志3, 限職, 中冊, 642쪽, "(肅宗元年)七月 判 注膳幕士
    所由門僕電吏杖首等雜類 雖高祖以上三韓功臣 只許正路南班 限內殿崇班
    加轉".

92) 『高麗史』卷101, 列傳, 金光中, 下冊, 234쪽, "金光中登第毅宗時 …… 光中
    累官至諫議大夫秘書監 嘗愛驅使朴光升 與衣食畜之 請於人補隊校 鄭仲
    夫之亂 光升引光中匿人家 密告害之".

는 사례는 고려 후기에는 그다지 드문 일이 아니었던 것으로 보인다. 이는 『高麗史』選擧志 序文에서 '南班雜路之陞轉'이 科擧나 門蔭 등과 함께 품관직에 오르는 사로로서 언급되고 있는 것을 보아도 알 수 있다.94)

고려 중기 이후 잡류층이 변동하는 또 하나의 요인으로는 전시과 제도 운영의 문제를 들 수 있다. 고려정부는 모든 직역을 진 자에게 토지를 지급한다는 원칙 하에 文班, 武班, 南班 등 관직자나 胥吏, 雜類, 京軍에게는 전시과 토지를 지급하고 鄕吏나 保勝·精勇의 州縣軍에게는 足丁계열의 토지를 지급하였던 것으로 생각된다. 이 중 전시과 토지는 문반, 무반, 남반, 서리, 경군 등에 있어서는 그 직역의 변동과 관계없이 자손에게 田丁이 연립되었는데, 다만 잡류의 경우에는 그 자손의 과거 응시를 불허하고 사로를 잡로로 제한하여 전시과 토지 지급과 동시에 잡류직 세전이 강제된 면이 있다.

이처럼 잡류는 양반, 서리와 함께 관직체계 안에 포함되어 있으면서도 이들과 구별되는 하나의 독특한 신분층을 이루었다. 그런데, 인종 3년에 이르러 잡류 자손에게 과거 응시가 허용되고 몽은입사의 경우에도 사로의 제한이 완화되어 갔다. 이후 잡류들에게 지급된 전시과 토지는 다른 전시과 토지와 마찬가지로 잡류 자손이 문반이 되

93) 『高麗史』卷100, 列傳, 鄭邦佑, 下冊, 229쪽, "鄭邦佑起自電吏 明宗朝累遷 大將軍知御史臺事 以賤系拜臺官 人皆笑之 出爲西北面兵馬使 重房奏 昔 陳淑嘗爲其道兵馬使 邦佑以電吏從行 北蕃吏民尙有記其面者 今若出鎭 人心不服 徒示國家無人也請勿遣 王從之 後復爲兵馬使 臺諫無有言者 邦佑公廉率法 威惠並施 一方畏服".
94) 『高麗史』卷73, 選擧志1, 中冊, 589쪽, "三國以前 未有科擧之法 高麗太祖 首建學校 而科擧取士未遑焉 光宗用雙冀言 以科擧選士 自此文風始興 …… 雖名卿大夫未必不由科目進 而科目之外 又有遺逸之薦 門蔭之敍 成 衆愛馬之選補 南班雜路之陞轉 所進之途非一矣". 이 기록이 고려 후기의 상황을 전해 주는 것임에 대해서는 洪承基, 앞의 글, 1973, 94쪽 ; 朴龍雲,「고려시기 중앙정치체제에 대한 연구동향과 '국사'교과서의 서술」,『역사교육』 44, 1988/『高麗時代 官階·官職 硏究』, 1997, 285쪽 참조.

면 문반의 전시과 토지로, 무반이 되면 무반의 전시과 토지로 변하는, 즉 직역의 변동과 상관없이 그 집안의 자손에게 세전되었다. 전시과 토지는 田丁連立을 통해 세전되었기 때문에, 이러한 가운데 새로이 지급대상이 된 사람들에게 지급할 토지를 찾기 어려웠다. 특히 잡류직은 전시과 지급대상자 중 최말단에 위치하여 새로이 잡류직에 충원된 경우 전시과 토지를 지급받기란 극히 어려웠을 것이다.

물론 잡류 자손에게 과거 응시가 허용되었다고 하여 이들 자손이 모두 과거에 급제하는 것은 아니었고 또 몽은입사도 흔한 일은 아니었으므로 잡류직을 세전하는 사람도 여전히 있었을 것이다. 그러나 예전 잡류직을 세전하던 집안 가운데 일부는 품관직으로 진출하고 또 이들 대신 잡류직에 충원된 사람들은 전시과를 새로 지급받지 못하는 상황에서 잡류직이 특정 집안에 세전되기는 어려웠다. 전시과 토지의 지급이 제대로 이루어지지 않더라도 잡류직에 대한 祿俸과 같은 다른 경제적 대우가 보장되어 있다면 이를 토대로 직역의 세전이 이루어질 수도 있겠으나, 잡류직에 대해서 녹봉이 지급되었는지는 의문이다. 『高麗史』 食貨志 祿俸條 序文에는 "雜職, 胥史, 工匠에 이르기까지 직역이 있는 자는 다 常俸이 있어 그 경작을 대신하였는데 이를 일러 別賜라 했다"[95]고 하였으나 실제로 雜別賜 지급규정에 나타나 있는 것은 서리까지이고 잡류에 대해서는 보이지 않는다.[96] 결국 仁宗代 이후 잡류 자손의 赴擧가 허용되는 등 잡류와 그 자손에 대한 사로 제한이 풀리고 또 한편으로 잡류에 대한 전시과 토지 지급이 어려워지는 가운데 고려 전기와 같이 전시과 토지를 매개로 잡류직을 세전하던 모습은 찾기 어렵게 되었다.

그런데, 고려 후기 잡류직의 성격이 변화하면서 '雜類'라는 말의 의미도 달리 사용되는 것으로 보인다. 고려 전기의 잡류는 대개 電吏,

---

95) 『高麗史』 卷80, 食貨志3, 祿俸, 中冊, 751쪽.
96) 崔貞煥, 『高麗 朝鮮時代 祿俸制 硏究』, 경북대출판부, 1991, 108쪽 참조.

驅史, 門僕, 所由 등 특정한 말단이속직을 지칭하는 용어로 사용되었
는 데 비해, 고려 후기에는 電吏, 驅史, 門僕, 所由 등의 잡류직만을
지칭하여 '잡류'라고 부른 예를 찾기 어렵다. 『高麗史』의 기록에서
'잡류'라는 용어가 잡류직만을 지칭하여 사용된 예를 찾아보면 靖宗
11년 判文,[97] 文宗 2년 判文,[98] 文宗 30년 更定田柴科 규정 중 '第十
八科 閑人雜類',[99] 肅宗 원년 判文[100]을 들 수 있다. 이외에 睿宗,
仁宗대에 人吏, 掌固, 書者, 算士 등과 구별되어 언급된 잡류도 잡류
직을 지칭한 것으로 보인다.[101] 잡류가 電吏, 杖首, 所由, 門僕, 注膳,
幕士, 驅史, 大丈 등 제한된 범위의 이속직 즉 잡류직만을 지칭한 것
은 기록에서 확인할 수 있는 바로는 靖宗대에서 仁宗대까지 걸쳐 나
타나고 있다. 고려 후기의 '잡류'는 고려 전기의 잡류직을 포함해서
보다 넓은 범위의 사람들을 지칭하여 '奴僕雜類',[102] '僕從雜類',[103]
'工商雜類',[104] '商賈雜類',[105] '僧俗雜類'[106] 등으로 사용되는 예가

---

97) 『高麗史』卷73, 選擧志1, 科目1, 中冊, 590쪽.

98) 『高麗史』卷73, 選擧志1, 科目1, 中冊, 590쪽.

99) 『高麗史』卷78, 食貨志1, 田制, 田柴科, 中冊, 710쪽.

100) 『高麗史』卷75, 選擧志3, 限職, 中冊, 642쪽.

101) 『高麗史』卷12, 世家, 睿宗 3年 2月, 上冊, 254쪽, "上冊都監員加職事 人吏
超一等同正職 掌固書者初入仕 …… 給事及宮府掌固書者算士醫士初入仕
…… 雜類賜物有差";『高麗史』卷16, 世家, 仁宗 8年 10月, 上冊, 326쪽,
"行從及西京文武員寮吏人各加同正職 掌固入仕 雜類賜物有差".

102) 『高麗史』卷85, 刑法志2, 禁令, 中冊, 864쪽, "(忠烈王)十四年四月 監察司
榜曰 …… 僧徒及奴僕雜類 騎馬公行朝路 無所畏忌 或走馬踏殺行人 自今
攸司 捕捉監禁犯人論罪 送馬于典牧 若本主不能敎令奴隷犯禁者 並與其
主論罪".

103) 『高麗史』卷85, 刑法志2, 禁令, 中冊, 868~869쪽, "(恭讓王四年)三月 憲司
上疏 言時事 一擅入宮殿門 旣有其律 見今宮門不嚴 大小員 將引伴倘奴隷
無時出入 甚至雜亂 或有司門者阻當 反致陵辱 無有懲禁 至如御殿 宴享賓
客 臨朝聽政之際 僕從雜類 闌入混雜 朝儀不肅 若不嚴切禁理 誠爲未便".

104) 『高麗史』卷84, 刑法志1, 職制, 中冊, 848~849쪽, "(辛禑十四年)八月 憲司
上疏 …… 一公私奴隷鄕吏驛子工商雜類 冒受官職 請令本府 不論官品 直

많아진다. 奴僕雜類, 僕從雜類는 관원들이 데리고 다니는 다양한 성격의 노복, 종자 들을 지칭하였다. 고려 후기 관원들은 伴倘, 驅史, 電吏 등의 종자와 노예를 거느리고 다녔고 이들을 奴僕雜類, 僕從雜類라고 한 것이다. 이 복종잡류에는 물론 예전 잡류직에 근원을 두고 있는 驅史, 電吏 등도 포함되지만, 이들 외에 伴倘 등 다양한 성격의 사령, 종자 들을 모두 포함하고 있다. 물론 고려 전기에도 '잡류'는 글자 그대로 잡다한 부류의 사람들을 포괄해서 사용하는 경우도 있었을 것으로 예종대와 인종대에 '工商雜類',107) '僧俗雜類'108)로 표현한 예가 보인다. 그렇지만, 고려 전기 기록에서는 電吏, 驅史, 所由 등 제한된 범위의 이속직에 대해 '잡류'라고 한 것을 어렵지 않게 확인할 수 있는 데 비해, 고려 후기에는 이러한 예를 찾기 어렵다. 고려 후기의 잡류는 다양한 성격의 사령, 종자를 포함하여 관리, 군인이 아닌 다양한 사람들을 지칭하는 의미로 사용되고 있었다.

그런데 충렬왕 15년 3월 科斂에 대한 기록에서 '雜類五斗'109)라 하고 있는 것이 주목된다. 각 품에 따라 과렴하는 액수가 기록되어서 예컨대 權務, 隊正은 8斗를 내도록 하였는데 잡류는 5斗를 내도록 한 것이다. 충렬왕 15년 2월 遼東의 饑饉을 이유로 元에서 軍粮 10만 석을 요구하자 이를 마련하기 위해 群臣에게 명하여 쌀을 거둔

收爵牒".

105) 『高麗史』 卷124, 列傳, 王三錫, 下冊, 700쪽.

106) 『高麗史』 卷82, 兵志2, 站驛, 中冊, 803~804쪽, "忠穆王元年整理都監狀 …… 品官及僧俗雜類等 多騎私馬 以私事受公劵 村驛橫行者 黎上囚從人 黎外囚當身 收所持私馬 各驛定屬".

107) 『高麗史』 卷85, 刑法志2, 禁令, 中冊, 861쪽.

108) 『高麗史』 卷85, 刑法志2, 禁令, 中冊, 862쪽.

109) 『高麗史』 卷79, 食貨志2, 科斂, 中冊, 744~745쪽, "三月 又令群臣加出米有差 諸王宰樞承旨班主十三石 …… 權務隊正八斗 有官守散職五斗 …… 商賈人五石 僉議府密直重房將軍房三十石 典理監察軍簿版圖典法六衛五部觀候司天詹事府十石 通禮門十五石 雜類五斗 諸寺社二百石 四大業一百石".

적이 있는데 다시 3월에 과렴이 행해졌다. 따라서 3월 과렴 기록의 '잡류'가 잡류직만을 가리킨 것인지는 2월의 기록과 비교해 볼 필요가 있는데 2월의 과렴 기록에서는 잡류가 보이지 않고 대신 '軍官百姓公私奴婢以五斗三斗爲差'[110]라는 기록이 있다. 또 비슷한 시기인 충렬왕 9년 3월에 군량을 거둔 기록에서는 '白丁抄奴所由丁吏諸司下典獨女官寺奴婢十斗'[111]라 하여 잡류직의 하나인 所由가 白丁, 抄奴, 丁吏, 諸司下典 등과 함께 언급되고 있는데 이는 충렬왕 15년 2월 기록의 '百姓公私奴婢'의 범주와 통한다. 이렇게 보면 충렬왕 15년 3월 기록의 '잡류'도 所由와 같은 잡류직만을 가리킨 것은 아니고 더 넓은 범주의 사람들을 포함하는 의미로 사용한 것으로 생각된다.

이상 살펴본 바와 같이 고려 후기의 '잡류'는 이전의 잡류에 비해서 보다 넓은 범주의 사람들을 포함하는 의미로 사용되었고, 이들은 하나의 독립된 계층을 이루는 것은 아니었다. 예전 잡류직을 포함해서 다양한 성격의 사령, 종자 그리고 때로는 賤隷까지도 포함해서 잡류라 불렀던 것으로 보인다. 이러한 추세는 선초에도 계속되어 세종대에는 鄕吏, 官奴, 驛子, 公私賤隷, 津尺, 鹽干 등이 모두 有役雜類로 지칭되었다.[112] 또 『經國大典』의 雜類 항목에는 守陵軍, 守墓軍, 胎室看守軍, 津夫, 水夫, 氷夫, 藥夫, 漁夫가 대표적인 잡류로 설명

---

110) 『高麗史』 卷79, 食貨志2, 科斂, 中冊, 744쪽, "十五年二月 遼東饑 元遣張守智等 令本國措辦軍粮十萬石 轉于遼東 王命群臣出米有差 諸王承旨以上七石 致仕宰樞三品以上五石 …… 權務隊正別賜散職七斗 軍官百姓公私奴婢以五斗三斗爲差 富商大戶三石 中戶二石 小戶一石各 道輸米有差 唯除東界平壤二道".

111) 『高麗史』 卷82, 兵志2, 屯田, 中冊, 812쪽, "(忠烈王九年)三月 令諸王百官及工商奴隷僧徒 出軍糧有差 諸王宰樞僕射承旨米二十石 致仕宰樞顯官三品十五石 …… 東班九品叅外副使校尉南班九品四石 正雜權務隊正三石 東西散職業中僧一石 白丁抄奴所由丁吏諸司下典獨女官寺奴婢十斗 賈人大戶七石 中戶五石 小戶三石 唯年七十以上男女勿斂".

112) 劉承源, 「조선초기의 '身良役賤'階層」, 『朝鮮初期身分制研究』, 을유문화사, 1987, 245~246쪽.

되어 있고 그 말미에 雜色軍에 대해서 기록하고 있다.113) 그렇게 보면 조선 전기의 잡류는 '군역을 부담하지 않는 자의 범칭'114) 혹은 '군역 외의 특정 신역을 지는 자로서 雜色役者와 衙前類의 말단유직인을 포함하는 개념'115)으로 정리할 수 있겠다. 조선 전기의 잡류는 이처럼 양인, 천인을 막론하고 군역 이외의 役을 지는 자를 지칭하고, 때로는 기술관이나 서리까지도 士類가 아니라는 의미에서 잡류로 지칭되었다.

2) 雜類職의 변화와 白丁層의 身役化

고려 중기 이후 잡류 자손에게 과거 응시가 허용되는 등 잡류에 대한 仕路 제한이 풀리고 전시과 토지의 운영에 어려움이 생기면서 잡류에 대해 職役 世傳을 강제하기 어려워지는데 이후 잡류직은 어떻게 변화되었을까. 고려 후기 잡류직에 관련된 기록이 얼마되지 않아 전체 실상을 설명하기 어렵다. 그런 중에도 驅史(驅使, 丘史, 驅從, 丘從)에 대한 기록이 비교적 많아서 이를 중심으로 살펴보려고 한다.

驅史는 잡류의 하나로 관리들에게 지급되어 종자 역할을 하였고, 宮院이나 관청에도 소속되어 있었다. 관리들에게 지급된 驅史는 明宗 20년의 지급 규정에 의하면 같은 품계라도 관직에 따라 구사의 액수가 달랐다.116) 그런데 靖宗 11년(1045)에는 군인 선발을 피하여 內

---

113) 『經國大典』, 兵典, 雜類/『朝鮮王朝法典集』1, 경인문화사, 1972, 466쪽.

114) 劉承源, 「양인」, 『한국사 25』, 국사편찬위원회, 1994, 186쪽.

115) 韓嬉淑, 『朝鮮初期의 雜類層에 대한 硏究』, 고려대 박사학위논문, 1990, 293쪽.

116) 『高麗史』卷72, 輿服志1, 鹵簿, 百官儀從, 中冊, 586쪽, "明宗二十年 判 守太師太傅太保各丘史二十二 守太尉守司徒司空十六 公侯二十 伯子男十四 中書令門下侍中二十二 門下中書侍郎平章事二十 叅知政事十六 知省事政堂文學十五 …… 直翰林史館錄事判官留院校監以上有祿諸權務二 以下諸權務員一".

外 白丁人子들이 구사를 사칭하는 일이 문제가 되었다.117) 고려 전기의 잡류는 대체로 전시과 토지를 매개로 해서 잡류직을 자손에게 세전하였지만, 백정 중 자원자를 모집하여 보충하기도 한 것으로 생각된다.

文宗대에는 악공의 아들을 驅史에 소속시키기도 하였는데, 이들 악공 출신 구사는 流外雜職으로 入仕하지 않고 武散階를 받아 승급하여118) 다른 구사와 구별되었다. 즉 악공 출신의 구사는 비록 구사로서 잡류직에 종사하고 있었지만 兩班軍閑人田柴科 토지를 받는 잡류와는 구별되었던 것이다. 또 척준경의 사례를 통해 하층 향리 자손으로 家貧不學하여 서리가 될 수 없는 경우 구사가 되는 경우도 있었을 것으로 추측되었다. 이처럼 고려 전기의 구사에는 다양한 성격의 사람들이 포함되어 있었다. 백정 자원자나 향리 자손으로 구사에 충속된 사람들은 잡류직자로서 兩班軍閑人田柴科의 지급대상이 되는 것이 원칙이었겠지만, 악공 출신의 구사는 그렇지 않았던 것으로 생각된다.

그런데 驅史에는 또 하나의 부류가 있다. 『高麗圖經』에서는 驅史를 官奴隷라 하고119) '庶官小吏之奴'라고도 하였다.120) 이는 잡류인

---

117) 『高麗史』卷81, 兵志1 五軍, 中冊, 777쪽, "(靖宗)十一年五月 揭榜云 …… 京中五部坊里 除各司從公令史主事記官有蔭品官子有役賤口外 其餘兩班及內外白丁人子 十五歲以上 五十歲以下 選出充補 …… 其間諸宮院及兩班等 以丘史賤口 拘交造飾求請者 宮院則所掌員 兩班則勿論職之有無 依例科罪 諸衙門詐稱通粮丘史 追錄名籍 知情規避者 亦皆科罪".

118) 『高麗史』卷75, 選擧志3, 銓注, 限職, 中冊, 641쪽, "文宗七年十月 判 樂工有三四子者 以一子繼業 其餘屬注膳幕士驅史 轉陪戎副尉校尉 限至曜武校尉".

119) 『高麗圖經』第22卷, 雜俗1, 給使, "給使之賤 視官品而爲多寡之數 國相 丁吏四人 驅使三十人 令官倍之 …… 丁吏多前驅 給使執巾瓶從物後隨 列卿而上 丁吏三人 驅使二十人 正郎 丁吏二人 驅使十五人 員郎以上 丁吏一人 驅使十人 初品共給三人 皆官奴隷也 世代相承爲之".

120) 『高麗圖經』第21卷, 皂隷, 驅使, "驅使與仙郎相類 大抵皆未娶之人 在貴家

驅史가 관리에게 지급되어 노예처럼 역사되는 모습을 설명했다고 볼 수 있지만, 한편으로는 麗末鮮初에 구사에 투속하는 사람 중에는 奴 출신도 있었던 것으로 보아 奴 출신의 구사가 仁宗대 무렵에도 이미 있었을 가능성을 생각해 볼 수 있다. 비록 조선 초의 기록이지만 義安大君의 구사였던 田興에 대해 워낙 미천하여 根系를 알 수 없는 사람이라고 하면서 奴子로 인정하고 있는데,[121] 그가 구사였던 때는 고려 말이나 조선 초였을 것이다. 그는 奴 출신으로 의안대군의 구사가 되어 품관직으로 진출하였으며 직위가 2품에까지 이르렀다.『高麗圖經』에서 驅史를 '庶官小吏之奴'라고 설명하였는데, 여기서 '小吏'가 주목된다. 관원에 대해서는 명종대의 기록을 보아도 權務官에 이르기까지 구사를 지급하였지만 '小吏'에게까지 국가에서 구사를 지급하지는 않았을 것이다. 이는 잡류인 구사를 지급받는 대상이 아닌 小吏들이 관원을 모방하여 종자를 데리고 다니는데, 이 때 奴로써 종자를 삼은 것이 아닌가 한다. 국가에서 정식으로 인정한 구사 외에 사적으로 구사를 부리는 일은 선초에도 보이는데 이를 '私丘史'라고 하였다.[122] '小吏之奴'를 驅史로 불렀다고 하더라도 이들은 적어도 인종대 당시까지는 잡류인 구사와 분명히 구별된 것으로 보인다.

그런데 고려 중기 이후 잡류직의 世傳을 강제하기 어려워지면서 그 부족한 부분은 일차적으로 백정 중 자원자로 充定하게 되었을 것이다. 고려 후기에는 전시과제도 운영의 문제 때문에 관료조직의 최말단에 위치한 잡류직에 대한 전시과 토지 지급이 곤란했을 것이 예상되고 잡류직에 대한 雜別賜의 지급 여부도 의문이므로, 잡류직에

子弟 則稱仙郎 故其衣或紗或羅皆皂也 又有一等緣袖烏巾 卽庶官小吏之奴 名驅使者也".
121)『世宗實錄』卷39, 世宗 10年 正月 辛丑, 3冊, 110쪽.
122)『世宗實錄』卷43, 世宗 11年 2月 辛巳, 3冊, 165쪽. 이 때 관원들이 조회길에 거느리는 丘史의 수를 정했는데 비나 눈이 오거나 2품 이상 관원이 老病으로 轎子를 탈 때는 私丘史를 더 정해 주는 규정이 보인다.

대한 경제적 대우가 보장되어 있었다고 할 수 없다. 또 고려 후기 잡
류직의 去官 수직 규정도 확인할 수 없다. 이런 가운데 잡류직에 자
원하는 사람이 얼마나 될지 의문이 든다. 그런데『高麗史』選擧志
서문에서 '南班雜路之陞轉'이 科擧나 門蔭 등과 함께 품관직에 오르
는 仕路로 설명되는 것으로 보아 고려 후기에 잡류 출신으로 품관직
에 진출하는 일이 종종 있었던 것으로 생각된다. 실제로 毅宗 때 朴
光升이 구사 출신으로 隊校가 되어 사로에 오르고, 鄭邦佑는 電吏
출신으로 明宗 때 大將軍 知御史臺事가 되었던 것은 이미 언급한
바와 같다. 고려 후기에 잡류직을 통해서 품관직으로 진출할 기회를
잡을 수도 있었다는 점이 백정 자원자를 유인하는 조건이 되기도 하
였을 것이다.

　잡류직 가운데서도 특히 왕실이나 권신, 고위관원의 사령, 종자 역
할을 하던 電吏, 驅史 등이 이들의 도움으로 품관직에 진출하는 경우
가 많았을 것을 예상할 수 있다. 電吏는『高麗史』百官志에 中書門
下省의 掾屬으로 180인, 西京에 25인이 기록되어 있는데, 鄭邦佑의
예에서 보듯 西北面兵馬使를 종행하기도 하고, 毅宗조 왕이나 왕태
자 鹵簿에서도 각각 淸道電吏 20인, 8인이 확인되고,[123] 공민왕 때의
기록에서도 電吏는 구사와 함께 고관의 사령 혹은 종자 역할을 담당
한 것을 알 수 있다.[124] 이러한 電吏나 驅史는 권신이나 왕실 등 권

---

123)『高麗史』卷72, 輿服志1, 鹵簿, 法駕鹵簿, 中冊, 580쪽, "法駕鹵簿 毅宗朝
　　詳定 …… 淸道電吏二十人分左右(放角紫衣執杖子)" ;『高麗史』卷72, 輿
　　服志1, 鹵簿, 王太子鹵簿, 中冊, 585쪽, "毅宗朝詳定 …… 軍士一百人分左
　　右(紫衣執長刀) 淸道電吏八人分左右(放角執杖子)".

124)『高麗史』卷84, 刑法志1, 職制, 中冊, 846~847쪽, "(恭愍王)二十年七月 羅
　　州牧使李進修上疏曰 官爵人君任賢授能之器也 安有人臣盜主之恩 掠美於
　　僚友 妄自尊大者乎 慶弔外 諸司官員 投謁權門 又稱伴倘騎從者 及常選外
　　諸都監雜路薦狀 一皆命法司 痛理斷之 旣有各掌百官 何必別立都監 旣有
　　電吏丘史 何必品官騎從乎 品官 非宰相之臣僕 諸司公事啓課者 進達於合
　　坐所 其一至權門者 削其職 再至者 加之以罪 三至者 終身不叙 其餘至百
　　田民屬公 王嘉之".

력자의 주변에서 사령, 종자 역할을 담당하였기 때문에 출세의 기회를 잡기가 보다 쉬웠을 것이다. 실제로 諸王府의 구사나 권신의 구사에 대해서는 때때로 初職(初入仕)을 허락하는 조처가 내리고 있다.[125] 잡류가 나아가는 初職은 본래 유외잡직으로 제한되었지만 숙종대 이후에는 몽은입사의 경우 南班에도 허용되었는데, 고려 후기에는 이들이 무반직으로 진출하는 경우가 많았던 것으로 보인다.

무인집권기에는 무인집정에게 왕이 그 공을 치하하면서 그들의 구사에게도 初入仕를 허락하거나 혹은 '眞拜把領'하는 조처를 함께 내리기도 하였다.

나-3) (高宗)四十年 …… 沈邠九曜堂于闕西 及成 王幸觀之 許沈
　　　 親侍二十人 初入仕 丘史二十人 眞拜把領 二十人 初入仕
　　　 監督官上將軍朴成梓子一人 眞拜把領 工匠賞功有差[126]
나-4) (元宗五年七月) 己亥 宣旨曰 …… 金俊爲寡人親朝 欲設仁
　　　 王法會 印成是經新舊譯各一百二部 造師子座一百彩畫粧飾
　　　 至於供具衣物無不精備 忠誠深重 以金俊丘史十人 許初入仕
　　　 十人 眞拜把領 親侍二十人 假著幞頭 造成監役人 皆賜爵
　　　 諸色匠人 亦賜物有差[127]

나-3의 내용은 崔沆이 고종 40년에 封侯 立府된 후에 九曜堂을 지었는데 왕이 가서 보고 최항의 親侍 20인에게는 초입사를 허락하고 구사 20인을 眞拜把領하고 또 구사 20인에게는 초입사를 허락하였으며, 그 공사의 감독관이었던 상장군 박성재에게는 그의 아들 1인을 眞拜把領하고 工匠들에게는 賞功하기를 차등있게 하였다는 것이

125) 예종 3년에 태묘에서 왕이 친히 禘祭를 지낸 후 赦를 내리고 諸王府의 구사 중 2인에 대해 '許初職'하고 있는 것을 확인할 수 있다(『高麗史』 卷12, 世家, 睿宗 3年 4月 己亥, 上冊, 256쪽).
126) 『高麗史』 卷129, 列傳, 崔忠獻, 下冊, 812쪽.
127) 『高麗史』 卷26, 世家, 元宗 5年 7月, 上冊, 520~521쪽.

다.

나-4의 내용은 원종 5년(1264) 7월에 교지를 내려, 왕이 몽골에 입
조할 때 김준이 인왕법회를 열고자 인왕반야경을 인쇄하고 불공 때
쓰는 기구 등도 정밀하게 갖추는 등 충성이 대단하였다고 하여 그에
대한 포상을 하는 가운데 김준의 구사 10인에게는 초입사를 허락하
고 또 구사 10인은 진배파령하고 親侍 20인은 '假著幞頭'를 허락하였
다는 것이다. 여기서 최항과 김준의 親侍는 그들의 家奴를 말한
다.[128] 그리고 '假著幞頭'란 권신의 家奴에게 諸王 宗室 宮宅의 蒼頭
의 예에 따라 幞頭를 착용하도록 한 것이다.[129]

眞拜把領에 대해서는 이를 伴倘과 같은 것으로 이해하기도 하
고[130] 진배파령을 眞拜와 把領으로 끊어서 把領은 丘史와 같은 잡
류로 보고 眞拜는 品官으로 입사하는 것으로 이해하는 견해도 있
다.[131] 그렇지만 진배파령을 伴倘과 같은 것으로 본다면 나-4에서
'丘史十人 許初入仕 十人 眞拜把領 親侍二十人 假著幞頭'를 어떻게
해석할 것인지 의문이 생긴다. 丘史 10인에게 초입사를 허락하고 또

---

128) 親侍는 본래 궁궐에서 사역하는 公奴隷였는데(洪承基, 『高麗貴族社會와
奴婢』, 1983, 64쪽), 무인집권기에는 무인집정들의 家奴도 親侍라고 불렀다.
예컨대 『高麗史』의 金俊傳에서는 그의 아버지 金允成이 본래 다른 사람의
奴로서 최충헌에게 투탁하여 奴가 되었다고 하는데(卷43, 列傳, 金俊, 下冊,
822쪽, "允成本賤隷 背其主投崔忠獻爲奴"), 『高麗史節要』에서는 최충헌의
親侍가 되었다고 하였다(高宗 45年 正月, 451쪽, "仁俊父允成本賤隷也 背
主投崔忠獻爲親侍").

129) 『高麗史節要』에 의하면 "舊例에 諸王 宗室 宮宅의 蒼頭만이 幞頭 착용이
허락되어 이를 일러 '紫門假著'라 하였는데, 왕이 최항의 蒼頭에게 복두 착
용을 허락하였고 이후 권신의 蒼頭가 모두 복두를 썼다"고 한다(『高麗史節
要』 卷17, 高宗 39年 9月, 437쪽). 『高麗史』 卷72, 輿服志1, 冠服通制, 中冊,
566쪽에서는 "高宗三十九年 王許崔沆蒼頭著幞頭 舊例唯諸王宗室宮宅蒼
頭著幞頭 謂之紫門假着 權勢兩班家奴着幞頭自沆始"라 하였다.

130) 韓嬉淑, 『朝鮮初期의 雜類層에 대한 硏究』, 고려대 박사학위논문, 1990, 47
쪽.

131) 許興植, 「1262년 尚書都官貼의 分析(下)」, 『韓國學報』 29, 1982, 77~78쪽.

10인과 진배파령과 친시 20인을 假著幞頭하도록 하였다고 해석할 것인가. 나-3에서도 監督官 上將軍 朴成梓 子一人과 眞拜把領과 工匠에게 賞功有差하였다고 해석할 것인가. 감독관 상장군 박성재의 子一人을 진배파령하였다고 해석하는 것이 자연스럽고, '工匠賞功有差'는 나-4의 '諸色匠人 亦賜物有差'와 같은 내용으로 생각된다.

한편 把領을 丘史와 같은 잡류로 보는 견해에 따르면, 최항의 丘史 20인을 眞拜하고 把領 20인은 초입사를 허락하고 상장군 박성재의 아들 1인은 眞拜하고 把領과 工匠은 賞功有差하였다고 해석해야 하는데, 앞에서 최항의 把領 20인을 許初入仕하고 뒤에서 다시 把領은 工匠과 함께 賞功有差하였다고 하여 어색하다. 더욱이 김준의 구사 10인을 許初入仕하고 또 10인을 眞拜하고 把領과 親侍 20인은 假著幞頭하도록 하였다고 해석하게 되는데, 丘史와 같은 잡류라는 把領을 家奴인 親侍와 함께 假著幞頭의 대상으로 삼는다는 것도 자연스럽지 않다.

위의 두 기록은 권신의 家奴인 親侍에게 초입사를 허락하거나 假著幞頭를 허락하는 조처를 취하고 또 그 丘史에 대해서는 초입사를 허락하거나 진배파령하고 있는 것으로 해석해야 할 것이다. 그런데, 김준에 대해서는 나-4의 원종 5년(1264)의 조처 이전에도 이른바 '1262년 尙書都官貼'에서 '丘史七人乙良 眞拜把領 十人乙良 許初入仕爲良於爲敎矣'라 한 기록이 보인다.[132] 또 이 상서도관첩에서는 보좌공신으로 분류된 15인에 대해서는 본인의 職次를 超授할 뿐 아니라 直子 또는 直子가 없는 경우에는 甥姪, 女婿 중 1명에 대해 관직을 제수하였는데 여기서 '西班是去等 隊正乙良 校尉 無職者 眞拜把領 爲等如 差備爲良於爲敎矣'라 하였다. 이 진배파령을 伴倘으로 해석할 수 없고 또 파령을 丘史와 같은 잡류로 해석할 수도 없다. 관직을 제수할 대상이 隊正이라면 校尉를 제수하고, 무직자라면 진배

---

132) 許興植, 앞의 글, 1982, 60쪽.

파령하라는 것으로 해석해야 할 것이다. 이러한 조처는 선초에 이르기까지 공신을 책봉할 때마다 보이는데 공신을 책봉할 때 공신들의 丘史에 대해서 진배파령과 許初入仕의 은전을 베풀었다. 예를 들면 공민왕 12년 윤3월 興王討賊功臣을 책봉하면서 일등공신의 경우 驅史 5인을 진배파령하고 또 구사 7인을 許初入仕하며, 이등공신은 구사 3인을 진배파령하고 또 구사 5인을 許初入仕하였다.133) 이후에도 공민왕 12년 11월,134) 恭讓王 원년,135) 그리고 조선왕조에 들어와서 태조 원년,136) 태조 7년,137) 태종 원년138)까지 공신 책봉 때마다 공신의 구사 중 일부를 '眞拜把領'하거나 '許初入仕'하는 조처가 함께 이루어졌다.139)

조선 태조 원년 開國功臣인 李和에게 지급한 功臣錄券에서는 '丘史七名 眞拜把領 十名 許初入仕 …… 立碑立閣乙良繕工監 圖形乙良圖畫院 紀功乙良藝文春秋館 父母妻封爵子孫蔭職嫡長世襲子孫政案施行乙良吏曹 賜給田地丁號申聞乙良戶曹 奴婢花名申聞乙良都官殿中寺 丘史把領及入仕乙良兵曹'140)라는 기록이 보인다. 이 중

---

133) 『高麗史』卷40, 世家, 恭愍王 12年 閏3月 乙酉, 上冊, 802쪽.
134) 『高麗史』卷40, 世家, 恭愍王 12年 11月, 上冊, 807쪽.
135) 『高麗史』卷45, 世家, 恭讓王 元年 12月, 上冊, 874쪽.
136) 『太祖實錄』卷2, 太祖 元年 9月 甲午, 1冊, 29~30쪽.
137) 『太祖實錄』卷15, 太祖 7年 10月 癸卯, 1冊, 139쪽.
138) 『太宗實錄』卷1, 太宗元年 正月 乙亥, 1冊, 194쪽.
139) 그런데 端宗대 이후 공신책봉에서는 丘史에 대해 初入仕를 허락한다거나 진배파령한다는 기사가 보이지 않고 丘史와 伴倘을 지급하는 기사로 바뀐다(『端宗實錄』卷9, 端宗 元年 11月 丙辰, 6冊, 638쪽). 또 이 무렵부터 공신에게 지급되는 구사는 대개 관노비로 충당되고 있어서(『端宗實錄』卷10, 端宗 2年 1月 丙辰, 6冊, 657쪽), 선초 공신의 구사가 初入仕나 眞拜把領의 대상이 되었던 것과는 다른 모습을 보인다. 『經國大典』에서도 공신의 구사는 관노비로 설명하였다. 하지만 세종 8년(1426)의 기록에서 功臣 丘從과 伴倘은 경기의 閑良人으로 차정한다는 법령이 있는데 함길도인들이 투속하여 문제가 되고 있음을 보면 이 때까지도 공신의 丘史는 관노비가 아니었다(『世宗實錄』卷33, 世宗 8年 8月 癸亥, 3冊, 38쪽).

뒷부분의 내용은 포상 내용을 집행할 담당관서를 밝힌 것인데, 여기서 '丘史把領及入仕乙良兵曹'라고 한 기록이 주목된다. 앞서 공신의 丘史를 진배파령하거나 許初入仕하는 조처에 대해 兵曹에서 관할하라는 것인데, 이를 줄여서 '丘史 把領及入仕'로 표현한 것이다. 이는 구사를 대상으로 '把領及入仕'토록 하는 것임을 보여준다.

그렇다면, 공신의 구사에 대해 許初入仕하거나 眞拜把領하는 조처의 구체적인 내용은 어떤 것일까.

먼저 구사에게 허락한 初入仕職에 대해 살펴보면, 고려 전기의 구사는 堂引과 같은 유외잡직으로 입사하는 것으로 이해되고 있지만 고려 말의 구사가 받은 초입사직은 유외잡직이 아니라 무반직으로 생각된다. 고려 후기의 기록에서 堂引, 殿驅官 등 유외잡직에 대한 기록을 찾을 수 없고 驅史가 隊正과 같은 무반직으로 나아가고 있는 것을 보면 고려 후기에는 잡류가 나아가는 유외잡직이 폐지되었던 것으로 보인다. 조선 세종 12년에 皂隷, 所由, 螺匠, 杖首 등이 일단 受職하면 모두 朝班에 참예함을 문제로 삼아 西班 관직을 줄이고 따로 잡직을 설정하도록 건의할 때 잡직이 설치되어 있는 중국의 官制를 언급하는 것을 보면[141] 잡류가 나아가는 유외잡직이 상당히 오래 전에 폐지되어 있었던 것을 짐작할 수 있다. 구사에게 허락된 初職은 西班의 初職인 隊正職으로 보인다. 대개 初入仕職은 實職이 아닌 散職이 제수되므로 구사에게 허락한 초입사직은 實職이 아닌 散職 隊正일 것이다. 散職 隊正은 고려 전기 기록에서 散隊正으로 나타나는데[142] 충렬왕 때의 과렴 기록에서 隊正과 구별되어 나타나는 '東西

140) 許興植, 『한국의 古文書』, 민음사, 1988, 322~324쪽.
141) 『世宗實錄』 卷49, 世宗 12年 9月 乙巳, 3冊, 259쪽, "摠制鄭招啓 中朝官制 各品皆有雜職 不列於流品 本朝官制 則無雜類之別 工商賤隷皂隷所由螺匠杖首之類 若得受職 則並齒朝班 甚爲未便 乞減西班官職 別設雜職 以尊文武官".
142) 檢校나 同正을 넣어 散職임을 표현하는 방식을 취하지 않을 경우 散隊正 散殿前承旨와 같이 '散'자를 넣어 散職임을 표현한 것에 대해서는 金光洙,

散職',143) '別賜散職',144) '有官守散職'145)에 포함된 것이 아닐까 한다.

다음으로 眞拜把領한다는 것은 무슨 의미일까.

'眞拜'는 試·攝·借·權職 등이 아닌 眞職에 제배됨을 의미한다.146) '把領'은 그 의미가 분명치 않지만147) 앞에서 언급한 1262년 상서도관첩에서 관직을 제수할 대상이 隊正이라면 校尉를 제수하고 무직자라면 진배파령하라는 것을 보면, 진배파령이 교위 이상의 직책을 제수하는 것이 될 수는 없으므로 隊正에 眞拜함을 의미하는 것으

「高麗時代의 同正職」, 『역사교육』 11·12합집, 1969, 121쪽 ; 朴龍雲, 「高麗時代의 官職과 官階」, 『高麗時代 官階·官職 硏究』, 고려대출판부, 1997, 30쪽 참조.

143) 『高麗史』卷82, 兵志2, 屯田, 中冊, 812쪽, "東班九品衆外副使校尉南班九品四石 正雜權務隊正三石 東西散職業中僧一石 白丁抄奴所由丁吏諸司下典獨女官寺奴婢十斗".

144) 『高麗史』卷79, 食貨志2, 科歛, 中冊, 744쪽, "權務隊正別賜散職七斗 軍官百姓公私奴婢以五斗三斗爲差".

145) 『高麗史』卷79, 食貨志2, 科歛, 中冊, 744쪽, "權務隊正八斗 有官守散職五斗".

146) 朴龍雲, 「고려시대의 관직 - 試·攝·借·權職에 대한 검토」, 『진단학보』 79, 진단학회, 1995/『高麗時代 官階·官職 硏究』, 고려대출판부, 1997, 158쪽. 또, 散職에서 眞職으로 나아가는 것도 '眞拜'라고 하였다. 이는 조선 태종 5년 醫官 楊弘達이 醫術로 총애를 받아 檢校承寧府尹이 되었는데 眞拜를 얻으려고 하다가 司憲府의 탄핵을 받는 기록을 통해 알 수 있다. 『太宗實錄』卷10, 太宗 5年 11月 庚戌, 1冊, 343쪽, "命奪楊弘達職 弘達常侍太上王疾 得幸爲檢校承寧府尹 營求眞拜 憲府劾啓曰弘達賤口也 用醫術位至二品極矣 遂生踰分之心 請收其職牒 勘問以懲 上只令奪爵".

147) 『朝鮮王朝實錄』에서 '把領'의 용례는 功臣의 구사를 眞拜把領하는 기록 외에는, 군대 통솔이 정제되어 있지 못하다는 의미로 '把領未整'이라 한 다음 기록이 보인다. 『世祖實錄』卷14, 世祖 4年 10月 甲申, 7冊, 299~300쪽, "甲申平安黃海道都體察使申叔舟奉箋謝恩 其箋曰 …… 方今見戎虜威服 邊境無虞 居民按堵樂業 已不似前日凋弊矣 正當敎之之時 而內地巨鎭城堡不完 千戶百戶小牌 雖仍古意 而分配不均 把領未整 軍吏相混 民莫適從 訴冤紛紜……".

로 추측된다.148)

이상에서 무인집정기 이후 권신, 공신의 구사들은 종종 허초입사하거나 진배파령하는 조처를 통해 散職 隊正이나 眞職 隊正에 제배되었던 것으로 생각된다는 점을 검토해 보았다. 이처럼 丘史가 隊正과 같은 서반직으로 진출하는 경향에 대해서는, 조선 태조 3년 鄭道傳이 여말에 內僚, 工商雜隷 들이 衛領의 직책에 충당되어 외람되고 冗雜하다고 하면서 그 개혁을 건의한 것을 보아도149) 알 수 있다.150) 그런데, 고려 후기 隊正은 이미 장교직으로서의 의미를 잃은 채 각종 노역에 동원되고151) 各司 倉庫 諸都監 賤隷의 役에 나누어 사역되고 있다.152) 또한 조선왕조에 들어와서도 隊副는 각종 노역에 동원되고,153) 上將軍이나 大將軍이 隊副를 騶從(驅從)으로 삼아 노예처럼 부려서 문제가 되기도 하였다.154) 이처럼 隊正이 각종 노역에 동원되

---

148) 眞拜把領은 許初入仕보다 상위의 혜택을 베푼 것으로 생각된다. 이는 공신의 구사에 대한 조처에서 진배파령의 대상이 되는 인원 수가 허초입사의 인원 수보다 적거나 같다는 것, 또 奴인 親侍가 허초입사의 대상이 된 예는 있지만 진배파령된 예는 없다는 것을 보아도 그러하다.

149) 『太祖實錄』卷5, 太祖 3年 2月 己亥, 1冊, 59쪽.

150) 또 鮮初에도 司僕寺의 騶史는 隊副(隊正의 개칭)로 去官하고 있었다. 『世宗實錄』卷51, 世宗 13年 正月 己丑, 3冊, 292쪽, "兵曹啓 司僕寺 每一番 令諸員一百 騶史三十立番 諸員騶史役使不異 而騶史亦於隊副去官之後 還屬諸員 五品去官 請勿稱騶史 其遞兒職 幷屬諸員 統計各番到宿 呈都目 去官 從之".

151) 『高麗史』卷35, 世家, 忠肅王 12年 10月, 上冊, 713~714쪽, "乙未敎曰 …… 一各領府隊正人等 俸祿歲減 勞役日深 孤甚恤焉 宜令重房體察完護". 고려 후기 隊正의 지위는 사실상 중앙군 가운데 최하의 위치로 떨어지는 것으로 생각되고 있다(閔賢九, 『朝鮮初期의 軍事制度와 政治』, 한국연구원, 1983, 118쪽).

152) 태종 2년의 상소문 내용 중에서 "隊長, 隊副는 모두 禁衛兵인데 各司 倉庫 諸都監 賤隷의 役에 사역되니 이는 前朝 말의 폐단을 개혁하지 못한 것"이라고 하였다(『太宗實錄』卷3, 太宗 2年 6月 癸丑, 1冊, 235쪽).

153) 隊長, 隊副가 각종 노역에 동원된 사례는 『조선왕조실록』에서 조선 태조대 이후 많이 보인다.

고 있었다고 해도 녹봉을 받았고 또 대정직 자체는 品外職이었으나 장차 품관직으로 나아갈 기회를 잡을 수도 있었을 것이다.

무인집권기 이후 무신들의 驅史는 단순히 종자 역할을 하는 데 그치는 것이 아니라 家兵과 같은 무장력이 되기도 하였을 텐데 이들은 권신의 구사가 되어 장차 무관직으로 진출하려 한 것으로 생각된다. 이런 배경 하에 校尉 金大用의 아들이 권신 李高의 구사가 되기도 하였던 것이다.155) 즉, 고려 후기 관원의 사령, 종자인 電吏, 丘史가 고위관원, 권신 등과의 관계를 토대로 품관직에 진출하는 상황에서 출세를 꿈꾸는 사람들이 여기에 투속하였을 것을 예상할 수 있다. 한편 백정 중에서는 각종 貢役, 徭役 등 부담을 피하기 위해 구사로 투속하는 경우도 있었을 것이다. 이들 중 일부는 구사의 名籍에 등록되어 명실공히 구사라는 잡류직에 종사하는 사람으로 인정되었지만 일부는 정해진 인원 수 이상으로 투속하여 사적인 주종관계를 맺으면서 '구사'로 불리고 있었다. 고려 후기 무인집권기 이후 조선 초에 이르기까지 권신, 공신 등의 丘史에 투속하여 軍役 등을 피하는 한편 이들의 從者 혹은 私兵으로서 역할을 담당하고 이를 기반으로 품관으로 진출하기를 꾀하는 사람들이 상당히 있었을 것을 짐작할 수 있다.

이상에서 고려 후기 권신이나 고위관원의 驅史에는 투속하는 사람이 많았으리라는 점을 살펴보았는데, 모든 驅史가 다 그런 것은 아니었다. 대표적인 예로 內乘의 驅史를 들 수 있다.

八月 憲司上疏 …… 一司僕掌乘輿之馬政 周之伯冏之任也 昵近左右 其選最重 近代別立內乘 內堅之徒 專擅其職 …… 而又驅其貢戶 名爲驅從 至千百人 不付公籍 私置農莊 而役使之若奴隷 然

---

154) 『太宗實錄』 卷1, 太宗 元年 正月 甲戌, 1冊, 191쪽, "上大將軍領其五員十將 私遣放牧 且以隊副爲驅從 使之如奴隷".

155) 『高麗史節要』 卷12, 明宗 元年 正月, 309쪽.

害民病國 甚可哀痛 願自今以尙乘屬之司僕寺 不許內竪除授 謹擇
廉幹者任之 更日入直 凡其蒭豆 身親量給 畿內蒭蒿 計馬定數 分
月而供 且使糾正監檢 每一番置獸醫五人 驅從三十人 餘皆罷之 屬
之府兵156)

이는 창왕 즉위년(1388) 8월 憲司에서 상소한 내용이다. 司僕寺가
乘輿의 馬政을 관장하였는데 近代에 內乘을 別立하고 內竪之徒가
그 직임을 천단하며 여러 가지 문제를 일으키고 있으니 이를 개혁하
라는 것이다. 특히 貢戶를 몰아 驅從157)이라 하고 천백인에 이르는
많은 인원을 역사하며 公籍에 올리지 않고 사사로이 농장을 설치하
여 이들을 노예처럼 사역하고 있으니, 이후로 尙乘을 司僕寺에 속하
게 하고 內竪를 제수하지 말며 매 1번에 獸醫 5인과 驅從 30인을 두
고 나머지는 모두 혁파하여 府兵에 속하게 할 것을 건의하고 있다.
內乘에 대해서는 『高麗史』에 그 설치 연도를 알려주는 기록이 보이
지 않는 가운데, 충렬왕 34년 충선왕이 복위한 후 행한 官制改革에서
尙乘局을 司僕寺에 병합하여 일단 해체하고 별도로 內乘을 설치한
것으로 추측하는 견해가 있다.158) 그러나 충렬왕 때 內乘別監이 존
재한 것을 보여주는 기록이 있으므로159) 적어도 충렬왕 때에는 內乘
이 설치되어 있었던 것으로 생각된다. 위의 憲司 상소문에서는 직접
內乘의 혁파에 대한 언급은 없으나 상승을 사복시에 속하게 하고 內
竪를 제수하지 말도록 건의하여 乘輿의 馬政에 대해 사복시에서 전
체를 관장하도록 한 것으로 보인다.160)

---

156) 『高麗史』 卷84, 刑法志1, 職制, 中冊, 848~849쪽.
157) 『高麗史』의 趙浚傳에는 이와 똑같은 내용을 전하면서 '名爲驅史'로 기록하
　　고 있다(卷118, 列傳, 趙浚, 下冊, 591쪽).
158) 南都泳, 『韓國馬政史』, 한국마사회 마사박물관, 1996, 198~201쪽.
159) 『高麗史』 卷122, 列傳, 李淑, 下冊, 664쪽.
160) 尙乘局(奉車署)이 창왕 즉위년 개혁 조처에 따라 司僕寺에 병합되었다고
　　하더라도 곧 다시 설치된 듯, 『高麗史』 百官志 奉車署條에서는 공양왕 3년

창왕 즉위년 당시 內乘이 驅史라는 이름으로 貢戶를 많이 차지하여 부리는 문제가 거론되었지만 이러한 폐단은 내승이 설치된 직후부터 일어났을 것이다. 내승은 忠惠王 後5년(1344) 忠穆王이 즉위한 후 혁파된 적이 있는데[161] 이 때 내승에 투속해 있던 사람들은 各縣의 別抄와 貢戶로 定役하도록 하였다.[162] 이 '內乘投屬人'은 곧 내승의 驅史로 투속한 사람을 말하는 것으로 보인다. 즉, 원간섭기에 내승이 설치된 이후 各縣의 別抄와 貢戶 중에서 내승의 구사로 된 사람이 많았으며, 이들 중 많은 수는 내승에 속한 農莊의 노동력으로 사역되었던 것이다. 이들은 내승의 구사로 불리면서 公籍에 등록되지 않아 軍役, 貢役 등의 부담에서 제외되고 있었다. 고려말 良人皆兵制가 추진되기 이전인 충목왕대에는 혁파된 내승 투속인을 別抄와 貢戶로 定役하도록 한 데 비해, 창왕 즉위년 조처에서는 혁파된 驅史를 府兵에 속하게 하자고 한 것은 이 때 양인개병제에 입각한 군역제 개혁이 함께 이루어지고 있기 때문이다. 이상에서 원간섭기 이후 군역을 부담하는 別抄나 貢役을 부담하는 貢戶가 軍役 혹은 貢役 등의 부담을 피하여 내승에 투속하고 있었고 내승에서도 탈점 등을 통해 확대한 농장의 노동력이 필요하였으므로 많은 民戶를 점유하여 구사라 하면서 부리고 있었던 것을 확인할 수 있었다.

그런데 내승의 구사는 본래는 내승 소속의 말을 돌보기 위해 설치

에 重房에 병합되는 것으로 나타난다. 내승은 이후 기록에 보이지 않다가 조선 태조 7년 기록에서 다시 보이는데 이 때의 내승은 내승도감이 아니라 職名으로 나타난다. 이러한 內乘과 尙乘局(奉車署), 司僕寺의 조직 변화와 그 상호관계에 대해서는 南都泳, 앞의 책, 1996, 198~204쪽 참조.

161) 『高麗史節要』卷25, 忠惠王 後5년 5月, 655쪽, "罷寶興德寧庫內乘鷹坊 以其所取土田奴婢 各還本處". 내승은 충목왕 즉위 후(1344) 혁파되었다고 하나 그 이후에 공민왕 원년(1352) 普虛 관련 기록(『高麗史』卷38, 世家, 恭愍王 元年 5月, 上冊, 757~758쪽)이나 우왕대의 기록에서도 내승의 폐단이 계속 언급되는 것으로 보아 곧 다시 설치된 것으로 보인다.

162) 『高麗史』卷85, 刑法志2, 禁令, 中冊, 865쪽, "(忠穆王元年五月) 整理都監狀 …… 國制內乘鷹坊投屬人 並皆革罷 令各縣別抄及貢戶定役".

되었을 것이다.『高麗史』百官志에는 驅史의 소속 관청에 대한 기록이 없지만, 구사가 본래 '말몰이 사환에 종사하는 자'였다는 점을 생각해 보면 內廐, 內乘牧場을 관리하는 내승뿐 아니라 乘輿의 馬政을 담당하는 大僕寺(후의 司僕寺)에도 일찍부터 구사가 배치되었을 것이 짐작된다. 또 위의 창왕 즉위년 개혁안에서도 驅史를 모두 혁파하는 것이 아니라 매 1번에 30인을 두고 나머지를 혁파하여 府兵에 속하도록 건의하였다. 원간섭기 이후 내승의 구사로 불리는 사람들 중 일부는 실제로 내승의 말을 돌보는 일에 종사하고 있었을 것이지만, 더 많은 수는 이름은 구사이나 실제로는 내승에 속한 농장의 노동력으로 이용되었던 것이다.

한편 고려시대 司僕寺의 驅史에 대한 직접적인 기록은 위의 창왕 즉위년 憲司의 상소문에 보이는 것이 유일한데, 사복시의 구사는 내승의 구사와 비슷한 상황에 있었을 것으로 짐작된다. 忠肅王 5년 교서의 내용 중에 忽赤, 巡軍, 司僕寺에서 각 지방에 사람을 보내어 인민과 토지를 차지한 것을 문제 삼고 있는데163) 이는 권력기관에서 농장을 확대하고 그 농장의 노동력을 확보하고 있음을 말한다. 여기서 사복시가 민호를 점유하고 있는 것이 문제 되었는데, 이는 內乘이 貢戶를 驅史라 하면서 농장의 노동력으로 부리고 있는 것과 비슷하다. 사복시의 경우도 원래 사복시 소속의 말을 돌보기 위한 구사가 배치되어 있었을 것인데 필요한 인원 이상으로 貢戶를 점유하고 구사라 칭하면서 公籍에 올리지 않고 농장의 노동력으로 이용하고 있었던 것으로 추측된다. 위의 창왕 즉위년의 개혁안은 이후 실행에 옮겨진 듯 조선 세종 13년 당시 司僕寺의 驅史가 1番에 30명이 立番하고 있다고 하였다.164)

---

163)『高麗史』卷84, 刑法志1, 職制, 中冊, 845쪽, "忠肅王五年五月下敎 …… 一諸道忽赤司僕巡軍及權門所遣人等 影占人民 據執土田者 械繫以徇 流于遠島".

164)『世宗實錄』卷51, 世宗 13年 正月 己丑, 3冊, 292쪽.

원간섭기 이후 內乘과 司僕寺의 구사는 일반 민호의 身役으로 동원하여 실제로 구사의 일에 종사하게 하거나 혹은 농장의 노동력으로 이용하고 있었다. 이들은 고려 전기 잡류직 驅史와는 크게 달랐다. 이를 吏屬職이라고 말하기는 어렵다. 鷹坊이 민호를 점유하여 鷹坊戶로 삼는 것과 마찬가지 방식으로 내승은 민호를 점유하여 그 貢役이나 軍役을 면제해 주고 身役으로 동원한 것이다. 사복시나 내승의 驅史는 원간섭기 이후 良人의 身役化하고 있었다고 하겠다.

이상에서 고려 후기 잡류직의 변화상을 알아보기 위해 자료가 비교적 많은 驅史에 대해 살펴보았다. 구사는 고려 전기 잡류의 하나로서 전시과 토지를 받았으며 堂引 등 유외잡직으로만 나아갈 수 있도록 仕路가 제한되어 그 직역인 잡류직이 대개 세전되었는데, 백정 중 자원자로 보충하기도 하였다. 이러한 잡류직으로서의 驅史 외에도 악공의 아들로서 구사에 소속된 자, 私奴로서 구사로 불리는 자가 있어서 다양한 성격의 사람들이 驅史라는 이름으로 불리며 종자로 복무하였다. 그렇지만 악공의 아들로 구사에 속한 자는 武散階로 승급하여 잡류직과는 구별되었고 私奴인 구사는 私驅史로서 비록 구사라고 불리기는 했어도 잡류로서의 구사와 구별되었다. 그런데 고려 후기의 구사는 잡류직을 세전하던 吏族으로서의 잡류가 점차 사라지면서 일반 민호 가운데서 충원하는 경우가 많아졌다. 권신이나 고위관원, 왕실 등의 구사에는 비교적 자원자가 많았을 것이지만, 사복시나 내승의 구사는 일반 민호를 점유하여 그 소속 농장에서 노예처럼 사역시키기도 하였다. 또 貢戶나 別抄가 貢役, 軍役을 피하여 내승, 사복시의 구사로 투속하기도 하였다. 고려 후기의 구사에 대한 정례적인 去官 수직 규정이 있었는지는 알 수 없지만 隊正으로 나아가는 경우가 있었음이 확인되었다.

이처럼 고려 후기의 驅史는 고려 전기의 구사가 전시과 토지를 받고 堂引 등 유외잡직으로 나아가며 그 자손의 사로도 잡로로 제한되어 잡류직을 세전하던 모습과는 달랐다. 특히 원간섭기 이후 내승과 사복시가 민호를 점유하여 구사라 칭하면서 말을 돌보는 일에 부리거나 소속 농장에서 사역한 것을 보면 吏屬職이라기보다는 身役制로 동원한 것으로 이해된다. 내승과 사복시의 구사는 창왕 즉위년 개혁안에 따라 그 중 일부만 사복시의 구사로 남고 나머지는 혁파되어 府兵에 속하게 되었다. 또 내승, 사복시 소속의 농장도 여말 田制改革을 거치면서 정리가 되었을 것이다.

다음으로, 잡류직의 身役化 경향을 확인할 수 있는 것에는 幕士와 注選을 들 수 있다. 幕士와 注選은 창왕 즉위년과 조선 태조 원년에 있었던 혁파 논의 속에서 그 모습을 나타낸다.

十月 憲司又上書曰 …… 其人分隷各處 役之如奴隷 至有逋亡者 主司督京主人 日徵闕布人一匹 主人不能償之 直趨州縣 倍數督徵 州郡凋弊 願自今一切罷去 使還鄕里 其各殿之役 以近日革罷倉庫奴婢代之 各司之役使者 亦以辨正都監屬公奴婢充之 司設幕士注選之屬 亦皆革去 以安民生[165]

이는 창왕 즉위년(1388) 10월 憲司에서 올린 상서문으로 其人을 혁파하고 아울러 司設署의 막사, 주선도 모두 혁거하여 민생을 안정시키라고 하고 있다. 여기서 주목되는 점은 막사·주선의 혁파가 기인과 같은 차원에서 거론되고 있다는 것이다.

幕士는 잡류의 일종으로서 『高麗史』 百官志에 따르면 守宮署에 50명, 供驛署에 40명, 그리고 尙舍局(후의 司設署)에 40명씩 배치되어 張設의 임무를 담당하였다.[166] 注選에 대해서는 비록 고려 전기 기록에서 찾아볼 수는 없지만, 고려 전기 이래 잡류의 일종으로 볼 수 있을 것으로 추측된다. 또 위의 헌사 상서문에서 '司設幕士注選之

---

165) 『高麗史』 卷84, 刑法志1, 職制, 中冊, 850~851쪽.
166) 洪承基, 「高麗時代의 雜類」, 『歷史學報』 57, 1973, 61쪽.

屬'이라 한 것을 보면, 注選은 고려 말에 司設署에 소속되어 있으면
서 막사와 비슷한 처지에 있었던 것을 알 수 있다. 이처럼 막사와 주
선은 고려 전기에는 잡류로서 지방향리 출신의 上京從役者인 其人
과는 구별되는 존재였는데, 고려말 기록에서는 기인과 함께 민생 안
정 차원에서 혁파가 논의되고 있었다.

이러한 창왕 즉위년의 혁파 논의는 시행되지 않은 듯, 조선 태조
원년(1392) 교서에서 다시 혁파 명령이 내려가고 있다. "外吏가 上京
從役함은 其人, 幕士, 注選軍의 설치와 같이 각자의 役任이 있어서
이지만은, 법이 오래 되어 폐가 생겨서 역사하기를 노예와 같이하여
원망함이 실로 많으니 이제부터는 일체 모두 罷去하라"167)는 것이다.
역시 기인과 막사·주선이 함께 혁파대상이 되고 있는데, 여기서는
이들을 모두 上京 從役하는 外吏로 언급하였다. 기인제도는 그 뒤
다시 復立되었으나168) 막사와 주선에 대한 기록은 이후 보이지 않는
것으로 보아 이 때 혁파된 것으로 생각된다.

그런데, 幕士와 注選이 其人과 함께 上京 從役하는 外吏로 언급
되기는 하지만, 이들이 반드시 향리 중에서 선상한 것인지는 의문이
다. 조선 태조 원년 교서에서 '幕士注選軍'이라 하여 마치 군인의 일
종인 듯 설명하고 있는 것을 보더라도, 막사·주선은 일반 민호를 대
상으로 定役되었을 가능성이 있다. 이렇게 보면 고려 말의 막사와 주
선은 군현단위로 일정 인원수가 배정되어 향리 혹은 일반 민호 중에
서 차출하여 상경 종역하고 있었던 것으로 생각된다.

이상에서 고려 말에 司僕寺, 內乘의 驅史와 司設署의 幕士, 注選
등이 일반 민호의 신역으로 동원하여 雜色役化하고 있는 것을 살펴
보았는데 다른 잡류직은 어떻게 되었을까.

고려 말에 驅史, 幕士, 注選이 노예처럼 역사된다고 할 정도로 苦

---

167) 『太祖實錄』卷1, 太祖 元年 壬申 7月, 1冊, 22쪽, "一外吏上京從役 如其人
　　幕士注選軍之設 自有其任 法久弊生 役如奴隷 怨讟實多 自今一皆罷去".
168) 韓㳓劤, 『其人制研究』, 일지사, 1992, 158쪽.

役化한 데 비하여 所由, 杖首, 螺匠은 형관졸도로서 비교적 나은 위
치에 있었을지도 모르겠다. 특히 螺匠은 원간섭기에는 巡軍에 소속
되어 도성을 순찰하고 죄인을 체포하거나 왕의 행차에서 호위를 담
당하기도 하고, 行省에서 나장을 지방에 파견하여 여러 가지 문제를
일으키고 있었음은 이미 살펴본 바와 같다. 그런데 원간섭기 이후 권
력기관들이 다투어 민호를 점유하거나 혹은 일반 민호 스스로 이들
기관에 투속하여 문제가 되었는데, 이러한 기관 중에 순군이 포함되
어 있다.169) 원간섭기에는 鷹坊, 巡軍, 內乘 등의 국가 권력기관들이
각기 토지를 탈점하여 재원을 확보하였는데170) 내승이나 사복시의
경우 많은 貢戶를 驅史라는 이름으로 등록하고 일부는 실제로 말을
돌보는 일에, 그리고 일부는 농장 노동력으로 사역하였다. 鷹坊은 鷹
坊戶라는 이름으로, 內乘은 驅史라는 이름으로 민호를 차지하여 그
役을 징발한 것을 보면, 巡軍의 민호 점유는 나장이라는 이름으로 이
루어진 것이 아닌가 하는 생각이 든다. 순군의 나장으로 등록된 민호
도 일부는 도성순찰 등 나장의 본래 임무에 종사하고 또 일부는 순군
소속 농장의 노동력으로 이용되었을 것이다.

앞서 내승이나 사복시의 驅史에 대해서는 창왕 즉위년 개혁 조처
가 시행된 것을 보았는데, 여기서 순군의 나장에 대한 언급은 없다.
그러나 순군 소속의 나장에 대해서도 이 무렵 정리가 이루어졌을 것
이고 순군 소속의 농장도 내승이나 사복시의 경우와 마찬가지로 전
제개혁을 통해 정리되었을 것으로 생각된다. 그리하여 선초 순군의

---

169)『高麗史節要』卷20, 忠烈王 4年 4月, 517쪽, "嘉林縣人告達魯花赤曰 縣之
村落 分屬元成殿及貞和院將軍房忽赤巡軍 唯金所一村在耳 今鷹坊迷剌里
又奪而有之 我等何以獨供賦役";『高麗史』卷84, 刑法志1, 職制, 中冊, 845
쪽, "忠肅王五年五月下敎 …… 一諸道忽赤司僕巡軍及權門所遣人 等 影占
人民 據執土田者 械繫以徇 流于遠島";『高麗史』卷85, 刑法志2, 禁令, 中
冊, 865~866쪽, "忠穆王元年五月 整理都監狀 …… 行省三所忽只巡軍波吾
赤投屬成黨橫行者 推考收取差帖 還本定役".

170) 朴鍾進,『고려시기 재정운영과 조세제도』, 서울대출판부, 2000, 197쪽.

나장은 京畿의 민호를 차정한 것으로 기록에 나타난다. 조선 태종 원
년 門下府 郎舍가 상소한 가운데 당시 순군 소속의 나장과 都府外는
거의 1500명이나 되는데 모두 경기의 민호에서 충당하고 있어서 수
령들이 이들을 差役하지 못하므로 나머지 민호가 勞苦를 견디지 못
한다고 하면서 순군을 혁파할 것을 건의한 내용이 있다.171) 이렇게
보면 원간섭기 이후 순군의 나장은 이속직이라기보다는 일반 민호의
장정을 신역으로 동원한 것으로 생각된다.

한편, 고려시대의 所由는 『高麗史』 百官志에는 御史臺에 50인이
배치되었다고 기록되어 있는데, 麗末에는 丁吏, 抄奴와 함께 미천한
자로 인식되었다. 禑王 13년 明나라 제도에 따라 冠服제도를 개정할
때 소유는 丁吏, 抄奴와 함께 언급되었다.172) 이들의 頭巾과 帶는 예
전 元나라 제도를 그대로 사용하도록 두었는데 이들이 미천하기 때
문에 고치지 않은 것이라고 하였다. 麗末의 소유는 大內使令奴인 抄
(抄奴)나 麗末鮮初 身良役賤으로 취급되는 丁吏173)와 함께 미천한
자로 이해되고 있는 것이다. 소유의 지위가 낮아진 것은 1262년 상서
도관첩에서도 확인할 수 있다. 이 문서의 끝부분에는 공신에게 하사
한 노비의 명단과 아울러, 이들 노비의 부모에 대해서도 기록되어 있
다. 그런데 하사된 노비의 母가 모두 婢인 데 비해 父의 신분은 대개

---

171) 『太宗實錄』 卷1, 太宗 1年 1月 甲戌, 1冊, 191쪽, "門下府郎舍上疏 疏曰
…… 今也旣有刑曹 又有巡軍 是一職而二官也 巡軍所屬螺匠都府外 其數
幾於千五百 皆以圻甸之民充之 守令不能差役 其餘民戶不堪勞苦 今刑曹
旣以掌刑 而府兵足以巡綽 請革巡軍 將其百戶令史螺匠 分送各司 其都府
外千餘人 各還其州 以供戶役".

172) 『高麗史』 卷72, 輿服志1, 冠服通制, 中冊, 567쪽, "(禑王)十三年六月 始革
胡服 依大明制 …… 巡軍螺匠 團領皂衣纏帶 唯所由 團領皂衣 丁吏黃衣
抄紫衣 其頭巾與帶 仍元制 以其微賤不改(抄者 大內使令奴之名 常著紫衣
烏巾 內侍奉命出使者 率行)".

173) 『太宗實錄』 卷27, 太宗 14年 正月 己卯, 2冊, 1쪽, "前朝之制 身良役賤者
皆不役其女孫 丁吏驛子之女 嫁良夫卽爲良人 嫁同類乃立其役 鹽干津尺
之女亦同 水軍女孫 宜與干尺之女同".

奴였으나 所由, 丁吏인 예가 있다.[174] 이들 所由, 丁吏와 婢 사이에
태어난 자녀는 一賤則賤의 원칙에 따라 노비가 된 것이다. 그런데 하
사된 노비의 나이로 보아 所由와 婢 사이에 혼인관계가 이루어진 것
은 적어도 1262년으로부터 15년을 거슬러 올라가는 시기였다. 적어도
13세기 중엽 소유가 婢와 혼인하는 일이 있었음을 확인할 수 있다.
이러한 혼인이 일반적인 것은 아니겠으나, 소유의 지위가 고려 전기
에 비해 13세기 중엽에 이미 상당히 낮아진 것을 보여준다. 麗末에
소유와 抄, 丁吏가 함께 언급된 것처럼 이 문서에서도 이들이 함께
나오는 것이 주목된다. 고려 후기 소유의 성격을 보여주는 자료는 더
이상 찾을 수 없다. 여말에 소유, 나장에 대한 정례적인 去官 수직이
이루어졌는지는 의문이지만[175] 鮮初에 소유, 나장이 隊長, 隊副로 去
官하고 있었고[176] 또 고려 후기 驅史가 隊正으로 나아가는 사례가
있는 것으로 보아 소유, 나장도 대정으로 나아가는 경우가 있었을 것
으로 짐작된다.

　이상에서 고려 후기 잡류직이 점차 일반 양인의 신역화해 가는 모
습을 살펴보았는데, 특히 원간섭기 이후 內乘, 司僕寺, 巡軍 등 권력
기관이 많은 민호를 차지하여 驅史 혹은 螺匠 등의 이름으로 부림으
로써 그 수가 크게 증가하였다. 한편 幕士나 注選과 같이 고려 전기
의 잡류직 중 일부는 군현단위로 일정 인원수가 배정되어 향리 혹은
일반 민호 중에서 차출하여 상경 종역하는 형태로 변화되기도 하였
다. 이처럼 고려 후기에 말단이속직으로서의 잡류직은 일반 민호의
신역으로 변해 가면서 그 수가 크게 늘어 갔는데, 위화도회군 이후

---

174) 許興植, 「1262년 尙書都官貼의 分析(下)」, 『韓國學報』 29, 1982, 76~78쪽.
175) 劉承源, 「조선초기 良人의 雜色役」, 『진단학보』 62, 1986/『朝鮮初期身分制
　　 研究』, 1987, 443쪽.
176) 태종 15년 기록에서 "皂隸螺匠所由等隊長隊副去官人"(『太宗實錄』 卷29,
　　 太宗 15년 6月 壬午, 2冊, 70쪽)에 대한 언급이 있음을 보면 皂隸, 螺匠, 所
　　 由 등이 그 이전부터 隊長, 隊副로 去官하였음을 알 수 있다. 劉承源, 위의
　　 책, 443~444쪽 참조.

조선왕조를 개창하는 세력에 의해 일단 정리작업이 이루어졌다. 내승
과 사복시에서 많은 민호를 차지하여 驅史라는 이름으로 사역하던
것을 일부만 남기고 대부분 혁파하여 府兵으로 삼았으며, 순군에서
차지하고 있던 많은 민호들도 혁파하고 일부 경기의 민호를 대상으
로 나장을 차정하였다. 또 막사나 주선은 군현단위로 일정 인원수가
배정되어 향리 혹은 일반 민호 중에서 차출하여 상경 종역하고 있었
는데 이들에 대해서도 혁파가 시도되었지만 제대로 이루어지지 않아
조선 태조 즉위년 개혁에서 혁파되었다. 고려시대의 잡류직은 조선조
에는 皀隷, 螺匠, 所由 등 西班京衙前으로 정비되었다. 선초의 皀隷,
螺匠 등은 세종대 이전까지는 官屬職의 면모를 유지하고 있었다고
보는 견해도 있지만[177] 대개 국초부터 身役制로 동원된 것으로 이해
해도 좋을 것이다.[178] 전체적으로 보아 말단이속직으로서의 잡류직
이 원간섭기 이후 조선 초에 이르는 동안 점차 양인의 신역화 곧 雜
色役化해 간 경향을 확인할 수 있다.

---

177) 劉承源, 위의 책, 442쪽.

178) 姜萬吉, 「朝鮮後期 雇立制 發達 - 皀隷·羅將을 중심으로」, 『世林韓國學
論叢』 1, 1978/「官業에서의 賃金勞動制 發達(2)」, 『朝鮮後期商工業史研
究』, 한길사, 1984, 368~373쪽 ; 申解淳, 「朝鮮前期의 西班京衙前 皀隷,羅
將,諸員」 『大東文化研究』 21, 1987, 196~200쪽. 한편, 身役制로 동원되던
皀隷, 螺匠이 16세기에 점차 代立制, 納布制로 바뀌어 가고 조선 후기에는
雇立制가 시행된 사정에 대해서는 姜萬吉, 위의 글 참조.

제3장 雜尺層의 변동과 雜色役

1. 雜尺制 변동의 추이

1) 12세기 雜尺層의 流亡과 차별의 완화

향·소·부곡 등 특수 행정구역의 주민을 잡척층으로 파악하고 이들을 일반 군현민과 차별하는 규제를 가하면서 각종 신역을 지우는 雜尺制는 12세기부터 변동하기 시작하였다. 잡척층의 성격 변화는 대개 농민이었던 향·부곡·장·처민의 경우 일찍부터 시작되고 비교적 쉽게 군현민과 동화되었다. 반면 津·驛民의 경우에는 그들이 담당한 특수한 신역 때문에 여말까지도 특수한 신분층으로서의 성격을 유지하고 있었다. 여기서는 주로 향·부곡·장·처민에 초점을 맞추어 12세기에서 13세기 중엽에 이르는 동안 잡척제가 어떻게 변동하는지를 살펴보고자 한다.

먼저 이 시기 잡척층의 유망 현상을 들 수 있는데, 이들 가운데 유망을 통해 군현에 편제되어 군현민의 지위를 얻게 되는 경우도 있었을 것이다.

예종이 즉위한 해(1105) 12월에 발표한 교서에는 농민의 유망이 이미 심각한 상황에 있음이 지적되고 있다.[1] 군현지역에서는 屬郡縣民

---

1) 『高麗史』卷12, 世家12, 肅宗 10年 12月 甲申, 上冊, 247~248쪽, "甲申 教
日 …… 今諸道州郡司牧淸廉憂恤者 十無一二 慕利釣名 有傷大體 好賄營
私 殘害生民 流亡相繼 十室九空".

들의 유망이 심해서 監務를 파견하는 등 대책이 마련되었는데, 부곡
제지역의 유망 현상은 속현보다 더욱 심하였을 것이다.

> 睿宗三年二月 判 …… 銅鐵瓷器紙墨雜所 別貢物色 徵求過極 匠
> 人艱苦而逃避 仰所司 以其各所別常貢物多少 酌定奏裁[2]

예종 3년(1108) 2월 判하기를 銅所, 鐵所, 瓷器所, 紙所, 墨所 등
에서 別貢 거두기를 지나치게 심하게 하여 장인이 도피하니 所司로
하여금 각 所의 別常貢物의 다소를 酌定하여 奏裁토록 하라는 것이
다. 이는 당시 소민들이 과중한 별공 부담을 피해 도망하는 일이 많
아서 그에 대한 대책이 요구되었음을 보여준다.

또, 같은 예종 3년 2월에 宮院田 · 朝家田 · 軍人田을 경작할 佃戶
를 확보하기 위해 지방관들이 어려움을 겪고 있는 것을 보여주는 기
록이 있는데,[3] 이는 이러한 토지를 경작하던 농민의 유망 현상과 관
련된 것이 아닐까 한다. 비록 군인전이 비옥한 땅일지라도 경작이 포
기되는 상황으로 보아 이 군인전은 군인 혹은 그 내외족친의 소유지
인 軍人戶丁田이 아니라 전시과 계열 군인전일 것으로 생각된다. 고
려 전기 莊處民은 왕실 · 궁원 · 사원의 토지를 경작하는 전호였고 향
부곡민은 전시과 토지와 둔전 등의 전호였던 것으로 추측되는데, 궁
원전, 조가전, 군인전을 경작할 전호가 부족한 상황을 12세기 이후 활
발해지는 장 · 처 · 향 · 부곡민의 유망 현상과 관련된 것으로 이해할
수 있지 않을까 하는 것이다.

향 · 부곡 · 장 · 처민의 유망은 때로는 그들이 경작하는 토지가 비

---

2)『高麗史』卷78, 食貨志1, 田制, 貢賦, 中冊, 729쪽.
3)『高麗史』卷79, 食貨志2, 農桑, 中冊, 734~735쪽, "睿宗三年二月 制 近來
   州縣官 祗以宮院朝家田 令人耕種 其軍人田 雖膏腴之壤 不用心勸稼 亦不
   令養戶輸粮 因此軍人飢寒逃散 自今先以軍人田 各定佃戶 勸稼輸粮之事
   所司委曲奏裁".

옥하여 수확을 많이 올릴 수 있는 경우에도 일어났을 것이다. 그들은 잡척층으로서 군현민보다 무거운 조세·공납 부담을 지는 현실과, 여러 가지 면에서 군현민에 비해 차별대우를 받고 있는 상황을 벗어나고자 도망하는 경우도 적지 않을 것이기 때문이다. 이들 지역의 유망 현상은 이후 계속 심화되어 12세기 말 명종대 逋戶가 많은 靈山部曲의 모습[4]이나 群盜가 일어나고 황폐해진 長川部曲의 모습[5]을 통해서도 이를 짐작할 수 있다.

정부는 民戶의 유망에 대해서 還本을 원칙으로 하였는데, 이 무렵 간혹 현거주지에 그대로 附籍하는 방법이 강구되기도 하였다. 그 한 예로 吳元卿이 靈光郡의 지방관으로 있으면서 郡內에 戶를 만들어 1000여 명에 이르는 유망민을 誘致한 일이 거론되는데 이는 의종 14년(1160) 이후 9년 동안 사이의 일이다.[6] 이처럼 12세기 중엽 이후 유민을 현거주지에 부적하는 예가 간혹 있었다고 해도 정부의 기본 방침은 환본이었으며, 특히 잡척에 대해서는 환본에 더욱 노력했을 것이다. 津驛人은 물론이고, 향·부곡·장·처·소 등의 주민도 유망을 통해 군현민으로 편입되는 일이 잦아지면 잡척제의 운영이 어려워지기 때문이다.

부곡제지역 민호가 유망을 통해 군현민으로 편제된 사례를 기록에서 찾기는 어렵지만, 島民 출신이 開城에 와서 거주하면서 附籍한 사례는 보인다. 金希磾는 본래 群山島人으로서 그 선조가 商舶을 따라 개성에 이르러 留居하였으므로 드디어 '爲籍'하였는데 그는 관직에 진출하여 監牧直으로부터 累遷하여 將軍에 이르렀다.[7] 김희제는

4) 오일순, 「高麗前期 部曲民에 관한 一試論」, 『學林』 7, 1985, 34~35쪽.
5) 김인호, 「이규보의 현실이해와 정치경제 개선론」, 『學林』 15, 1993, 8~10쪽.
6) 北村秀人, 「高麗時代の貢戶について」, 『人文硏究』 32 - 9, 大阪市立大學, 1981, 676쪽.
7) 『高麗史』 卷103, 列傳, 金希磾, 下冊, 275쪽, "金希磾 本群山島人 其先隨商舶 到開城留居 遂以爲籍 初以監牧直補散員 累遷忠淸道按察使 有淸望轉

고종 8년(1221) 몽골 사신 著古與가 왔을 때 관리로서 활동하고 있음을 보면 그의 선조가 群山島를 벗어난 것은 12세기의 일일 것이다.

고려 전기 島民을 잡척층의 범주에 포함시켜 볼 수 있을 것이라는 점은 앞에서 살펴본 바 있는데, 이러한 도민 출신으로 개성에 이주해 살면서 적을 옮기고 그 후손이 관직에 진출한 예가 보이는 것이다. 군현민에 비해 차별대우를 받는 島民이란 군현이 설치된 섬이 아닌 규모가 작은 섬의 주민인데, 群山島는 萬頃縣에 소속된 섬이었다.8) 群山島는 漕運路의 요충이었으므로,9) 김희제의 선조는 쉽게 商舶을 따라 개성으로 옮길 수 있었을 것이다. 고려 전기에는 島民이 군현민에 비해 차별대우를 받아 마음대로 내륙의 군현으로 적을 옮길 수 없었고, 특별한 경우에 한하여 포상으로 내륙의 군현에 編籍하여 군현민으로 삼았다. 그런데 김희제의 사례는 고려 전기 島民의 모습과는 크게 다르다. 이는 12세기 중엽 이후 도민이 내륙의 주현으로 거주지를 옮기고 오래 머물러 거주함으로써 그 지역으로 적을 옮기는 일이 실제로 일어나고 있었음을 보여준다. 고려 중기 이후 잡척층 중에는 유망을 통해 군현지역에 정착하고 결과적으로 군현지역에 附籍됨으로써 군현민의 지위를 얻는 경우도 있었을 것이 예상된다.

또 잡척층 출신으로 商人이 된 경우도 있었다. 부곡민 출신으로 富商이 된 朴球의 선조가 그 예이다. 박구는 蔚州에 속한 부곡 출신으로 그 선조가 富商이었고 그 선조의 자산을 물려받아 대단한 부자로서 元宗 때 上將軍이 된 인물이다.10) 고려시대의 상인은 원칙적으로

將軍 高宗八年 蒙古使著古與等 怒館待不滿意".

8) 群山島는『世宗實錄地理志』와『新增東國輿地勝覽』에 萬頃縣에 속한 섬으로 기록되어 있다.『靑邱圖』에서는 21층 16판에 '古羣山'으로 보인다.

9)『高麗史』卷35, 世家, 忠肅王 10年 6月 丁亥, 上冊, 709쪽, "倭掠會原漕舡於群山島".『新增東國輿地勝覽』卷34, 萬頃縣, 山川條에도 群山島에 대해서 "벼랑에 배를 감출 만한 곳이 있어 漕運往來하는 자는 모두 여기서 순풍을 기다린다"고 하였다.

10)『高麗史』卷104, 列傳, 金方慶, 下冊, 298쪽, "朴球 蔚州屬部曲人 其先富商

관직에 나아갈 수 없었고 국가에 공로가 있을 경우에도 물건만을 하
사받고 관직 진출은 금지되었으며, 국자감에 입학할 수 없도록 규제
되어11) 良賤法적인 구분에 의하면 양인 신분이지만 일반 백정 농민
층보다는 낮은 신분계층으로 이해되고 있다.12) 그런데 상인의 관직
진출이 금지되었다고는 하지만, 실제로는 관직에 나아가는 예가 상당
수 발견되는데,13) 박구의 경우도 그 한 예이다.

원종대에 상장군이 된 박구의 사례로 미루어, 고려 중기 이후 부곡
민 등 잡척층의 유망이 심해지는 가운데 일부는 본래의 거주지를 떠
나 상인이 되는 경우도 있었고 때로는 富商으로 성장하는 경우도 있
었음을 짐작할 수 있다. 앞서 김희제의 경우에도 그의 선조가 商舶을
따라왔다고 함을 보면 개성에 이주하여 상업에 종사했을 가능성이
있다.

그런데, 이러한 잡척층의 유망 현상은 무인정권기에 더욱 심화되
었는데, 이는 당시 권세가들이 집중 탈취한 토지가 양반전, 군인전 등
전시과 토지와 궁원전, 사원전이었다는 점과도 관련되어 있다. 무인
정권기 이후 13세기 말까지 권세가들이 빼앗은 토지로 주로 언급되
고 있는 것은 양반의 口業田,14) 양반·군인의 家田·永業田,15) 양

球籍其資 以饒財稱 元宗時爲上將軍".
11) 『高麗史』卷74, 選擧志2, 學校, 中冊, 626쪽, "仁宗朝 式目都監詳定學式
…… 凡係雜路及工商樂名等賤事者 大小功親犯嫁者 家道不正者 犯惡逆歸
鄕者 賤鄕部曲人等子孫 及身犯私罪者 不許入學".
12) 김난옥, 「고려시대 상인의 신분」, 『한국중세사연구』 5, 1998, 65쪽.
13) 김광철, 「고려말의 유통구조와 상인」, 『부대사학』 9, 1985, 233~235쪽 ; 이
정신, 「고려시대의 상업」 『국사관논총』 59, 1994, 129쪽 ; 김난옥, 위의 글,
51~55쪽.
14) 『高麗史節要』卷12, 明宗 7年 7月, 324쪽, "……先是 信若口業田 在峯城縣
仲夫奪之 旣而還之 至秋信若遣奴收穫 仲夫家奴邀奪 因與相鬪……".
15) 『高麗史』卷78, 食貨志1, 田制, 田柴科, 中冊, 711~712쪽, "明宗十八年三
月 下制 凡州縣各有京外兩班軍人家田永業田 乃有姦黠吏民 欲托權要 妄
稱閑地 記付其家 有權勢者 又稱爲我家田 要取公牒 卽遣使喚 通書屬托

반·군인·한인의 父祖傳持 田丁,[16] 궁원전, 사원전, 양반·군인·
한인의 世傳土地[17] 등이다.

鄕·部曲, 莊·處의 토지는 대개 兩班軍閑人의 世傳土地 즉 전시
과 토지나 궁원전, 사원전 등으로 지급되었으며 이들 토지는 특별한
사유가 없는 한 세전되어 점차 田主의 사유지화해 갔는데, 무인정권
기 이후 권세가들은 주로 이러한 토지를 침탈의 대상으로 삼았던 것
이다. 향·부곡, 장·처에 지급된 兩班軍閑人의 세전토지, 궁원전, 사
원전 등은 비록 田主의 사유지처럼 변해 가고 있었다고는 해도, 원칙
적으로 국가로부터 收租權을 분급받은 토지라는 점에서 군현지역의
丁田과 같은 의미의 사유지는 아니었다. 그런 점에서 이러한 토지들
은 국가권력을 배경으로 한 권세가에게 탈취되기 쉬웠다.

무인정권기 이후 성행했던 전시과 토지와 궁원전, 사원전을 침탈
하는 일이 향·부곡과 장·처에서 이루어진 것으로 볼 수 있다면 이
러한 토지쟁탈전은 곧바로 향·부곡민과 장·처민의 생계를 위협하
는 문제가 된다. 토지쟁탈전이 심해지는 가운데 때로는 본래의 田主
와 새로운 田主 모두가 권리를 주장하여 田租 수취가 2~3차에 이르
기도 하였다.[18] 이렇게 되면 향·부곡민과 장·처민은 예전보다 2~
3배에 달하는 부담을 져야 했고, 이런 상황에서 유망은 더욱 심화되

其州員僚 不避干請 差人徵取 一田之徵 乃至二三 民不堪苦 赴訴無處 寃
忿衝天 災沴閒作 禍源在此 捕此使噢枷械申京 記付吏民 窮極推罪".

16)「尙書都官貼」, 許興植,「1262年 尙書都官貼의 分析(下)」,『한국학보』29,
   1982, 59~60쪽, "……庶子崔沈亦 傳繼爲旀 …… 內外兩班軍閑人等矣 父
   祖傳持田丁乙 侵奪爲 色掌員 別定爲 責役 各別爲在 外民乙用良 耕作令
   是置 自利爲旀 先齊 荒年及 遠年陳田畓出乙 豊年例 同亦 高重 捧上爲沙
   餘良……".

17)『高麗史』卷27, 世家, 元宗 14年 12月 庚申, 上冊, 559쪽, "下制曰 今屬兵
   糧之田 元是諸宮寺院所屬及兩班軍閑人之世傳 而爲權臣所取者也 己巳年
   辨正都監 推辨不究 或有給非其主 由是怨者頗多 其兵粮都監 詳考兩造文
   案 公正以決".

18) 위의 주 15)의 사료에서 '一田之徵 乃至二三'이라 하였다.

었을 것이다.

장·처민과 향·부곡민의 유망으로 陳田이 되어도 이들 토지의 田主는 그 토지에 대한 권리를 보장받아 이후 이를 개간하는 佃戶와 수확을 半分하면서 토지의 소유권자로 인정된 것으로 보인다. 이와 관련하여 예종 6년의 陳田 開墾 규정이 주목된다.19) 예종 6년 判하기를 3년 이상 陳田에서는 墾耕하여 거둔 바를 2년 동안 모두 佃戶에게 주고 3년째는 田主와 分半하고, 2년 陳田에서는 1/4은 田主에게 3/4은 전호에게 주고, 1년 陳田에서는 1/3은 전주에게 2/3는 전호에게 주도록 하였던 것이다. 여기서 문제는 陳田의 田主와 이를 개간하는 佃戶는 어떤 관계인가 하는 것이다. 앞서 살펴본 바 궁원전, 조가전, 군인전을 경작할 전호를 주현관이 정하고 있었던 기사는 예종 3년의 것인데, 이 진전 개간 규정은 불과 3년 후인 예종 6년의 것이다. 예종 6년 기사의 전주가 누구인지 언급이 없지만, 개간하는 전호와 궁극적으로 수확물을 分半하는 관계에 있었다. 이 개간 규정은 예종대에 이미 陳田化하기 시작한 부곡제지역 토지의 개간에도 적용되었을 가능성이 있다. 이 개간 규정이 궁원전, 양반과전 등에는 적용되지 않았다고 할 근거가 없고 또 당시 무엇보다도 이들 토지의 陳田化가 문제 되는 상황이기 때문이다. 그렇게 본다면, 고려 전기 향·부곡·장·처의 토지를 전시과 토지나 궁원·사원전으로 지급하였을 때 그 수조율은 1/4로 추측되지만, 이들 토지는 陳田化하는 과정에서 오롯이 전주에게 귀속되어 전주의 사적소유지와 다름없게 되었다고 하겠다. 그리하여 이후 이 토지를 개간하는 전호와는 수확물을 分半하는 관계가 성립되는 것이다.

무인정권기 권세가들은 여러 종류의 토지를 탈점하였지만 특히 兩班軍閑人의 세전토지, 궁원전, 사원전 등 향·부곡·장·처의 토지

---

19) 『高麗史』卷78, 食貨志1, 田制, 租稅, 中冊, 727쪽, "睿宗 …… 六年八月判 三年以上陳田 墾耕所收 兩年全給佃戶 第三年 則與田主分半 二年陳田 四分爲率 一分田主 三分佃戶 一年陳田 三分爲率 一分田主 二分佃戶".

를 집중 탈점하였고 사유지로서의 성격을 더욱 강화시켜 갔다. 부곡 지역에 권세가의 토지가 많이 있었던 것을 보여주는 예로는 松廣寺 문서의 하나인 「國師當時大衆及維持費」를 들 수 있다.[20] 이 문서는 1221~1223년 무렵에 작성되었는데[21] 崔瑀가 송광사에 시납한 토지 중에는 昇平郡 임내 가음부곡, 진례부곡, 적량부곡의 토지가 보이고, 또 당시 장군 송서가 소유한 장흥부 임내 불음부곡의 토지도 있다. 최우나 송서가 가지고 있던 부곡의 토지가 兩班軍閑人의 세전토지를 탈취한 것이라고 확신할 만한 근거는 없다. 하지만 崔沆의 경우에는 '內外兩班軍閑人等矣 父祖傳持田丁'[22]을 탈취한 것이 문제로 지적되고 있었고, 崔瑀도 마찬가지였을 것이다. 무인정권기 이후 권세가들이 兩班軍閑人의 世傳土地를 탈취하는 일이 성행하였음을 고려하면 최우나 송서가 소유한 부곡의 토지가 이와 관련되었을 가능성이 있다고 하겠다.

그런데 이 문서에는 검교군기감 서돈경이 이천군의 토지를 시납하였는데 송광사에서 너무 멀어서 송광사 근처의 토지와 교환하여 시납하는 내용이 보인다. 이 과정에서 장군 송서가 소유한 장흥부 임내 불음부곡의 토지가 나오는데, 여기서 주목되는 점은 부곡의 토지가 군현지역의 토지와 교환되고 있다는 것이다. 13세기 초엽 권세가들이 부곡에 있는 토지를 많이 가지고 있었으며 그 중 일부는 사원에 시납하기도 하고, 또 때때로 군현지역의 토지와 교환할 정도로 사유지로서의 성격에 별 차이가 없었던 것을 알 수 있다.

이상과 같이 12세기 이후 향·부곡·장·처에 거주하는 잡척층의 유망 현상이 심화되었지만, 한편으로는 군현민이 부곡제지역으로 유

---

20) 이 자료에 대해서는 任昌淳, 「松廣寺의 高麗文書」, 『白山學報』 11, 1971 ; 許興植 편, 『한국중세사회사자료집』, 1976, 56~60쪽(자료 영인 38~40쪽) ; 朴宗基, 「13세기 초엽의 村落과 部曲」, 『한국사연구』 33, 1981 참조.

21) 박종기, 위의 글, 48쪽.

22) 위의 주 16)의 사료.

입되기도 하였을 것이다. 잡척층의 유망으로 부곡제지역 토지를 경작
할 민호가 부족해지면 점차 주변의 군현 출신 민호가 유입되었으리
라는 점이다.

향·부곡·장·처민의 유망이 심해지면서 이웃 군현민들이 양반과
전·군인전·궁원전 등의 전호가 된다고 해도, 군현민과 잡척 사이에
차별이 엄존하는 상황에서는 이들이 부곡제지역의 籍에 등재되어 잡
척으로 취급받는 것은 피하려 했을 것이다. 이런 상황에서 12세기에
는 향·부곡·장·처민의 유망은 갈수록 심해지는 데 비해 군현민이
부곡제지역으로 이주하는 일이 그다지 활발하게 이루어지지 못했고,
그 결과 12세기 말 기록에서도 부곡제지역이 특히 황폐한 모습으로
나타나는 것이 아닐까 한다. 그렇지만 이러한 상황이 부곡제지역의
모든 토지에 해당되는 것은 아니며, 전주가 경작할 농민을 동원할 만
한 권력을 가진 경우에는 그 경영에 어려움이 없었을 것이다.23)

또 여전히 陳田이 많은 부곡제지역의 경우에는 주변 군현민들이
이들 진전 개간에 관심을 가질 것인데, 아직 부곡제지역에 대한 각종
차별이 유지되는 상황에서는 군현민들이 여전히 군현에 적을 둔 채
로 부곡제지역의 陳田을 개간하여 점차 그 영역을 잠식해 들어올 가
능성도 있다. 이런 과정을 거쳐 부곡제지역의 영역이 점차 위축되는
경우도 예상된다.24)

한편, 잡척층은 항쟁을 통해 군현민으로의 편입을 시도하기도 했
다. 이러한 예로 명종 6년(1176) 公州 鳴鶴所民 亡伊·亡所伊의 봉
기를 들 수 있다. 명학소민이 봉기하게 된 배경에 대해서는 기록에
전하지 않으므로 알 수 없으나, 정부에서 명학소를 忠順縣으로 승격
시켜 무마하려 한 것을 보면25) 그들이 원하는 바를 짐작할 수 있겠

---

23) 주 16)에서 최항이 兩班軍閑人의 父祖傳持 田丁을 침탈한 후 이를 '外民乙
用良 耕作令是置'라고 한 것으로 보아도 이러한 사정을 짐작할 수 있다.

24) 고려 후기 이후 향·소·부곡의 영역이 위축되었을 가능성에 대해서는 이
수건, 『조선시대 지방행정사』, 1989, 67쪽 참조.

다. 그렇지만 12세기 말의 상황은 잡척제가 여러 가지 변화를 겪고
있기는 했지만 아직 제도적으로 유지되고 있었고, 정부로서는 이 제
도를 그대로 유지하려 노력하였다. 따라서 명학소를 충순현으로 승격
시키는 조처는 일시적인 회유책일 뿐 곧 철회되었다.

무인정권기에 발생한 민란 가운데 부곡제지역을 현으로 승격시켜
줄 것을 요구하는 움직임은 명학소민의 항쟁 외에는 확인할 수 없지
만, 민란 가담자 중에는 부곡민 등 잡척층이 상당한 비중을 차지하였
을 것으로 생각된다. 이는 신종 3년(1200) 무렵 陜州賊의 근거지가
奴兀部曲이었다는 점이나[26] 명종 26년(1196) 長川部曲에 群盜가 발
생했다는 사실[27]에서도 단편적이나마 살펴볼 수 있다. 당시 민란 가
담자 중에는 다양한 성격의 사람들이 포함되고 각각 그 지향점도 달
랐겠지만, 부곡제지역의 주민에게 더욱 가혹한 부담을 지우는 제도
하에서 이들이 그 중요 구성원의 하나였을 것은 분명하다. 그렇지만
잡척이 항쟁을 통해 집단적으로 잡척 신분에서 벗어나는 것은 어려
운 일이었고, 부곡제지역이 군현으로 승격되는 일은 이미 잡척제가
의미를 잃어 버린 원간섭기 이후에 빈번하게 일어나게 된다.

이상 살펴본 바와 같이 12세기 이후 잡척층은 유망이나 봉기라는
형태로 잡척제에 대한 소극적인 혹은 적극적인 저항을 하고 있었지
만, 한편으로는 잡척층과 군현의 백정층 사이의 차별이 완화되는 변
화도 일어나고 있었다. 庄丁이 일부 과거에 응시할 수 있었던 것이
나, 雜貢이라는 稅目이 성립되어 공납 부담에서 차별이 완화되어 간
것은 바로 그러한 변화를 보여준다.

잡척층에 대해서 부분적으로 과거 응시가 허용된 것은, 仁宗 14년
(1136) 監試格에 관한 기록을 통해서 알 수 있다.

---

25) 『高麗史』 卷19, 世家, 明宗 6年 6月, 上冊, 397쪽, "丙戌 陞亡伊鄕鳴鶴所爲
忠順縣 以內園丞梁守鐸爲令 內侍金允實爲尉 以撫之".
26) 『高麗史』 卷128, 列傳, 鄭方義, 中冊, 786쪽.
27) 김인호, 「이규보의 현실이해와 정치경제 개선론」, 『學林』 15, 1993, 8~10쪽.

(仁宗十四年)十一月 判 …… 凡明經業監試格 庄丁十二机 以周易尙書毛詩各二机 禮記春秋各三机 白丁九机 以周易尙書各一机 毛詩禮記各二机 春秋三机 ……28)

인종 14년(1136) 11월 判하기를 무릇 明經業監試의 格은 庄丁의 경우 12机인데 周易·尙書·毛詩 각 2机, 禮記·春秋 각 3机로 하며, 白丁의 경우 9机인데 周易·尙書 각 1机, 毛詩·禮記 각 2机, 春秋 3机로 한다는 것이다. 이 기사에 이어서 書業, 算業, 律業의 監試에 대한 규정이 있는데 여기에도 백정과 함께 장정이 보인다. 이 '庄丁'이 특수 행정구역 莊의 주민인지 분명치 않으나 監試에서 백정보다 조건이 불리했던 점으로 보아 군현의 백정에 대비된 '莊의 丁'으로 생각된다.29)

여기서 주목되는 바는 庄丁이 명경업, 서업, 산업, 율업의 감시에 응시할 자격을 지닌 것으로 나타난다는 점이다. 靖宗 11년(1045) 判文에서는 향·부곡민의 과거 응시 금지를 분명히 하였는데30) 判文에서는 '향부곡'만 보이고 莊, 處, 所, 津, 驛 등에 대한 언급은 없지만 과거 응시 금지 규제는 잡척층 모두에게 적용되었을 것이다. 특히 莊處民은 농업을 주업으로 하는 잡척으로서 향부곡민과 비슷한 상황에 있었다고 보인다. 그런데 이러한 莊丁이 인종 14년(1136)에는 명경업, 서업, 산업, 율업의 감시에 응시할 자격을 지닌 것으로 나타나는 것이다. 莊丁과 비슷한 처지에 있는 處丁, 鄕·部曲丁도 인종 14년 당시 명경업과 잡업에 응시할 자격을 얻고 있었던 것으로 생각할 수 있을 것이다. 장·처·향·부곡민이 언제부터 명경업 등 과거에 응시

---

28)『高麗史』卷73, 選擧志1, 科目1, 中冊, 591~593쪽.

29) 이 庄丁을 장·처민과 관련시켜 볼 수 있을 것이라는 점에 대해서는 朴龍雲,「고려시대의 과거 - 명경과에 대한 검토」,『국사관논총』20, 1990, 69쪽 참조.

30)『高麗史』卷73, 選擧志1, 科目1, 中冊, 590쪽, "(靖宗)十一年四月 判 五逆五賤不忠不孝鄕部曲樂工雜類子孫 勿許赴擧".

할 수 있었는지 알 수 없지만 靖宗 11년 판문에서 향·부곡민과 함께 과거 응시가 금지되었던 잡류 자손의 경우에는 인종 3년(1125)에 이르러 과거 응시가 허용되었다.[31] 인종 14년 혹은 그 이전 그리 멀지 않은 시기에 莊丁에 대한 명경업 응시가 허용된 것이 아닐까 추측된다.

인종 14년 판문에서 각 과업의 禮部試 고시 과목에 이어서 明經業監試와 雜業監試 과목과 응시하는 白丁, 庄丁에 관한 규정을 마련하고 있는데 製述業監試에 대한 것이 보이지 않는다. 이는 인종 14년 당시까지도 백정, 장정이 제술업에만은 응시할 수 없었기 때문으로 이해된다.[32] 莊丁은 제술업에 응시할 수 없을 뿐 아니라 명경업감시와 잡업감시에서도 백정보다 불리한 조건이었지만, 명경업 응시자격을 얻고 있었다는 것은 그 신분 지위가 이전에 비해 많이 향상되었음을 보여주는 것으로 생각된다.

그런데, 이처럼 12세기 초 인종대 무렵 향·부곡·장·처민이 사환권을 일부 인정받았다고 해도 인종대에 式目都監에서 상정한 學式에 따르면 '賤鄕部曲人等子孫'은 國子學, 太學, 四門學에 입학할 수 없도록 규제되었다.[33] 여기서 '賤鄕部曲人等子孫'은 '係雜路及工商

---

31) 『高麗史』卷75, 選擧志3, 銓注, 限職, 642쪽, "仁宗三年正月 判 電吏杖首所由門僕注膳幕士驅史大丈等子孫 依軍人子孫許通諸業選路例 赴擧……".

32) 李基白, 「과거제와 지배세력」, 『한국사 4』, 국사편찬위원회, 1974, 179~180쪽 ; 朴龍雲, 「高麗時代의 科擧 – 製述科의 응시자격」, 『高麗時代 蔭敍制와 科擧制研究』, 일지사, 1990, 242~243쪽.

33) 『高麗史』卷74, 選擧志2, 學校, 中冊, 626쪽, "仁宗朝式目都監詳定學式 國子學生 以文武官三品以上子孫 及勳官二品帶縣公以上 幷京官四品帶三品以上勳封者之子爲之 大學生 以文武官五品以上子孫 若正從三品曾孫 及勳官三品以上有封者之子爲之 四門學生 以勳官三品以上無封 四品有封 及文武官七品以上之子爲之 三學生各三百人在學以齒序 凡係雜路及工商樂名等賤事者 大小功親犯嫁者 家道不正者 犯惡逆歸鄕者 賤鄕部曲人等子孫 及身犯私罪者 不許入學 其律學書學筭學 皆肄國子學律書筭及州縣學生 並以八品以上子及庶人爲之 七品以上子情願者聽".

樂名等賤事者 大小功親犯嫁者 家道不正者 犯惡逆歸鄉者' 등의 자손, '身犯私罪者'와 함께 국자학, 태학, 사문학에 입학함을 허락하지 않는다고 되어 있다. 문무관 3품 이상 孫이 입학하는 국자학뿐 아니라 최하위에 있는 사문학도 문무관 7품 이상인 자의 子가 입학하는 것이었는데, 이러한 금지조항을 삽입한 것은 향부곡인 출신으로 문무 7품 이상 관리가 된 경우도 있다고 예상하고 비록 그럴지라도 그들 자손에 대해 국자학, 태학, 사문학에 입학할 수 없도록 규제한 것으로 생각된다. 잡류 출신도 마찬가지였다. 잡류 출신으로서 문무 7품 이상 관이 된 경우가 있을지라도 그 자손은 국자학, 태학, 사문학에 입학할 수 없음을 밝힌 것이다. 잡류의 경우에는 인종 3년에 이미 과거 응시가 전면 허용되고 限品制가 적용되었는데 잡류 출신으로 문무 7품 이상 관리가 되는 경우가 합법적으로 가능해진 상황에서 비록 그러하더라도 그 자손의 국학 입학은 규제하려 한 것으로 생각된다.

이 인종조의 學式이 인종 3년 이후에도 계속 적용되는 것이었다면, 인종대 당시 정부는 잡류 자손과 향부곡민의 과거 응시를 일부 허용하면서도 한편으로는 이들이 관리가 되더라도 그 자손에 대해서는 국학에 입학할 수 없도록 규제하였던 것으로 볼 수 있다. 인종대 학식에서 직접 莊·處民에 대해 입학 금지를 말하지는 않았지만 장·처민도 향·부곡민과 동일한 대우를 받았을 것으로 추측된다. 이들 향·부곡·장·처민은 인종대 무렵 명경업 이하의 과거에 응시하는 것이 허락되었지만 이후로도 국자감에 입학할 자격이 부정되고 있는 상황에서 실제로 과거를 통해 文班으로 진출하는 사례가 얼마나 되었을까 하는 것은 물론 극히 의문이다. 그럼에도 일부 과거에 응시할 자격을 갖게 되었다는 것은 잡척층의 신분 지위와 관련하여 볼 때 큰 변화라고 하겠다.

다음으로, 잡척층과 군현민 사이의 차별이 완화되어 가는 모습은 雜貢의 성립에서도 찾아볼 수 있다.

12세기 이후 잡척층의 유망이 심해지는 가운데 공물의 징수는 더욱 많아지게 되는데, 특히 毅宗대에는 別宮貢獻·別貢 등의 이름으로 공물 징수가 심하여 사회문제가 되고 있었다. 所民 등 잡척이 유망하면 처음에는 소·향·부곡 단위로 공물 액수가 정해져 있는 상황에서 남아 있는 잡척에게 부담이 가중되었을 것이다. 그러나 잡척의 유망이 더욱 심해지면 소·향·부곡의 공물 부담 능력에 한계가 오게 되고 소속 군현의 책임 하에 그 공물을 부담하도록 강제할 수밖에 없게 된다. 이런 과정에서 雜貢이라는 새로운 세목이 나타나게 된 것으로 보인다.[34]

雜貢의 등장 시기는 알 수 없지만 『高麗史』에서는 고종 13년 (1226)에 처음 관련 기록이 보인다.[35] 잡공의 등장은 종래 所民 등 잡척에게 집중되었던 공물 부담이 군현민들에게도 부과됨을 의미하는 것으로 이해된다. 소·향·부곡이 일정한 액수의 공물을 수취하는 단위로 기능하고 있을 때는 군현도 하나의 공물 수취단위로서 구별되었으나, 잡척의 유망에 따라 소·향·부곡이 공물 수취단위로서 기능을 잃게 되면 이들 지역에서 부담하던 잡다한 공물이 소속 군현의 공물로서 파악되고 이러한 과정에서 '잡공'이라는 세목이 탄생한 것으로 생각된다. 부곡제지역의 잡다한 공물이 모두 소속 군현의 잡공으로 파악되면, 이 때 군현에서는 예전 부곡제지역에서 납부하던 공물에 대해 일단 계속 그 지역에서 거두어 국가에 납부하려 하였을 것

---

34) 雜貢에 대해서는 고려 후기에 부가된 세목으로서, 기존의 공물에는 포함되지 않았거나 所의 소멸 등으로 그 조달이 원활하지 못한 품목이 포함되었다고 이해하는 견해가 있다(박종진, 『高麗時代 賦稅制度 硏究』, 서울대 박사학위논문, 1993, 159쪽 참조). 그런데, 所뿐 아니라 부곡제지역 전체의 공물이 소속 군현의 雜貢으로 파악된 것으로 생각된다.

35) 『高麗史』卷80, 食貨志3, 賑恤, 水旱疫癘賑貸之制, 中冊, 771쪽, "(高宗)十三年三月 制曰 全羅道飢甚 有蓄儲州郡 宜發倉賑給 其無蓄儲州郡 各於私處取其贏餘賑給 待豐年償之 自甲申年後 三稅常徭雜貢 並皆停減 以待豐年收納".

이지만 잡척의 유망으로 그 부담의 일부는 군현민에게 부과되었을 것이다.

또 때로는 군현민 중 일부에게 특정 물품을 공납할 의무를 지우기도 하였다. 崔瑀 집권기 동안의 일로서 龍津縣의 민호에게 東北面兵馬使가 海物인 江瑤柱를 최우에게 바치도록 한 예가 있다.36) 비록 용진현의 민호에게 강요주 생산을 강요한 것은 정부 차원에서가 아니라 동북면병마사의 자의에 의한 것으로 되어 있지만, 이 무렵 군현민의 공물 부담이 늘어나는 모습을 보여준다.

잡척의 유망으로 예전에 이들에게 집중되었던 공물 부담이 전체민에게 확대되고 이후 남아 있는 잡척들의 공물 부담은 여전히 군현민에 비해 상대적으로 무거웠겠으나, 예전에 비해 그 차별의 격차가 줄어드는 결과를 가져온 것으로 생각된다.

이상에서 살펴본 바와 같이 12세기 이후 잡척제 운영에서 여러 가지 변화가 생기고 있었지만, 향·소·부곡 등 특수 행정구역의 주민을 군현민에 비해 차별대우하는 잡척제의 기본 틀은 13세기 중엽 高宗대까지는 대체로 유지되었다. 이는 고종 40년(1253) 기록에서도 '州府郡縣史'와 구별해서 '津驛雜尺長典'이 언급되고 있는 것을 보아도 알 수 있다.37) 당시까지도 일반 군현민과 구별되는 특수 행정구역 주민들을 '津驛雜尺'이라고 통칭하고 있었던 것이다. 고려 전기 이래의 잡척제는 대체로 고종대까지는 그 모습을 유지하였으나, 이후 오랜 기간 동안의 전쟁을 겪고 원간섭기로 들어가면서 붕괴하는 것으로 생각된다.

---

36)『高麗史』卷121, 列傳, 庾碩, 下冊, 642쪽, "庾碩 …… 高宗初擢魁科 …… 復起爲東北面兵馬使. 先是有一兵馬使 始以江瑤柱餉怡 遂爲常例 江瑤柱海物 出龍津縣 捕之甚艱 邑民五十餘戶 因之失業逃散幾盡 碩一禁絶之 流亡盡還".

37)『高麗史』卷24, 世家, 高宗 40年 6月, 上冊, 481쪽, "六月辛亥赦 加上先王先妃尊謚 名山大川德號 文武兩班南班雜路凡有職者加次第同正職 弘儒侯薛聰文昌侯崔致遠加賜爵 州府郡縣史 津驛雜尺長典等 賜武散階有差".

2) 원간섭기 雜尺制의 붕괴

(1) 還本政策의 완화와 주민 이동

향·소·부곡 등 특수 행정구역의 주민을 '잡척'이라 부르며 군현민에 비해 차별하여 각종 세역 부담을 지우던 잡척제는 원간섭기에 들어가 붕괴되었다. 이러한 특수 행정구역의 민과 군현민의 차별이 사라지는 현상과 관련해서 먼저 주목되는 점은, 당시 정부에서 民의 流移 현상에 대해 '勿還本' 조처를 자주 내려서 그 이동을 추인해 주었다는 것이다.

辛卯 下旨 …… 流移鄕吏 不拘年限 已曾還本 今百姓之流移者
亦宜刷還 然流移已久 安心土着 若皆還本 則彼此遷徙 必失農業
依前庚午年以上例 已訖還本人外 並皆不動 使之安業[38]

충렬왕 11년(1285) 下旨하기를 流移한 향리는 연한에 구애받지 말고 이미 환본하였는데, 이제 백성의 流移者는 또한 마땅히 쇄환하여야 하나 流移한 지 오래 되어 安心土着하였는데 만약 환본하면 피차 遷徙하다가 失農할 것이니 '前庚午年以上例'에 의하여 이미 환본한 사람 외에는 모두 움직이지 말고 安業토록 하라는 것이다. 여기서 주목되는 것은 '依前庚午年以上例'라는 구절이다. 이 경오년은 元宗 11년(1270)인데, 流移한 백성에 대해서 '依前庚午年以上例'하여 이미 환본한 사람 외에는 모두 현거주지에서 부적하도록 하라는 것이다.

이 기록에 대해서는, 元宗 11년(1270) 이전에는 유망민에 대해 환본정책을 실시하였으나 이후에는 향리와 같이 특수 역을 부담하는 계층을 제외하고는 현거주지에 적을 붙이고 살게 한 것으로 보고, 고려 중기 이후 부분적으로 시행되어 오던 현주지 부적정책이 원종 11년에 이르러 전반적으로 시행된 것으로 이해하는 견해가 있다.[39]

---

38) 『高麗史』卷30, 世家, 忠烈王 11年 3月, 上冊, 613쪽.

그런데 이 기록을 살펴보면, 향리뿐 아니라 百姓流移者에 대해서도 刷還함이 마땅하다고 하여 충렬왕 11년 당시까지도 流移 문제에 대한 정부방침은 향리나 백성 모두에 대해 환본을 원칙으로 하였음을 알 수 있다. 이 기록을 가지고 원종 11년 이후 현주지 부적정책이 전반적으로 시행되었다고 보기는 어렵다. 오히려 충렬왕 11년 3월 신묘일에 이 명령이 내려가기 이전 그리 멀지 않은 시기에 경오년 이전의 예에 따라서 환본하도록 조처하였고 '已託還本人'이라 한 것으로 보아 실제로 이미 환본된 사람도 있었다. 그리고 이 명령을 통해서 '경오년 이전의 예에 의한' 환본 조처를 중단하고, 이미 환본된 사람을 제외한 나머지는 현거주지에 부적하도록 하였던 것이다.

그렇다면 새삼스럽게 원종 11년(1270) 이전의 예에 의해서 환본토록 한 것은 왜일까. 그것은 원종 11년 이후 流移民에 대해 '勿還本'하라는 명령이 자주 내려갔기 때문일 것이다. 유이민을 '勿還本'하는 조처는 조선 전기의 경우를 보면 인구가 부족한 지역에 이주해 온 유이민에 대해서 제한적으로 실시하여 그 지역의 인구를 늘리려고 하거나[40] 한시적으로 시행하여 일정한 기간 동안 流移한 사람들은 현거주지에 부적하도록 조처하는 경우가 있다.[41] 그런데 한시적으로 '勿還本'하는 경우, 그 기간이 끝난 후에 流移하는 자에 대해서는 '依前

---

39) 蔡雄錫, 『高麗時期 '本貫制'의 시행과 지방지배질서』, 서울대 박사학위논문, 1995, 188쪽.

40) 문종 원년(1451)에 황주는 중국 사신이 지나는 땅인데 역질로 백성이 많이 사망하여 잔폐함이 심하므로 평안도와 함길도 외의 다른 도에서 이사온 백성은 환본하지 말도록 한 사례가 있고(『文宗實錄』 卷10, 文宗 1年 10月 丙戌, 6冊, 448쪽), 또 세종 15년에는 영북진에 이주해 온 사람들을 勿還本하여 영북진에 귀속시킨 사례가 있다(『世宗實錄』 卷62, 世宗 15年 10月 戊寅, 3冊, 524쪽).

41) 세조 3년(1457) 10월에 이듬해 2월 말까지 유이민을 환본하지 말고 所在邑에 付籍시키도록 조처하고 3월 1일 이후에는 '依前還本'(『世祖實錄』 卷9, 世祖 3年 10月 丁未, 7冊, 229쪽), '依前例還本'(『世祖實錄』 卷11, 世祖 4年 1月 丙子, 7冊, 249쪽)하도록 한 사례가 있다.

還本’ ‘依前例還本’하도록 하고 있다.

충렬왕 11년 3월 기록에 보이는 ‘依前庚午年以上例’하여 환본 조처했던 것은 바로 이러한 한시적인 ‘勿還本’ 조처 후에 다시 ‘依前例還本’함을 말하는 것이다. 결국 원종 11년(1270) 경오년 이후에 ‘勿還本’의 조처가 상당히 긴 기간 혹은 여러 번에 걸쳐 실시되다가 충렬왕 11년(1285) 3월 신묘일 이전 언젠가 ‘勿還本’ 대신에 경오년 이전의 예에 의해서 환본하도록 하는 명령이 내려간 것인데, 충렬왕 11년 3월 신묘일에는 다시 이미 환본한 사람은 그대로 두고 나머지에 대해서는 환본하지 말도록 한 것이다.

충렬왕 11년(1285)에 내려간 百姓流移者에 대한 ‘勿還本’ 조처가 언제까지 시행되었는지는 알 수 없다. 그렇지만 충렬왕 24년(1298) 충선왕 즉위교서에서 농장에 유입된 유이민에 대해 환본을 명령하고 있는 것을 보면[42] 충렬왕 11년의 ‘勿還本’ 조처도 그리 오래 지속되지는 않은 것으로 생각된다. 이후 충목왕대 整理都監狀에도 行省三所, 忽只, 巡軍, 波吾赤에 투속하여 무리를 이루어 횡행하는 자에 대해서 還本定役하도록 하였다.[43] 물론 충선왕 즉위교서에서는 유이민을 권세가가 초집하여 농장 노동력으로 삼아 避役하므로 추쇄 還本하라는 것이고, 整理都監狀에서도 당시 권력기관에 투속하여 피역하는 무리들에 대한 還本定役 조처였지만 이들을 ‘定役’하는 것뿐 아니라 ‘환본’하는 것이 기본 방침이었음을 알 수 있다.

그런데, 공민왕 20년(1371)에 다시 유이민에 대한 勿還本 조처가 발표되었다. 이 때 교서에서는 民이 差役을 당하는 것은 어디나 마찬

42)『高麗史』卷84, 刑法志1, 公式, 職制, 中冊, 843쪽, “(忠烈王二十四年)正月 忠宣王卽位下敎曰 …… 一民無恒心 因無恒産 憚於賦役 彼此流移 凡有勢力招集 以爲農場 按廉使與所在官 推刷還本 具錄以聞”.
43)『高麗史』卷85, 刑法志2, 禁令, 中冊, 865~866쪽, “(忠穆王元年五月) 整理都監狀 …… 行省三所忽只巡軍波吾赤 投屬成黨橫行者 推考收取差帖 還本定役”.

가지인데도 民이 流離하는 것은 관리가 선량하지 않기 때문이라고 하면서 이후로 유이민에 대해서 향리, 진역인 등을 제외하고 나머지는 '仍舊當差'하도록 하였다.[44] 향리나 진역인은 환본하되 그 나머지 유이민은 현거주지에서 그대로 부적하여 差役하라는 것이다. 이처럼 고려 후기에도 유이민에 대한 정부의 기본 방침은 여전히 환본이었지만, 원종 11년(1270) 이후 몇 년 간 그리고 충렬왕 11년(1285), 공민왕 20년(1371) 등 몇 차례에 걸쳐 백성 유이자에 대해 현거주지에 부적하는 조처가 단속적으로 취해졌던 것이다.

이렇게 보면 일반 백성 유이자에 대해 환본하지 않고 현거주지에 부적하는 것이 원종 11년에 이르러 정부의 기본 정책으로 발표되어 전반적으로 시행되었다고 할 수는 없지만, 원종 11년 이후 환본하지 않고 현거주지에 부적하는 조처가 많이 시행되고 그러한 경향은 원종 11년 이전과 크게 다른 것이라는 점에서 원종 11년이라는 시점에 주목해야 한다고 생각된다.

원종 11년 이후 조선 전기에 이르기까지도 여전히 유이민에 대해서 환본이 원칙이었지만, 환본을 통해서 기대하는 것은 그 이전과 달랐다. 중세국가는 농민이 이동하지 않고 안정되어 있어야 각종 稅役을 부담시킬 수 있다는 점에서 농민의 이동을 억제하려는 것은 어느 시기에나 마찬가지였다. 그런 점에서 합당한 이유 없이 농민이 이동할 때 환본함은 기본 원칙이었다. 그런데 원종 11년 이전의 고려사회에서 농민의 이동은 단순히 그러한 의미만 가지는 것이 아니었다. 같은 농민이라도 邑格에 따라 서로 달리 대우하는 상황, 즉 부곡제지역의 잡척층에 대해서는 군현민에 비해 각종 차별을 강요하는 상황에서 민의 이동은 그러한 제도 자체를 유지할 수 없도록 하는 것이었다. 그런 점에서 잡척제를 유지하기 위해서도 환본은 반드시 해야 할

---

44) 『高麗史』卷84, 刑法志1, 職制, 中冊, 847쪽, "(恭愍王二十年)十二月 敎曰 …… 一 民之流離 盖爲官吏無良 苟當差役 寧有彼此 今後 各處流移人口 除鄕吏官寺津驛人外 餘竝仍舊當差".

일이었다.

앞에서 살펴본 바와 같이, 벌써 12세기 무렵부터 잡척층의 유망이
심했고 이들이 유망을 통해 군현지역에 부적됨으로써 군현민의 지위
를 얻는 경우가 있었을 것으로 예상하였다. 이는 유망한 부곡제지역
민을 환본하지 못했고 결과적으로 이들이 군현에 부적되는 경우가
예상된다는 것이지, 당시 고려정부가 '勿還本' 명령을 내려서 모든 유
이민을 현거주지에 부적시켰다는 것은 아니다.

그런데 원종 11년에 이르러 '勿還本' 조처가 정부에 의해 한시적이
기는 했지만 공식적으로 시행되고 있는 것이다. 이는 여몽전쟁기에
많이 발생한 유이민에 대해서 환본을 강제하지 않고 현거주지에 부
적토록 한 것으로 부곡제지역민들도 이 조처에 따라 합법적으로 현
거주지에 부적되었을 것이다.

원종 11년 이후 유이민에 대해서 현거주지에 부적하는 조처가 자
주 시행되었지만, 향리나 진역인에 대해서는 이후에도 계속 환본이
강제되었다. 충렬왕 11년에도 流移鄕吏는 연한에 관계없이 환본하였
고, 공민왕 20년에도 향리, 진역인은 환본 대상이었다. 일반 유이민에
대해서는 현거주지에 부적하면서 향리·진역인은 환본하도록 한 것
이다. 이 때 고려 전기 잡척 가운데 진역인은 그들이 담당한 특수한
신역 때문에 계속 환본이 강제되었지만, 그 외 향·부곡·장·처민
등에 대해서는 환본하라는 언급이 없는 것이 주목된다. 즉 津尺, 驛
戶를 제외한 부곡제지역민들은 원종 11년 이후 그들이 유망해서 살
고 있는 군현에 그대로 부적되었고, 이는 그들이 일반 군현의 민과
동등한 신분으로 인정되는 것을 의미한다.

원종 11년(1270)은 고려정부가 몽골과의 오랜 전쟁을 끝내고 出陸
還都하는 해이다. 여몽전쟁기 동안 고려정부는 海島와 山城으로 입
보하는 것을 대몽항쟁의 기본 전략으로 삼았다. 수령의 인솔 하에 군
현단위로 대규모로 이동하여 입보하였다가 원래의 거주지로 돌아가

는 것이었는데, 이러한 과정에서 주민의 이동이 이전에 비해 상당히
활발하였을 것이 예상된다.[45] 특히 부곡제지역민들은 군현지역으로
이주를 갈망하던 상황에서 굳이 원래의 거주지로 돌아가려 하지 않
았을 것이다. 또 오랫동안 전쟁을 치르면서 인구가 감소하고 군현지
역의 토지도 대규모로 陳田化하고 있는 당시 상황은 부곡제지역민들
이 군현지역으로 이주하기 좋은 조건을 제공하였을 것으로 생각된다.
이처럼 여몽전쟁기에 많이 발생한 유이민에 대해서 고려정부는 출륙
환도한 후 현거주지에 부적을 허용하는 조처를 자주 시행함으로써
그 이동을 추인해 준 것이다. 이처럼 부곡제지역민이 군현지역으로
이동한 것에 대해 정부에서 군현민으로 추인해 준 것은 이후 정부 정
책이 잡척층을 군현민과 차별하는 정책을 포기하는 방향으로 이루어
질 것임을 보여주는 것이기도 하다. 이후 정부 정책은 이러한 방향으
로 추진되었다.

그런데, 원간섭기에 부곡제지역민과 군현민의 차별이 점차 해소되
어 갔지만, 일시에 해소된 것이 아니기 때문에 초기에는 차별이 상당
히 유지되었을 것이다. 예컨대 충렬왕 때 거론된 部曲吏에 대한 限品
制 적용 문제와 같은 것이 그것이다. 柳淸臣(柳庇)은 고이부곡吏의
후손으로서 蒙古語를 능숙하게 하여 충렬왕의 총애를 받았는데, 왕
은 특별히 하교하여 "그 家世는 마땅히 5품에 限할 것이나 다만 그
自身에 있어서만 3품에 通함을 허락하라"[46]고 하였다. 아울러 고이
부곡을 올려 고흥현으로 삼았는데 그것이 충렬왕 11년(1285)의 일이
다.[47] 충렬왕 11년(1285) 무렵까지도 部曲吏는 비록 功이 있어도 5품

45) 몽골이 침입하는 주된 경로가 된 서북계의 군현들은 전쟁을 겪으면서 治所
를 옮기는 일도 많았다. 이에 대해서는 邊太燮,「고려양계의 지배조직」,『고
려정치제도사연구』, 1971, 227~228쪽 참조.
46)『高麗史』卷125, 列傳, 柳淸臣, 下冊, 719쪽, "柳淸臣 初名庇 長興府高伊部
曲人 其先皆爲部曲吏 國制部曲吏雖有功 不得過五品 淸臣幼開悟有膽氣
習蒙語 屢奉使于元善應對 由是爲忠烈寵任補郞將 敎曰 淸臣隨趙仁規盡
力立功 雖其家世 當限五品 且於其身 許通三品 又陞高伊部曲 爲高興縣".

을 넘지 못한다는 규정이 國制로서 논의되고 있었다는 것이 주목된
다.

하지만 부곡인 출신으로 5품 이상의 관직에 진출한 예는 그 이전
에도 있었다. 울주에 속한 부곡인 출신인 朴球는 이미 원종 때 상장
군이 되었다. 또 충렬왕 10년에는 가야향 출신인 김인궤가 호군직에
있으면서 功이 있었다고 하여 그 鄕을 올려 春陽縣으로 삼은 일이
있었다. 박구의 경우에는 그 부곡을 현으로 승격시키는 조처는 동반
되지 않은 것으로 보인다. 그런데 박구와 김인궤의 경우 각각 상장군,
호군이라는 높은 직위에 올랐는데 유청신의 경우 제기되었던 "部曲
吏는 비록 功이 있어도 5품을 넘지 못한다"는 규정이 거론된 흔적이
없다. 향·부곡의 吏가 아닌 일반 향·부곡인에 대해서는 5품에 한품
한다는 규정이 없었던 것일까 아니면 이 때도 문제는 되었으나 기록
에 남지 않은 것일까. 사정이 어찌되었든 유청신의 경우 충렬왕은 교
서를 내림으로써 그 규제를 무시하고 있고, 또 그의 고향인 부곡을
현으로 승격시키기까지 하고 있다. 이는 13세기 말 충렬왕대까지도
부곡제지역민에 대한 차별의식이 상당히 남아 있었던 것을 보여주는
것이며 또 한편으로는 그러한 차별이 더 이상 효력을 발휘하기 어려
워졌다는 상황을 보여주는 것이기도 하다.

그런데, 이러한 차별이 점차 사라지면서 군현지역의 향리가 부곡
제지역으로 이주해 가기도 하였다.

군현의 향리가 부곡제지역으로 이주하는 것은 원간섭기 초기에는
그리 활발하지 않았을 것이다. 유청신의 사례에서 충렬왕 11년(1285)
무렵까지도 部曲吏에 대한 한품제 적용이 國制로서 거론되고 있었던
데서도 짐작할 수 있다. 물론 이 國制가 이미 강력한 규제로 작용하
지 못하는 상황이었음은 이후 조처에서 알 수 있지만 아직 그러한 차
별규정이 명맥을 유지하고 있었다. 이러한 차별이 사라지면 군현지역

47) 『高麗史』 卷57, 地理志2, 寶城郡, 中冊, 294쪽.

의 향리가 부곡제지역으로 이주해 가는 경우가 늘게 된다.

군현지역의 향리가 부곡제지역으로 이주해 간 것은『세종실록』지리지 姓氏條를 통해서도 알 수 있다. 부곡제지역의 續姓에 대한 註記에서 '本府來 皆爲長役'[48] 혹은 다른 군현에서 왔다고 하고 '今爲長役'[49] '今爲長吏'[50]라 한 것 등이 보인다. 續姓은『세종실록』지리지에서 '古籍所無 今據本道關續錄'[51]한 성씨로서, 이들이 이주한 시기는 세종대 이전 麗末鮮初인데 상당 부분은 麗末일 것이다.[52] 특히 전라도에서는 조선 태종 9년(1409)에 속현과 함께 부곡제지역이 모두 혁파되었는데도[53] 부곡제지역에 鄕吏 註記가 있는 續姓이 있음을 보면,[54] 적어도 이들이 부곡제지역의 향리로 이주한 시기는 태종 9년(1409) 이전이 된다. 속성으로 기록된 성씨의 이주는 상당 부분 고려말에 이루어졌을 것이 짐작된다. 부곡제지역의 續姓 중에는 그 註記에 '本府來', '本州來' 등으로 기록되지 않았더라도 本州의 토성에서

---

48) 예컨대 慶州府 北安谷部曲, 竹長部曲, 省法伊部曲(『世宗實錄』卷150, 地理志, 慶州府, 5冊, 637쪽).

49) 密陽都護府 伊冬音部曲(『世宗實錄』卷150, 地理志, 密陽都護府, 5冊, 638쪽).

50) 山陰縣 皆品部曲(『世宗實錄』卷150, 地理志, 山陰縣, 5冊, 652쪽).

51) 『世宗實錄』卷148, 地理志, 楊根郡 迷原庄, 5冊, 616쪽.

52) 古籍 작성 시기에 대해서도 의견이 분분한데,『세종실록』지리지 편찬에 참고한 古籍이 하나의 본이 아니라 여러 본이 있었던 것으로 보이고(金東洙, 「世宗實錄地理志 姓氏條의 검토」,『동아연구』6, 1985 ;『世宗實錄 地理志의 硏究』, 서강대 박사학위논문, 1991, 160쪽), 따라서 古籍 작성 시기도 다양했을 것이다. 하지만 續姓은 古籍에는 없는 성씨인데, 續姓이 古籍에 기록된 이주성인 來姓에 비해 많은 것으로 보아 古籍 중 최후본의 작성 시기가 조선 세종대로부터 상당히 오래 전임을 짐작할 수 있다.

53) 이수건,『한국중세사회사연구』, 437쪽.『世宗實錄』卷151, 地理志, 全州府, 5冊, 655쪽, "太宗九年 以都觀察使尹向陳言 道內縣鄕所部曲 皆合于本官 今錄古屬者 以備後日之稽考耳".

54) 예를 들면 樂安郡 군지부곡 속성 白, 加用所 속성 李, 品魚所 속성 吳는 향리 註記가 있는 속성이다.

찾을 수 있는 성씨가 많은 것으로 보아 本州로부터의 이주가 많았던 것으로 생각된다.

그런데, 부곡제지역의 來姓은 속성에 비해 훨씬 적지만 그 가운데에도 군현지역에서 이주해 왔음을 밝힌 예가 있는 것으로 보아, 군현지역의 향리 혹은 士族이 부곡제지역으로 이주하는 현상이 古籍 작성 이전 시기에도 드물게 있었음을 알 수 있다.[55]

『세종실록』지리지에서 土姓이나 來姓, 亡姓 등은 없고 續姓만 있는 곳은 부곡제지역이 압도적으로 많다.[56] 續姓만 있는 것은 고적 작성 당시 향리가 모두 유망하였거나 해당 군현이 아직 설치되지 않은 경우를 예상할 수 있다.[57] 군현이 아직 설치되지 않았다는 것은 대개

---

55) 부곡제지역의 來姓에도 '晉州來', '咸安來'(의령현 정골부곡의 예) 등으로 군현에서 이주해 왔음을 밝힌 예가 보이는데, 향리라는 註記가 붙은 것은 보이지 않는다. 이들이 향리가 아니라 士族이라 해도 군현지역의 士族이 부곡제지역으로 이주하고 본관을 옮기기 위해서는 부곡제지역 출신이 官人이 되는 데에 전혀 차별이 없음이 전제가 되어야 한다. 즉 古籍의 최후본이 성립되기 전에 부곡제지역에 대한 차별이 거의 철폐되어 있었다고 보아야 할 것이다.

56) 전체 64의 사례 중 부곡제지역이 46이며, 부곡제지역이었다가 군현으로 승격된 곳이 10이며, 倉과 村에서 현으로 승격된 곳이 2이다. 나머지 속성만 있는 군현은 6곳뿐이다. 『世宗實錄』지리지에서 續姓만 있는 곳을 열거하면 다음과 같다.
   ○ 莊 2(新永, 寺伊巖), 處 3(奢井, 楡梯, 楊干), 鄕 4(福平, 廣地, 多音, 義新), 部曲 21(廣反石, 金化, 仁政, 助立, 聖淵, 竹長, 省法伊, 皆丹, 小川, 石保, 寶進, 高林, 緋山, 道開, 加德, 高雅, 助馬, 月伊谷, 頭衣谷, 毛助, 郡智), 所 13(於上川, 古多只, 禾邊, 文石, 居邊, 資已, 冬老, 大谷, 大口, 七良, 骨若, 加用, 品魚), 驛 3(德留, 昌德, 貞民)
   ○ 부곡제지역이었으나 縣으로 승격한 곳 10(吉安部曲 → 吉安縣, 退串部曲 → 柰城縣, 德山部曲 → 才山縣, 大靑部曲·小靑部曲 → 靑杞縣, 知道保部曲 → 宜仁縣, 多仁鐵所 → 翼安縣, 梨旨銀所 → 梨旨縣, 黑山島 → 榮山縣, 鐵島 → 鐵和縣, 連豊莊 → 連豊縣)
   ○ 村, 倉에서 현으로 승격된 곳 2(林下村 → 永順縣, 河陽倉 → 慶陽縣)
   ○ 그 외 縣 6(廣德縣, 水入縣, 基麟縣, 北靑都護府, 三支縣, 海安縣)

57) 이 밖에 古籍이 작성되었으나 망실되어 참고로 할 수 없었기에 속성만 기재

부곡제지역, 村, 倉에서 군현으로 승격한 경우에 해당된다. 이렇게 보면 부곡제지역으로 속성만 있는 곳은 대체로 古籍 작성 당시 吏가 모두 유망한 경우로 생각할 수 있다. 속성만 있는 것은 그 현이 고려 후기에 신설되었기 때문으로 이해하고 이런 이해를 부곡제지역으로 확장하여 속성만 있는 부곡제지역을 고려 후기에 새로 생긴 것으로 보는 견해도 있지만58) 속성만 있는 부곡제지역이 많은 것은 古籍 작성 당시 吏가 모두 유망한 곳이 많은 것으로 이해해야 할 것이다. 더욱이 고적이 작성될 무렵 吏가 모두 유망하였어도 선초까지 임내로서 유지된 곳만 기재되었기 때문에 고적이 작성될 무렵 吏가 모두 유망해 버린 부곡제지역의 수는 이보다 훨씬 더 많을 것이다. 이처럼 부곡제지역 吏의 유망이 심했고 어떤 곳에서는 소속 군현이나 주변 군현의 향리가 이주하여 임내로서 그 모습을 선초까지 유지해 갔다.

그리고, 군현지역의 향리뿐 아니라 土族들도 부곡제지역으로 이주하기도 하였다.

부곡제지역과 군현지역의 차별이 인정되었을 때는 군현지역에서 부곡제지역으로 이주하는 예가 드물었지만 점차 그 차별이 사라지면서 이주가 늘었을 것이다. 이주하여 적을 옮긴 시기가 고적 작성 이전이면 來姓으로, 이후이면 續姓으로 기재되었다. 土姓처럼 기재되어 있는 것 중 일부는 來姓일 가능성도 있지만,59) 그렇다 해도 부곡

된 경우도 예상해 볼 수 있다.

58) 朴恩卿, 『高麗時代 鄕村社會硏究』, 일조각, 1996, 198쪽. 하지만, 속성만 있는 縣 중에서 수입현과 기린현은 고려 전기부터 존재하였던 것이 분명하다. 『高麗史』 卷58, 地理志3, 通溝縣, 中冊, 298쪽, "通溝縣[溝一作口] 本高勾麗水入縣[一云買伊縣] 新羅景德王 改今名 爲歧城郡領縣 顯宗九年來屬";『高麗史』 卷58, 地理志3, 基麟縣, 中冊, 299쪽, "基麟縣 本高勾麗基知郡 高麗改今名來屬".

59) 부곡제지역의 성씨가 主邑의 土姓과 같은 경우에 대하여, 主邑 영역의 확장으로 신생 향·소·부곡이 생기게 되고 그 곳에 主邑 土姓이 이주하여 새로운 향·소·부곡성이 된 것으로 이해하는 견해도 있다(이수건, 『한국중세사회사연구』, 19쪽 참조). 그렇지만, 부곡제지역의 성씨가 主邑과 같은 경

제지역에 來姓으로 기록된 것이 속성에 비해 극히 적다는 것은 주목
된다.60) 군현지역에서는 전체로 보아 續姓이 來姓에 비해 더 많다고
해도 몇 배의 차이가 나는 것은 아니다. 그런데 부곡제지역의 來姓이
속성에 비해 훨씬 적은 것은 古籍이 마지막으로 작성되는 시점까지
도 군현지역의 향리나 士族이 부곡제지역으로 이주하는 일이 그다지
활발하지 않았음을 말해주는 것이다.

부곡제지역으로 군현지역의 향리 · 사족이 이주하여 그 곳을 본관
으로 삼는 일은 대체로 14세기 초엽61)까지는 그다지 활발하지 않았
던 것으로 생각된다. 이러한 움직임은 14세기 중엽 이후 선초에 걸치
는 시기에 활발히 이루어졌다. 재지사족들이 부곡제지역으로 이주하
면서 개간을 통해 농장을 확대해 가는 현상은 14세기 중엽 이후 선초
에 걸치는 시기에 활발히 이루어진 것으로 생각된다.62)

우는 후에 主邑에서 이주해 온 성씨인데 이를 土姓처럼 기록한 것일 가능
성이 있지 않나 한다. 또 續姓의 경우 '本州來'라는 註記는 없지만 주읍의
토성과 일치하는 것이 많은데 이는 대개 主邑에서 이주해 온 것으로 생각된
다.

60) 『世宗實錄』 지리지에서 부곡제지역에 내성이 기록된 곳은 향 2(부평도호부
亡황어향, 순천도호부의 삼일포향), 부곡 4(구사부곡, 정골부곡, 개품부곡,
가음부곡), 소 1(이파산소)에 불과하다.

61) 古籍이 마지막으로 작성되는 시기가 언제인지 확실치 않지만 충숙왕 8년
(1321) 이후인 것으로 생각된다. 이를 짐작하게 하는 것은 충숙왕 8년 현으
로 승격된 용안현에 토성이 기록되어 있다는 점이다. 도내산은소가 龍安縣
으로 승격된 것이 충숙왕 8년(1321)인데 『세종실록』 지리지 용안현조에는
토성 4개가 기록되고 내접망성 1개와 속성 5개가 기록되어 있다(『世宗實
錄』 卷151, 地理志, 龍安縣, 5冊, 657쪽). 용안현에 토성이 기록되었다는 것
은 적어도 충숙왕 8년(1321) 이후 작성된 古籍이 있다는 것이 된다. 고려 후
기 부곡제지역이 군현으로 승격한 사례에서 土姓이 나타나는 최후의 승격
사례는 용안현이다.

62) 여말선초 土族, 향리 들이 부곡제지역으로 이주하는 현상은 주로 산간지대
를 중심으로 이루어졌으며 해안이나 섬 등은 어부, 염간, 목자, 수군 등의 거
주지로서 이주가 활발하지 않았다고 한다. 이수건, 『조선시대지방행정사』,
172쪽 참조.

(2) 鄕·所·部曲의 郡縣化와 直村化

원간섭기 이후 부곡제지역이 縣으로 승격되는 일이 이전에 비해 빈번해졌으며, 많은 부곡제지역이 소속 군현의 直村으로 변화되었다.

먼저, 고려시대에 부곡제지역이 현으로 승격된 사례로서 『高麗史』 지리지 등 기록에서 필자가 찾을 수 있었던 것은 다음 30개 사례이다.[63]

   1. 大幷部曲 → 功城縣[64]
   2. 守山部曲 → 守山縣[65]
   3. 省法部曲 → 龜山縣[66]
   4. 莞浦鄕 → 莞浦縣[67]
   5. 有疾部曲 → 彰善縣[68]
   6. 寶薪鄕 → 深嶽縣[69]

---

63) 명종 때 공주 명학소의 난을 무마하기 위해 충순현으로 잠시 승격시킨 일이 있으나 곧 읍호를 강등시켰으므로 이는 제외하였다(『高麗史』 卷56, 地理志1, 公州, 中冊, 265쪽). 또 密城郡과 全州는 각각 충렬왕대와 공민왕대에 잠시 부곡으로 강등되었다가 곧 복구되었는데 이러한 사례 역시 제외하였다(『高麗史』 卷57, 地理志2, 中冊, 275·286쪽).

64) 『高麗史』 卷57, 地理志2, 化寧郡, 中冊, 280쪽, "功城縣 本新羅大幷部曲 高麗初改今名 顯宗九年來屬".

65) 『高麗史』 卷57, 地理志2, 密城郡, 中冊, 275쪽, "高麗以守山部曲爲守山縣". 그런데, 승람에서는 수산현이 顯宗 때 밀양도호부에 내속한 것으로 기록되었다. 수산현으로 승격한 것이 顯宗 이전임을 알 수 있다(『新增東國輿地勝覽』 卷26, 密陽都護府, 屬縣).

66) 『高麗史』 卷57, 地理志2, 熊神縣, 中冊, 274쪽, "高麗陞省法部曲爲龜山縣 屬金州任內 恭讓王朝移屬漆原".

67) 『高麗史』 卷57, 地理志2, 合浦縣, 中冊, 274쪽, "高麗陞莞浦鄕爲縣".

68) 『高麗史』 卷57, 地理志2, 晋州牧, 中冊, 276쪽, "有彰善島[島本高勾麗有疾部曲 高麗更今名 陞爲縣 屬于州 忠宣王卽位 避王嫌名 改爲興善 後因倭寇 人物俱亡 爲直村]".

69) 『高麗史』 卷56, 地理志1, 深嶽縣, 中冊, 257쪽, "古寶薪鄕顯宗九年稱今名 來屬".

7. 松山部曲 → 貞松縣70)

8. 他州部曲 → 道化縣71)

9. 仍乙舍鄉을 班石村, 朴達串村, 馬灘村과 합하여 → 江東縣72)

10. 梨垢, 大垢, 甲岳, 角墓, 禿村, 甑山 等 鄉을 合하여 → 江西縣73)

11. 楸子島를 櫻遷村, 龍坤村, 禾山村과 合하여 → 順和縣74)

12. 金堂, 呼山, 漆井 3部曲을 합하여 → 三和縣75)

13. 新城, 蘿坪, 狗牙 3部曲을 합하여 → 三登縣76)

14. 多仁鐵所 → 翼安縣77)

15. 處仁部曲 → 處仁縣78)

---

70) 『高麗史』卷56, 地理志1, 貞松縣, 中冊, 259쪽, "古松山部曲顯宗九年稱今名來屬".

71) 『高麗史』卷57, 地理志2, 寶城郡, 中冊, 294쪽, "宣宗五年陞他州部曲爲道化縣".

72) 『高麗史』卷58, 地理志3, 江東縣, 中冊, 313쪽, "仁宗十四年分京畿爲六縣 以仍乙舍鄉班石村朴達串村馬灘村合爲本縣置令 仍爲屬縣 後屬於成州 恭讓王三年復置令".

73) 『高麗史』卷58, 地理志3, 江西縣, 中冊, 313쪽, "仁宗十四年分京畿爲六縣 以梨岳大垢甲岳角墓禿村甑山等鄉合爲本縣置令仍爲屬縣".

74) 『高麗史』卷58, 地理志3, 順和縣, 中冊, 313쪽, "仁宗十四年分京畿爲六縣 以楸子島櫻遷村龍坤村禾山村合爲本縣 置令仍爲屬縣 後屬於祥原 忠惠王二年移屬三和". 그런데 楸子島는 『세종실록』 지리지와 『신증동국여지승람』에 모두 '楸子島部曲'으로 기재된 것으로 보아 부곡이 설치된 섬으로 보인다.

75) 『高麗史』卷58, 地理志3, 三和縣, 中冊, 317쪽, "仁宗十四年分西京畿爲六縣 以金堂呼山漆井三部曲 合爲本縣置令".

76) 『高麗史』卷58, 地理志3, 三登縣, 中冊, 313쪽, "仁宗十四年分西京畿爲六縣 以成州所屬新城蘿坪狗牙等三部曲 合爲本縣置令".

77) 『高麗史』卷56, 地理志1, 忠州牧, 中冊 261쪽, "高宗四十二年 以多仁鐵所人 禦蒙兵有功 陞所爲翼安縣".

78) 『高麗史』地理志에는 이에 대한 기록이 없지만 『世宗實錄』地理志를 통해 선초 처인현의 존재는 확인할 수 있다. 고종 19년(1232) 몽골의 2차 침입 때 김윤후가 元帥 撒禮塔을 쏘아 죽인 공로를 세운 곳이 처인부곡인데, 이 공로로 현으로 승격된 것으로 보이기 때문에 여몽전쟁기에 승격된 것이 아닌

16. 加也鄕 → 春陽縣79)

17. 龍山處 → 富原縣80)

18. 高伊部曲 → 高興縣81)

19. 合德部曲 → 合德縣82)

20. 大靑部曲·小靑部曲 → 靑杞縣83)

21. 德山部曲 → 才山縣84)

22. 食村部曲 → 豊安縣85)

23. 道乃山銀所 → 龍安縣86)

24. 退串部曲 → 奈城縣87)

가 한다.

79)『高麗史』卷57, 地理志2, 安東府, 中冊, 283쪽, "忠烈王 以加也鄕人護軍金仁軌有功 陞其鄕爲春陽縣".『新增東國輿地勝覽』卷24, 安東大都護府, 建置沿革, 屬縣, 春陽縣條에는 충렬왕 10년(1284)에 춘양현으로 승격된 것으로 기록되었다.

80)『高麗史』卷56, 地理志1, 果州, 中冊, 261쪽, "忠烈王十年陞州之龍山處爲富原縣".

81)『高麗史』卷57, 地理志2, 寶城郡, 中冊, 294쪽, "高興縣本高伊部曲高伊者方言猫也 時有猫部曲人仕朝則國亡之讖柳庇以譯語通事于元有功忠烈王十一年改今名陞爲監務".

82) 합덕부곡이 현으로 승격된 사실에 대해서는『高麗史』地理志에 설명이 없다. 열전 기록과『世宗實錄』地理志에 이에 대한 언급이 보인다.『高麗史』卷106, 列傳, 秋適, 下冊, 345쪽, "秋適 忠烈朝人 …… 閹人黃石良 貪緣用事 陞其鄕合德部曲爲縣";『世宗實錄』卷149, 地理志, 洪州牧, 5冊, 633쪽, "合德縣 本屬德豊縣 爲部曲 忠烈王二十四年戊戌 以邑人火者黃石良 入元朝有寵 陞爲縣".

83)『高麗史』地理志에는 이에 대한 설명이 없다.『世宗實錄』卷150, 地理志, 寧海都護府, 5冊, 642쪽, "靑杞縣 本大靑部曲 舊屬靑鳧縣 小靑部曲 舊屬英陽縣 高麗忠烈王三十年甲辰 合大靑小靑部曲 爲靑杞縣".

84)『高麗史』卷57, 地理志2, 安東府, 中冊, 283쪽, "忠宣王以敬和翁主鄕德山部曲爲才山縣".

85)『高麗史』卷57, 地理志2, 寶城郡, 中冊, 294쪽, "忠宣王二年 又以仕元宦者李大順之請 陞食村部曲 爲豊安縣".

86)『高麗史』卷57, 地理志2, 咸悅縣, 中冊, 287쪽, "忠肅王八年 縣之道乃山銀所人伯顔夫介 在元有功於本國 陞所爲龍安縣".

25. 吉安部曲 → 吉安縣[88]

26. 梨旨銀所 → 梨旨縣[89]

27. 迷元莊 → 迷元縣[90]

28. 知道保部曲 → 宜仁縣[91]

29. (感陰縣 →) 感陰部曲 → 感陰縣[92]

30. 連豊莊 → 連豊縣[93]

　고려 초부터 인종대까지 현으로 승격한 것으로 보이는 것이 1에서 13까지의 사례인데, 1에서 5까지는 현으로 승격한 시기를 정확히 알 수 없지만 고려 초일 것으로 생각되어 고려 국초 이후 현종대 지방제도가 정비될 때까지 현으로 승격된 것은 모두 7개 사례이다(1~7). 그 외에 강동현, 강서현, 순화현, 삼화현, 삼등현(9~13)은 인종 14년 묘청의 난을 진압하고 나서 西京畿를 나누어 6현으로 할 때에 현으

---

87) 『高麗史』卷57, 地理志2, 安東府, 中冊, 283쪽, "忠惠王以宦者姜金剛入元 有負織之勞陞其鄕退串部曲爲奈城縣後又陞吉安部曲爲縣".

88) 『高麗史』卷57, 地理志2, 安東府, 中冊, 283쪽, "忠惠王以宦者姜金剛 入元 有負織之勞 陞其鄕退串部曲 爲奈城縣 後又陞吉安部曲爲縣". 『新增東國輿地勝覽』卷24, 安東都護府, 建置沿革, 屬縣, 吉安條에는 충혜왕 때 길안현으로 올린 것으로 기록되었다.

89) 『高麗史』卷57, 地理志2, 永州, 中冊, 271쪽, "麗季陞本州梨旨銀所爲縣". 『新增東國輿地勝覽』卷27, 河陽縣, 古跡, 梨旨廢縣條에는 지원 후 원년(충숙왕 후4, 1335) 那壽·也先不花의 공로로 현으로 승격된 것으로 기록되었다.

90) 『高麗史』卷56, 地理志1, 楊根縣, 中冊, 261쪽, "恭愍王五年 以普愚寓居于 迷元莊之小雪庵 陞莊爲縣置監務 尋以地窄人稀 還屬于縣".

91) 『高麗史』卷57, 地理志2, 安德縣, 中冊, 284쪽, "恭愍王十八年陞知道保部 曲爲宜仁縣".

92) 『高麗史』卷57, 地理志2, 感陰縣, 中冊, 277쪽, "毅宗十五年 縣人子和等誣 告鄭敍妻 與縣吏仁梁呪咀上及大臣 投子和于江 降縣爲部曲 恭讓王二年 復置監務 以利安縣屬之".

93) 『高麗史』卷58, 地理志3, 安岳郡, 中冊, 302쪽, "郡屬有連豊莊 恭讓王二年 置長命連豊兼監務".

로 승격된 것으로, 戰功과 관련이 있을 것으로 생각된다. 또 여몽전쟁기에 현으로 승격된 사례로는 익안현과 처인현(14 · 15)을 들 수 있는데 이 때에도 戰功이 승격 이유가 되었다. 이렇게 보면 고려 전기 잡척제의 틀이 갖추어진 이후 고종대에 이르는 동안, 인종대 서경기를 나누어 6현으로 삼는 과정에서 현으로 승격된 사례는 특수한 경우로서 이를 제외하면 부곡제지역이 현으로 승격된 사례는 극히 드물었다고 하겠다.

그런데 충렬왕대 이후 부곡제지역이 현으로 승격하는 사례가 이전에 비해 갑자기 늘어나면서(16~30) 그 이유도 대개 그 곳 출신 인물이 元이나 고려 조정에서 특별한 총애를 받음으로써 예우 차원에서 그 본읍을 승격시켜 주는 것이다(16, 18, 19, 21, 22, 24, 26, 27). 원간섭기 부곡제지역민은 군현민과의 차별이 거의 해소되어 있어서 현으로 승격된다고 해도 그들의 신분 지위나 세역 부담에 큰 변화가 오는 것은 아니었다. 다만 부곡제지역이 공물 부담 등에서 다소 불리한 처지에 놓일 가능성이 높다는 점에서 현으로 승격되기를 희망했을 것이고, 특히 吏의 입장에서는 邑勢의 확장을 당연히 바랐을 것이다. 또 부곡제지역이 현으로 승격되어도 토지의 소유경영관계에서 전혀 변화가 없었을 것이다.

한편, 현이 설치되지 않았던 작은 섬으로서 왜구 침입 등의 이유로 집단적으로 出陸寓居함으로써 그 지역에 현이 설치되는 경우도 있었다. 그러한 예로 鐵和縣과 榮山縣을 들 수 있다.

철화현은 鐵島人들이 육지로 나와 黃州 서촌에 우거하였는데 이에 충숙왕 후7년(1338) 철화현이라 칭하고 감무를 두었다.[94] 영산현은 흑산도인들이 육지에 나와 나주 남쪽 10리 되는 남포강변에 우거하여 영산현이라 칭하였는데 공민왕 12년(1363)에 올려 군이 되었

---

94) 『高麗史』 卷58, 地理志3, 黃州牧, 中冊, 303쪽, "鐵島人出陸寓居州西村 忠肅王後七年 稱鐵和縣置監務 後革之".

다.95) 철화현이 설치된 것은 충숙왕 후7년(1338)이고 영산현 설치 연도는 알 수 없으나 공민왕 12년에 올려 郡이 되었다고 하니 공민왕 12년 이전의 일이다. 철도인들이 황주 서촌에 우거한 것은 충숙왕 후7년(1338)보다 이전의 일인데 이러한 島民들의 출륙우거에 대해 강제로 돌려보내지 않고 새로운 현을 설치하고 있는 것이 주목된다. 이 무렵 도민은 일반 군현민과 다름없는 지위에 있었음을 알 수 있다.

고려 전기 섬 가운데에는 그 규모가 커서 군현이 설치된 곳도 있고, 부곡이 설치된 곳도 있었지만, 그저 '~島'라고 불렸던 작은 섬들이 더 많았다. 고려 전기 이러한 작은 섬에 거주하는 사람들은 '島民'으로서 잡척에 포함시킬 수 있는 것으로 생각되는데, 이러한 섬의 주민들이 출륙우거하여 이로써 현이 설치되기도 한 것이다.

여말에는 바닷길을 통한 왜구의 침략이 거세어 군현이 설치되어 있던 섬의 주민들도 그 피해를 견디다 못해 내륙으로 옮겨와 우거하는 일이 많았고, 이 때 임시로 거주하던 지역의 개발을 통해 섬으로 돌아간 뒤에도 그 지역을 월경지로서 유지하고 있는 경우도 있었다.96) 그런데 이전에 현이 설치되어 있지 않았던 철도와 흑산도는 각각 출륙우거를 통해 현이 설치되었다. 고려 전기에는 군현민과 차별되고 있던 島民들이 원간섭기에 출륙우거를 통해 새로이 군현이 설치되어 군현민으로 변화되고 있는 것이다. 이는 島民이 군현민으로 신분이 상승했다기보다는 이미 이 때가 되면 그 신분상의 차별이 없어졌기 때문에 쉽게 현이 설치될 수 있었다고 생각된다.

한편, 원간섭기 이후 많은 부곡제지역이 直村化하였다.

부곡제지역은 일반적으로 군현지역에 비해 규모가 작았으므로 군현으로 승격되는 경우보다 직촌화하는 경우가 더 많았다. 부곡제지역의 유망 현상은 12세기 이후 문제로 대두하지만 여몽전쟁기 동안 더

95)『高麗史』卷57, 地理志2, 羅州牧, 中冊, 290쪽, "黑山島 島人出陸僑寓南浦江邊 稱榮山縣 恭愍王十二年陞爲郡".

96) 이수건,『朝鮮時代地方行政史』, 민음사, 1989, 153쪽.

욱 심화되었을 것이다. 일반 민호의 유망뿐 아니라 吏의 피역, 유망
도 심화되어 邑司를 유지하기 어려워졌다. 원간섭기 향리의 피역, 유
망은 부곡제지역만의 문제는 아니고 군현지역도 마찬가지였다. 이는
충렬왕 22년 洪子藩 편민18사에서 '諸州縣及鄕所部曲人吏 無一戶者
多矣'[97]라고 표현하고 있는 것에서도 짐작할 수 있다. 이에 대해 홍
자번이 '依勢避役'한 향리를 귀향시키자고 건의하고 있는 것을 보면
당시 향리가 권세가에게 의탁하여 피역하는 경우가 많았음을 알 수
있다. 하지만 향리가 한 戶도 없는 곳이 많다는 문제는 '依勢避役'뿐
아니라 유망에도 기인하였을 것이다. 특히 향·소·부곡의 향리가
'無一戶'라는 심각한 상황에 빠진 데는 유망이 큰 이유가 되었을 것
이다. 부곡제지역의 경우 일반 주민들의 유망이 많아서 황폐해지는
가운데 吏에게 稅役 납부 등의 책임이 일차적으로 지워지는 상황은
견디기 어려운 고역이었을 것이다.

　부곡제지역의 吏가 유망하여 邑司를 유지할 수 없는 경우 그 결과
는 두 가지로 나타난다. 하나는 직촌화하는 것이고, 다른 하나는 군현
지역에서 향리가 유입되는 것이다. 직촌화나 향리 이동은 부곡제지역
과 군현지역의 차별이 해소되어 있다는 조건 하에 이루어질 수 있다.
원간섭기에는 기본적으로 그러한 차별이 사라지고 있었고 많은 부곡
제지역의 吏가 유망한 상태에서 대개 소속 군현의 直村으로 변하고
있었다. 충렬왕 4년(1278) 기록에서 가림현에 속한 '금소 1촌'[98]이 보
이는데 이러한 표현을 사용한 것은 예전에 所였으나 이미 직촌화하
였기 때문이 아닐까 한다.

　원간섭기 이후 조선 초까지 대부분의 부곡제지역이 직촌화하였
다.[99] 조선 초기 여러 지리지에서 고려시대 부곡제지역으로 900여 개

---

97) 『高麗史』卷84, 刑法志1, 公式, 職制, 中冊, 843쪽.

98) 『高麗史』卷89, 列傳, 齊國大長公主, 下冊, 22쪽.

99) 부곡제지역의 직촌화 현상에 대해서는 李樹健, 「직촌고」, 『대구사학』15·
　16합집, 1978/『韓國中世社會史硏究』, 일조각, 1984, 448~451쪽 ; 朴宗基,

를 찾을 수 있지만,[100] 실제는 훨씬 더 많았을 것이다. 『新增東國輿地勝覽』에서 '當今有所可攷者 纔十之一二'[101]라 한 것을 보거나 여말까지도 '三百六十莊處'[102]를 언급하는데 선초 기록에서 찾을 수 있는 莊處는 48개에 그치는 것을 보아도 그렇다. 군현으로 승격한 몇 안 되는 예와 선초까지도 임내로 남아 있는 예를 제외하면 거의 대부분은 원간섭기 이후 조선 초에 걸치는 시기에 직촌화한 것으로 생각된다.

(3) 役 부담의 차별 해소

원간섭기에는 새로 役戶를 정할 때 부곡제지역민과 군현민을 구별하지 않고 함께 정하고, 또 원래 부곡제지역민이 담당하던 역에 군현민을 함께 차정하기도 하는 등 역 부담에서 차별이 사라지고 있었다. 그러한 예로는 전자는 鷹坊戶, 후자는 站戶를 대표로 들 수 있다. 이에 대해서는 뒤에서 다룰 것이므로 여기서는 간단히 살펴보기로 한다. 먼저 충렬왕 때 처음 설치되는 응방호에는 다양한 성격의 민호가 소속되었다. 응방호에 속한 민호로서 기록에서 확인할 수 있는 것은 羅州, 長興府 관내 여러 섬 그리고 洪州 曲楊村 民戶와 三道 내에서 매를 잘 잡을 수 있는 자,[103] 瓮津縣 등 수현의 민호[104] 등이다. 여기

1990, 『高麗時代部曲制硏究』, 서울대출판부, 202~204쪽 참조.

100) 朴宗基, 위의 책, 6쪽.

101) 『新增東國輿地勝覽』 卷7, 驪州牧 古跡.

102) 『高麗史』 卷78, 食貨志1, 田制, 祿科田, 中冊, 714쪽, "辛禑十四年六月 昌敎曰 …… 其料物庫屬三百六十莊處之田 先代施納寺院者 悉還其庫".

103) 『高麗史』 卷99, 列傳12, 崔惟淸, 下冊, 196쪽, "鷹坊吳淑富方文大等 自草宣傳消息三通 因李貞以進曰 羅州長興管內諸島民 請專屬捕鷹 又籍洪州曲楊村民戶口 悉屬鷹坊 又三道內能捕鷹者 勿限名數 皆免徭役 王命承宣亟寫行之 令一聽淑富等指揮".

104) 『高麗史』 卷29, 世家29, 忠烈王 6年, 上冊, 592쪽, "三月壬寅朔 大將軍印侯 將軍高天伯 與塔納還自元 塔納至岊嶺站 瓮津等數縣當供晝食 有人告塔

서 고려 전기에 군현민과 차별되었던 島民이 군현민과 함께 응방호로 정해진 것이 주목된다.

또 충렬왕 4년 嘉林縣 金所 1촌의 民戶는 鷹坊人 迷刺里에게 소속되었는데,[105] 이는 원래 金所였으나 직촌화한 것으로 보인다. 그런데 당시 가림현의 다른 촌락들이 원성전, 정화원, 장군방, 忽赤, 순군에 소속된 것과 마찬가지 형태로 응방인 迷刺里에게 소속되고 있다. 응방, 순군 등에 소속되어 역을 제공하는 민호로 정해지는 데에는, 군현민과 부곡제지역민을 구별하지 않았던 것을 짐작할 수 있다.

원간섭기에 새로 생긴 役戶에 군현민과 부곡제지역민이 함께 소속될 뿐 아니라, 고려 전기 대표적인 잡척이라 할 驛戶에 군현민을 정하기도 하였다. 충렬왕 때에 설치된 陸站과 水驛에는 '各道人戶와 流移民'이 限年入居되었으며 연한을 채우면 교체하도록 되어 있었다(사료 다-1). 이 '各道人戶'에는 일반 군현민이 포함되었을 것이다. 충렬왕 때 朝聘路次에 설치되는 營城伊里干이나 압록강내 이리간에도 各道 富民이 사민대상이 되었다.[106] 이러한 배경 하에 各道 人戶를 站戶에 정역하고 限年入居토록 한 것인데 원래 군현민보다 낮은 지위에 있던 驛民이 담당하던 站戶의 역에 군현민이 교체되지도 못한 채로 장기 복무하고 있는 상황이 문제로 제기되었다. 충선왕은 1308년 복위 교서를 통해 各道人戶를 환본시키고 '當差者'를 선택해서 참역에 충당하도록 조처하였다(사료 다-1).

이처럼 부곡제지역민, 군현민을 가리지 않고 동일한 역에 차정하는 정책은 잡척제의 붕괴를 더욱 촉진하였을 것이다. 충렬왕대에는

納日 吾邑之民 盡隷鷹坊 子遺貧民 何以供億 欲還朱記於國家 竢死而已".

105) 『高麗史』卷89, 列傳, 齊國大長公主, 下冊, 22쪽, "四年公主生男 群臣宴賀 夏王及公主如元嘉林縣人告達魯花赤曰 縣之村落 分屬元成殿及貞和院將 軍房忽赤巡軍 唯金所一村在 今鷹坊迷刺里又奪而有之 我等何以獨供賦役 達魯花赤曰 非獨汝縣 若此者多矣".

106) 『高麗史』卷82, 兵志2, 站驛, 中冊, 802~803쪽, "名營城伊里干者 刷各道富 民二百戶 徙居之".

군현민과 부곡제지역민을 차별하지 않고 동일한 신역을 지우는 정책을 취하였지만, 반발도 심하였던 모양이다. 충선왕 복위 교서에서 站戶로 배속되었던 사람 가운데 '각 도 人戶'를 제외하고 '當差者'로서 站戶를 삼도록 한 것, 그리고 이후 범죄인이 驛吏, 驛戶로 배정되는 것을 보아도, 驛民을 군현민과 차별적인 존재인 津驛雜尺, 逆命者로 보는 인식에서 완전히 벗어나지 못하고 있었다. 이런 배경 하에 여말 선초의 干尺層이 성립되는 것으로 생각된다.

원간섭기에는 부곡제지역과 군현지역이 역 부담에서 차별이 해소되어 갈 뿐 아니라, 향·부곡·장·처의 민호는 대개 사유지화한 전시과 토지와 궁원전·사원전의 전호[107]로서 그 처지가 군현지역의 일반 사유지를 차경하는 전호와 다를 바 없었다. 무인정권기에 권세가들에게 집중 탈취된 兩班軍閑人의 세전토지와 궁원전·사원전은, 왕정복고 후에 이를 원래 주인인 양반·군·한인과 궁원·사원에 돌려주도록 하는 조처가 이루어졌다.[108] 그런데 실제로는 이들 토지 중

---

107) 『高麗史』에 보이는 '佃戶'는 말 그대로 '농사짓는 민호'이다. 따라서 '전호'는 분반지대를 부담하는 소작인뿐 아니라 다양한 성격의 농민을 지칭하며 때론 민전소유자까지도 전호로 표현되었다. 이처럼 佃戶의 개념이 혼동의 여지가 있는데도 여기서 전호라는 용어를 사용한 것은 고려 전기에 민전소유자가 아닌 다양한 농민을 모두 '소작인'으로 부를 수도 없기 때문이다. 예컨대 고려 전기의 장·처민은 궁원전·사원전의 전호였는데 이들이 1/4租를 田主에게 납부하였다고 한다면 '민전소유자'로 보기 어렵고, 그렇다고 이들을 소작인이라고 한다면 분반지대를 부담하는 사유지에서의 소작인이 연상되어 주저된다. 본서에서 '佃戶'는 1/4租 혹은 분반지대를 부담하는 농민을 모두 포괄하여 사용하였다.

108) 1268년 金俊을 제거한 후 林衍은 이듬해(己巳年)에 田民辨整都監을 설치하고 궁원·사원전과 양반군한인세전토지로서 권신에게 침탈된 것을 본주에게 돌려주었는데, 왕정복고 후에도 이 때 변정이 잘못된 것에 대해 바로잡도록 조처하고 있다. 『高麗史』 卷27, 世家, 元宗 14年 12月 庚申, 上冊, 559쪽, "下制曰 今屬兵糧之田 元是諸宮寺院所屬及兩班軍閑人之世傳 而爲權臣所取者也 己巳年辨正都監推辨不究 或有給非其主 由是怨者頗多 其兵粮都監詳考兩造文案 公正以決".

많은 부분이 諸王, 寵臣, 衛社功臣 들에게 돌아갔다.109) 향·부곡·
장·처민은 대체로 사유지화한 양반군한인전과 궁원전·사원전의 전
호였으며, 이들 토지가 제왕·총신·공신 등 권세가에게 탈취된 경우
에는 그들의 전호가 되었다.

한편, 여몽전쟁기 동안 대규모로 늘어난 陳荒田에 대해 '務農重穀'
의 의미에서 諸王, 宰樞, 扈從臣僚, 諸宮院寺社 등에게 賜給田으로
지급하였는데, 부곡제지역은 주민의 유망이 심하여 진황전이 많았으
므로 광범한 賜給田 경영이 이루어졌을 것을 짐작할 수 있다. 개간을
전제로 지급된 사급전은 陳荒田이 지급대상이 되었으며 陳田이라도
本主가 있는 토지인 '有主付籍之田'은 지급대상에서 제외되었다. 뿐
아니라 本主가 없는 閑田이라도 백성이 이미 개간하고 있는 경우에
는 사급전으로 받을 수 없도록 하였다.110) 開墾을 전제로 지급된 賜
給田의 경영은 주로 유이민을 초집하여 국가에 대한 三稅, 貢賦 부
담을 제외시켜 주는 형태로 이루어지고 있었으며 이들 전호 농민을
'處干'이라 부르고 있었다.111) '諸王, 宰樞, 扈從臣僚, 諸宮院寺社'로
표현되는 賜給田의 田主들은 개간을 명분으로 받은 대규모 사급전에
서 處干이라는 私民化된 전호를 이용하여 농장경영을 하고 있었고,
왕실도 예외가 아니었다.

당시 처간은 대개 유이민을 招集한 것으로 그 출신에는 군현민과
부곡제지역민이 함께 포함되었을 것이다. 다만 부곡제지역에 거주하
던 잡척들의 유망이 특히 심했으므로 이들이 처간의 주요 공급원이

---

109) 朴京安,「高麗後期의 陳田開墾과 賜田」,『學林』7, 1985, 55쪽.
110)『高麗史』卷78, 食貨志1, 田制, 經理, 中冊, 706~707쪽, "忠烈王十一年三
　　月 下旨 諸王宰樞扈從臣僚諸宮院寺社 望占閑田 國家務農重穀之意 賜牌
　　然憑藉賜牌 雖有主付籍之田 竝皆奪之 擇人遣差 窮推辨覈 凡賜牌付田 起
　　陳勿論 苟有本主 皆令還給 且本雖閑田 百姓已曾開墾 則竝禁奪占".
111)『高麗史』卷28, 世家, 忠烈王 4年 7月 己酉, 上冊, 581쪽, "處干耕人之田
　　歸租其主 庸調於官 卽佃戶也 時權貴多聚民 謂之處干 以逋三稅 其弊尤
　　重".

되었던 것으로 생각된다. 이러한 처간은 고려 전기의 處의 주민과는 직접 관련이 없는 것으로, 처라는 행정구역에 거주하는 주민을 가리키는 용어가 아니었다.112) 처간은 私民化한 전호를 말하는 것으로 군현지역에도 부곡제지역에도 있었으며 왕실이나 권세가 등의 농장 전호로서 국가의 각종 세역 부담에서 제외되어 있었다. 처간은 '聚民耕種', '誘齊民爲佃' 혹은 '유이민을 초집'한 것으로 설명되듯이, 농장이 있는 고을 출신이 아닌 사람도 많았을 것이고 예전의 군현민과 부곡제지역민이 섞여서 존재하였을 것이다. 정부에서는 이처럼 초집된 유이민을 추쇄환본하라는 명령을 내려서 농민의 이동을 막으려고 노력하기도 했지만113) 얼마나 성과를 거두었을지는 의문이다. 이렇게 보면 원간섭기 향・부곡・장・처의 모습은 농업지대로서 일반 군현과 다를 바 없었고 다만 군현지역에 비해 양반・군・한인 세전토지, 궁원전・사원전・왕실전・사급전 등이 많이 분포하여 있었고 그 주민들은 대개 이러한 토지의 전호였을 것으로 생각된다.

그렇지만 이들 지역에서도 吏는 고려 전기 이래 국가로부터 토지를 받고 있었고, 이러한 토지는 鄕部曲莊處吏 口分田114)으로 계속 유지되었다. 또 사급전을 지급할 때 無主閑田이라도 백성이 이미 개

---

112) 處干이 본래 '耕人之田 歸租其主 庸調於官'하는 전호였다는 것을 보면 處民＝處丁에서 연유한 용어일 수는 있으나 원간섭기 사회문제가 된 처간은 왕실이나 權貴에게 소속되어 있던 '私民化된 佃戶'를 가리키는 말이었다. 원간섭기 이후 기록에 보이는 處干을 處의 주민으로 보는 견해도 있으나 수긍하기 어렵다. 『大明律直解』에서 중국의 '佃客'에 해당하는 용어로 '處干'이 채택된 것을 보면(李榮薰, 「高麗佃戶考」, 『歷史學報』 161, 1999, 47쪽) 고려말 조선초에 '作人'과 같은 의미로 사용되었음을 짐작할 수 있다.

113) 『高麗史』 卷84, 刑法志1, 職制, 中冊, 843~844쪽, "(忠烈王二十四年)正月 忠宣王卽位下敎曰 …… 民無恒心 因無恒産 憚於賦役 彼此流移 凡有勢力 招集以爲農場 按廉使與所在官 推刷還本 具錄以聞".

114) 『高麗史』 卷78, 食貨志1, 田制, 祿科田, 中冊, 717쪽, "七月 大司憲趙浚等上書曰 …… 一外役田 留守州府郡縣吏津鄕所部曲莊處吏院館直口分田 前例折給 皆終其身".

간하고 있으면 탈점하지 못하도록 하고 있는데, 이는 無主閑田에 대해서는 개간한 백성을 소유권자로서 인정해 주겠다는 정부의 방침을 밝히고 있는 것이다. 부곡제지역의 토지 가운데서도 무주한전인 경우 이를 부곡민 등이 경작하여 자작농으로 성장해 갈 가능성이 있다고 생각된다. 그렇지만 개간의 어려움, 개간한 경우에도 정부 방침은 소유권 인정이지만 실제로 권세가 등에게 탈취되기 쉬운 열악한 조건, 무거운 세역 부담을 벗어나기 위해 권세가의 私民이 되는 것이 더 나은 상황 등으로 보아 개간을 통해 자작농으로 성장하는 것은 상당히 어려웠을 것이 예상된다.

원간섭기 향·부곡·장·처의 모습은 일반 군현지역과 별 다를 바 없었다. 이들 지역의 농민은 사유지화한 양반·군·한인전, 궁원전, 사원전, 권세가 농장, 賜給田 등의 전호로서, 때로는 국가의 賦役 부담에서 제외되어 있는 私民化한 전호로서 처간으로 불리고 있었다. 또 그 중에는 무주한전을 개간하여 소유지를 확보해 간 농민도 있었을 것이다. 吏가 남아 있는 경우는 口分田을 가지고 있었다.

2. 干尺層의 성립과 雜色役

1) 干尺層의 종류와 부담

원간섭기 이후 雜尺制는 붕괴되었다. 부곡제지역의 일부는 선초까지도 邑司가 유지되며 남아 있었지만 그 곳 주민들을 군현민보다 낮은 신분의 민으로 대우하는 제도는 붕괴되었다. 잡척제의 붕괴로 잡척층 중 많은 부분은 군현민과 동등한 신분 지위를 획득하였다. 그렇지만 津驛人과 같이 일부에 대해서는 여전히 役의 世傳이 강요되었다. 진역인 외에도 예전 잡척층 중 일부는 그 신역을 여전히 세전하였는데 이들은 주로 '~尺'이라든가 '~干'으로 불리며 일반 양인과 구별되는 특수한 신분층을 이루었다. 그런데, 이들 稱干稱尺者 즉 干尺者[115])들이 담당한 신역은 대개 고려 전기 잡척층이 담당하던 것이지만, 간척자가 모두 고려 전기의 잡척 출신이었던 것은 아니고 또역을 부담하는 방식에서도 차이가 있었다.

여말선초 간척자의 종류와 그들이 담당한 신역의 내용에 대해서는 자세한 연구가 나와 있으므로,[116]) 여기서는 간척자 모두를 검토대상으로 하지 않고 간척층의 성격이 고려 전기의 잡척층과 어떻게 달라지는가 하는 점에 초점을 맞추어 검토해 보려고 한다. 이하에서는 먼저 진역인의 성격 변화에 대해 살피고, 다음으로 所民의 변화와 관련하여 鹽戶·鐵所干을, 部曲民·莊處民의 변화와 관련하여 國農所干農夫와 處干·直干을 검토하였다. 驛戶는 칭척자나 칭간자는 아니지만 고려 전기 잡척층에 포함되었고 여말에도 干尺과 함께 '身良役賤者'[117])로서 비슷한 지위에 있었으므로 함께 검토하려고 한다.

⑴ 驛戶·站戶, 津尺

驛民의 성격 변화는 이 시기 신설되거나 새로 정비된 站戶에서 뚜렷하게 보인다. 이 때 새로 설치된 참호는 충선왕 복위 교서에 그 모습이 보인다.

　다-1) (忠烈王)三十四年八月 忠宣王卽位 十一月 下敎曰 西海道岊
　　　嶺至七站及會源耽羅指沿路站戶 頃在東征時 以各道人戶幷

---

115)『太宗實錄』卷29, 太宗 15年 4月 庚辰, 2冊, 58쪽, "司憲府大司憲李垠等上疏 …… 一兵曹受敎內 以稱干稱尺者 悉屬補充軍 然干尺者 前朝之制 以役賤身良 付籍定役 使不通於朝班".

116) 劉承源,「조선초기의 '身良役賤'階層 - 稱干稱尺者를 중심으로」,『한국사론』1, 서울대, 1973/『朝鮮初期身分制硏究』, 을유문화사, 1987.

117)『太宗實錄』卷27, 太宗 14年 1月 己卯, 2冊, 1쪽, "前朝之制 身良役賤者 皆不役其女孫 丁吏驛吏之女 嫁良夫卽爲良人 嫁同類 乃立其役 塩干津尺之女亦同 水軍女孫 宜與干尺之女同".

流移人物 限年入居 至今因循未遞 或有物故 令本邑充其數
馬匹亦如之 怨咨尤甚 令有司 擇選當差者 以充站役 其各邑
人戶 並許還本[118]

충렬왕 34년(1308) 충선왕 복위 교서의 내용을 통해서 보면, 西海
道 岊嶺에서 七站, 會源(合浦), 耽羅에 이르는 沿路의 站戶는 지난
번 東征할 때 各道人戶와 流移하는 사람들을 限年入居시켰는데 당
시까지 교체하지 못하고 혹은 죽은 사람이 있으면 本邑으로 하여금
그 수를 채우도록 하고 마필도 또한 그러하니 원망이 심하였다. 충선
왕은 有司로 하여금 '當差者'를 선택하여 站役에 충당하도록 하고 各
邑人戶는 還本을 허락하도록 하였다.

충선왕이 문제 삼은 참호는 고려 전기 이래 특수 행정구역 거주민
으로서의 驛戶가 아니라, '東征 무렵 各道人戶와 流移人을 限年入居
시킨 참호'였다. 驛을 站이라고 부른 것은 元의 站赤제도에서 유래하
였는데 이후 驛站 혹은 站驛 등으로도 부르며[119] 이 站驛에서 立役
하는 자를 站戶 혹은 驛戶, 驛子, 驛吏 등으로 부른다. 고려 후기 기
록에서 '站戶'는 대개 원간섭기에 元制의 영향 하에 새로 정비된 서
해도의 七站이나 水站 그리고 여말에 새로 설치된 참역의 경우에 많
이 사용하고, 삼남지방 등 종래의 驛制가 유지된 곳은 '驛戶'라고 표
현하는 경우가 많다.[120]

---

118) 『高麗史』卷82, 兵志2, 站驛, 中冊, 803쪽.
119) 趙炳魯, 『朝鮮時代 驛制 研究』, 동국대 박사학위논문, 1990, 17쪽.
120) 예를 들면, 충렬왕 6년에 '岊嶺道各站에 서해도 기묘년의 전미를 하사'(『高
麗史』卷29, 世家, 忠烈王 6年 3月 甲辰, 上冊, 592쪽)한 기록이나, 공민왕
12년에 '龍駒以北諸驛'이라 하고 곧 이어 나오는 13년 기록에서는 '西北面
各站'이라 한 것이다(『高麗史』卷82, 兵志2, 站驛, 中冊, 804쪽). 이는 원간
섭기에 신설된 혹은 새로 정비된 站驛의 경우에는 元制의 영향을 받아 站
戶의 성격이 이전의 驛戶와 달랐기 때문에 처음에는 이를 구별했던 것으로
생각된다. 이런 경향은 조선시대에도 이어져서, 하삼도의 경우는 대체로 驛
으로, 황해·함길도는 站으로, 평안도는 館으로 통용되었다고 한다(조병로,

그런데, 위의 교서에서 東征 무렵 站驛이 정비되었으며 이 때 참호로서 各道人戶와 流移人을 限年入居시킨 것을 알 수 있다. 몽골은 복속지역에 대해 納質, 助軍, 輸糧, 設驛, 供戶數籍, 置達魯花赤라는 '6事'를 요구하였는데 그 중에 '設驛'이 포함되어 있고, 고려에 대해서도 여러 차례 그 이행을 요구하였다.121) 또 일본원정과 관련해서도 站驛의 정비가 필요했을 것이다. 이 때 동정원수부에서는 전라도에 脫脫禾孫을 설치하여 站驛 관리에 대해 간섭하고 탐라 達魯花赤도 나주, 해남에 站赤를 擅置하여, 충렬왕 4년(1278)에는 이에 대해 원나라에 항의하기도 하였다.122) 그리고 충렬왕 5년에 원에서 樊閏을 보내와 참역을 점검하는 것을 보면,123) 이 무렵 원에서 요구한 참역이 거의 갖추어진 것으로 생각된다.

충렬왕 6년(1280)에 元帝는 충렬왕의 요청대로 조인규를 王京斷事官兼脫脫禾孫으로 임명하고 금패를 주었고, 이듬해에는 塔納, 塔刺赤, 也先不花를 보내와 각각 경상도, 전라도, 충청도에서 脫脫禾孫으로 근무하도록 하였다.124) 이처럼 元은 1281년에 郵驛의 사용을 감시하는 임무를 지닌 脫脫禾孫125)을 직접 파견하여 고려의 역참 운영에

위의 글, 18쪽).

121) 姜英哲, 「고려 驛制의 성립과 변천」, 『사학연구』 38, 1984, 93~94쪽.

122) 『高麗史』 卷28, 世家28, 忠烈王 4年 7月 壬辰, 上冊, 582쪽, "王上書中書省日 …… 東征元帥府 於全羅道 擅置脫脫禾孫 …… 差官領軍四百 充脫脫禾孫勾當 然小邦曾奉省旨 國內往來之人 許國王自給箚子 自是來往使 介必給箚子 安有無箚子 而亂行走遞者耶 …… 帥府舞辭申覆不待明降差脫脫禾孫 領四百軍前去又有耽羅達魯花赤於羅州海南地面擅置站赤是何体例".

123) 『高麗史』 卷29, 世家, 忠烈王 5年 10月 己卯, 上冊, 591쪽, "元遣樊閏來點視站驛".

124) 『高麗史』 卷29, 世家, 忠烈王 7年 8月 庚午, 上冊, 604쪽, "將軍元卿偕也先不花還自元 帝勅塔納於慶尙 塔刺赤於全羅 也先不花於忠淸 皆爲脫脫禾孫".

125) 脫脫禾孫에 대해서는 유선호, 『고려 郵驛制 연구』, 단국대 박사학위논문, 1992, 97~99쪽 참조.

대해 간섭하였는데, 몇 년 뒤에는 그 권한을 고려정부에 넘겨준 것으로 보인다.[126]

그런데, 1308년 충선왕 복위 교서에서 거론된 참호는 西海道岊嶺에서 七站[127] 그리고 會源, 耽羅 沿路의 참호인데, 이들은 各道人戶와 유이민을 限年入居시킨 것으로, 고려 전기 이래의 驛民과는 성격이 달랐다.『元史』에도 충렬왕대에 설치된 참역에 대한 기록이 보인다.

高麗國 至元十八年 王睠言 本國置站凡四十 民畜凋弊 勅併爲二十站 三十年 沿海立水驛 自耽羅至鴨綠江并楊村海口凡十三所[128]

지원 18년(충렬왕 7, 1281) 충렬왕이 말하기를 본국에서 참역을 설치한 것이 무릇 40인데 民畜이 凋弊하다고 하니 칙령을 내려 병합하여 20참으로 하였다. 지원 30년(충렬왕 19, 1293)에는 연해에 水驛을 설치하였는데 탐라로부터 압록강에 이르며 楊村海口와 아울러 무릇 13所라는 것이다. 그런데, 충렬왕 19년 설치된 水驛에 대해서『元史』世祖本紀에서는 탐라에서 압록강口에 이르기까지 11所라고 되어 있고 이들 水驛이 중국의 연해안으로 연결되어 양자강 입구의 揚州까지 30개 소로 정비되었다고 한다.[129]

---

126) 충렬왕 12년에 李英柱가 충청도탈탈화손으로 기록에 보이는데 다른 기록에서는 '程驛別監李英柱'로 나온다. 脫脫禾孫에 대한 기록이 이후 보이지 않는 것으로 보아 그 임명권이 고려정부로 귀속되고 이름도 '정역별감'으로 바뀐 것이 아닌가 한다.

127) 서해도 칠참에 대해서는 조선 초기의 기록에서도 '황해도 칠참'으로 보인다. 기록을 통해 찾아보면 용천과 검수(『成宗實錄』卷236, 成宗 21年 1月 己未, 11冊, 559쪽), 금교(『成宗實錄』卷66, 成宗 7年 4月 戊戌, 9冊, 334쪽) 등이 칠참에 포함되었다.

128)『元史』卷63, 地理6, 征東等處行中西省條.

129) 張東翼,『高麗後期 外交史硏究』, 일조각, 1994, 142~143쪽.

앞서 충선왕이 말하는 '西海道岊嶺에서 七站에 이르는 그리고 會源, 耽羅 沿路의 站戶'란 바로 이 충렬왕 때 설치된 陸站과 水驛을 말하는 것으로 생각된다. 충렬왕 7년 당시의 20참이 물론 고려 역참의 총수는 아니고 주로 서해도를 중심으로 해서 새로 站戶를 정하여 정비한 역참일 것이다.[130] 여기서 주목되는 바는 충렬왕대에 설치된 陸站과 水驛에 '各道人戶와 유이민'이 참호로 限年入居되었으며 연한을 채우면 교체하도록 되어 있었다는 점이다. 이 '各道人戶와 流移民'에는 일반 군현민이 포함되어 있을 것이다. 고려 전기 驛民은 잡척으로서 군현민과 구별되어 차별대우를 받았는데, 충렬왕대 참호에 군현민이 배치되고 일정 연한을 채우면 교체하도록 되어 있었다는 것은 고려 전기의 제도와는 크게 다르다. 군현민으로 定役되는 참호는 元制의 영향을 받은 것으로 보이는데, 元의 諸色戶計에서는 참호가 軍戶의 일종이라고 한다.[131]

그런데 이러한 참호의 모습과 관련해서 元으로 가는 朝聘路次에 설치된 伊里干에 대한 기사가 관심을 끈다. 충렬왕 5년(1279) 6월 都評議使가 건의하기를 元 황제의 명령에 의거해서 瀋州와 遼陽 사이에 이리간을 설치하는데 諸道의 富民 200호를 옮겨 거주하게 하여 朝聘 役使에 이바지하게 하자고 하였다.[132] 이리간은 華言으로 '聚落'을 가리킨다고 하는데,[133] 이리간을 설치하기 위해서는 元帝의 허

---

130) 6事를 이행하는 데 필요한 西北驛路에 대하여 蒙古式의 驛站 운영이 시도된 것으로 보기도 한다(姜英哲, 「고려 驛制의 성립과 변천」, 『사학연구』 38, 1984, 94쪽).

131) 岩村忍, 『モンゴル社會經濟史の硏究』, 京都大學人文科學硏究所, 1968, 443쪽.

132) 『高麗史』 卷29, 世家29, 忠烈王 5年 6月, 上冊, 590쪽, "都評議使據聖旨 請於瀋州遼陽間置伊里干 徙諸道富民二百戶居之 又於鴨綠江內置伊里干二所 所各一百戶 以供朝聘役使 從之".

133) 『高麗史節要』 卷20, 忠烈王 5年 3月, 524쪽, "初秀等 分管諸道鷹坊 招集逋民 稱爲伊里干 伊里干華言聚落也".

가가 있어야 한 것으로 보인다.[134] 이렇게 하여 瀋州와 遼陽 사이에
營城伊里干이 설치되는데 元에서 토지를 주고 고려에서 각 도의 富
民 200호를 옮겨 채우도록 하고 5년마다 교대하며 부호장과 별장 등
을 택하여 두목으로 삼도록 하였다. 이 영성이리간 외에도 고려 영토
내에 두 군데에 이리간을 설치하도록 하였다.[135] 충렬왕 때 설치된
영성이리간은 충숙왕 때까지도 고려왕의 지배가 인정되고 있었다. 이
는 충숙왕 15년 7월에 元에서 유청신, 오잠의 참소에 따라 사람을 보
내어 왕을 힐문하였을 때 왕이 대답한 내용을 보면 알 수 있다. 충숙
왕은 上王이 瀋王 暠에게 준 토지를 빼앗았다는 유청신 등의 참소에
대해 대답하면서 營城宣城兩掃里는 世祖가 高麗王이 조빙하기 위해
왕래할 때 供給하기 위해 설치를 허락한 것이니 아들이 아버지에게
서 전해받음은 당연한 것이라고 해명하는 부분이 있다.[136] 이 營城은
충렬왕 때 설치된 영성이리간일 것이다.

---

134) 충렬왕 5년 정월 朝聘路次에 이리간을 설치하라는 원 황제의 명령이 있은
후[『高麗史』卷82, 兵志2, 站驛, 中冊, 802~803쪽, "(忠烈王)五年六月 都評
議使言 今年正月 帝令於朝聘路次 置伊里干 以供役使"], 그 해 4월 충렬왕
은 元帝에게 伊里干 설치를 청하였다(『高麗史』卷29, 世家, 忠烈王 5年 4
月 辛丑, 上冊, 589쪽, "遣中郎將鄭公宋賢如元請置伊里干").
135)『高麗史』卷82, 兵志2, 站驛, 中冊, 802~803쪽, "(忠烈王)五年六月 都評議
使言 今年正月 帝令於朝聘路次 置伊里干 以供役使 尋遣塔伯海等 就瀋州
遼陽之閒 撥與土田 摽定四至 其鴨綠江內 令本國自置兩所 今請於所賜之
地 名營城伊里干者 刷各道富民二百戶 徙居之 擇副戶長別將等爲頭目 各
管五十人 五年而遞 所徙民父母兄弟之留鄉者復之 頭目之有功者賞之 其
所徙二百戶 戶給銀一斤 七綜布五十匹 爲屋舍之費 白苧布三匹 七綜布十
五匹 爲農器之直 白苧布二匹 七綜布十五匹 爲口粮 又給紬四匹 緜四斤
六七綜布十五匹毛衣冠皮鞋各二 爐臼一食器二農牛二頭牸牛三頭馱駝鞍一
油單草席各五 又給兩界亡丁投化丁田各四結 …… 鴨綠江內伊里干二所 各
一百戶 …… 從之".
136)『高麗史』卷35, 世家, 忠肅王 15年 7月, 上冊, 716쪽, "但懿州所置廨典庫店
鋪 江南土田 父王所與文契俱在 營城宣城兩掃里 世祖爲高麗王朝見往來
供給 許置之 子不得傳之於父 而他人有之 豈其理也".

이 때 영성이리간으로 사민되는 대상은 '各道富民 200호'와 이들을 통솔할 부호장 등 향리였는데 5년마다 교체하도록 되어 있었다. 그리고 이들에게는 매호에 집을 장만할 비용과 농기구 비용, 식량, 옷, 신발, 화로, 절구, 식기 그리고 농우 2마리, 암소 3마리, 짐싣는 낙타 등을 지급하고, 고향에 남아 있는 부모형제에 대해서는 復戶하도록 하였다. 이러한 영성이리간人의 성격을 어떻게 보아야 할까.

이들은 朝聘의 役使에 이바지하도록 하기 위해 朝聘路次에 배치되는 민호로서 평소에는 지급받은 農牛로 농사를 짓고 있다가 朝聘의 역사에 동원되었을 것이다. 영성이리간에 사민되는 富民 200호를 곧 '참호'라 했는지 기록에서 확인할 수는 없지만, 朝聘의 역사에 동원하기 위해서 형성한 '취락=이리간'이 역참과 관련된 것만은 사실이다. 영성이리간과 압록강내 이리간에 사민한 대상이 '各道富民'이었으며, 5년마다 교체하도록 되어 있었다는 점이 주목된다. 고려 전기 驛民이 잡척으로서 일반 군현민에 비해 한 단계 낮은 지위의 신분이었던 것과 달리, 各道富民이 역참과 관련된 이리간에 사민되고 있는 것이다.

충렬왕 5년에는 이처럼 영성이리간과 압록강내 이리간 두 곳에 各道富民을 사민시키도록 결정하였는데, 이 무렵 고려 국내에서도 참호에 대한 정비작업이 이루어졌다. 그리고 이러한 참호에 各道人戶와 유이민이 限年入居하여 站役에 충당되었다. 국내의 참호에 定役된 대상은 '各道人戶와 流移民'이라 함을 보면 반드시 '富民'을 대상으로 한 것은 아니지만 일반 군현민이 포함되었던 것은 분명하다. 이들도 '限年入居'라 함을 보면 처음 입거할 때는 연한을 정하였는데, 이미 이십 년이 넘도록 교체되지 않았고 또 그 중에는 죽은 자도 있었는데 그럴 경우에도 죽은 자의 본읍에서 그 수를 채우도록 하여 이로 인해 원망이 심하였다. 충선왕은 1308년 복위 교서에서 '當差者'를 택하여 참역에 충당하도록 하고 各邑人戶는 모두 환본을 허락하였다. 여기서 各邑人戶를 참호에 충당한 것이 당시 반발을 사고 있었음을 짐작할 수 있다. 그렇다면 站役에 충당해도 좋은 '當差者'란 누구일까. 앞서 참호에 충당되었던 대상은 '各道人戶와 流移民'인데 '각도인호'를 제외하면 '유이민'이 '當差者'에 포함되는 것으로 보인다. 안정된 기반을 가진 군현민을 참호에 충당하여 연한을 정해 교체한다는 방침은 충선왕대에 이르러 철회된 것이다.

驛民이 군현민에 비해 낮은 지위에 있는 민호로서 잡척으로 취급되었던 전통 속에서, 군현단위로 군현민을 참호로 정하여 이주시키고 사망한 자가 있으면 본읍에서 다시 채워야 하는 이러한 役 부과방식의 변화는 큰 반발을 불러일으켰을 것이다. 그리하여 참호로 定役한 후 곧이어 逃散하는 경우가 많았던 듯하다. 충렬왕 7년(1281)에 이미 '民畜凋弊'함을 이유로 40참에서 20참으로 축소시키는 조처가 있었음은 앞에서 본 바와 같다. 충렬왕 26년(1301)에 이르면 원래 站赤 한 곳마다 30~40호의 참호를 두었는데 도산하여 '三存其一'이라 하였다.[137] 결국 충렬왕대에 부분적으로 시행되었던 군현민을 참호에 定役하는 방식은 충선왕대에 이르면 유이민 등 '當差者'를 택하여 정역하는 것으로 바뀐 것이다.

한편, 驛民의 성격 변화는 고려 전기 이래의 驛民에서도 일어나고 있었다. 고려 전기의 驛은 교통·운수 기관일 뿐 아니라 일정한 영역을 가진 행정구역이기도 했기 때문에 驛吏, 驛丁戶, 驛白丁 등 다양한 주민으로 구성되어 있었다. 그런데 驛은 점차 지방행정구역의 성격을 잃어 가고 이와 관련해서 역리, 역정호, 역백정의 구별은 사라지고 驛吏는 곧 驛戶,[138] 驛子[139]로 불리게 되었다. 원간섭기에 신설된

---

137) 『高麗史』卷32, 世家32, 忠烈王 27年 4月 己丑, 上冊, 653쪽, "又元立站赤 每處三四十戶 近年不問公移有無文憑 皆乘馹馬 …… 因此逃散 三存其一".

138) 驛吏를 驛戶라고 한 것은, 충숙왕 때의 폐행인 申靑에 대해 '多仁縣伐里驛吏'라고 하고 곧이어 '靑本驛戶'라고 함을 보면 알 수 있다(『高麗史』卷124,

참호는 충선왕대에는 유이민 등 '當差者'로 정하도록 되었는데, 다른 驛戶에서도 마찬가지였다. 이는 공민왕 5년에 賊臣이나 行省에서 차지한 사람들 중 '從來不明者'140)를 驛戶에 충당하는 조처에서도 확인된다. 공민왕 5년 6월 개혁교서에서는 賊臣과 行省 등이 차지하고 있던 민호에 대한 조처가 여기저기 보인다. 이들은 군인으로 정하거나,141) 分隊給地하여 둔전을 경작하게 하거나,142) 院館 근처에 거주시키면서 원관의 운영에 동원하도록 하거나,143) 또는 驛戶에 충당되었다. 아마도 신원이 확실한 사람들은 군인으로 정하고, 從來不明者들은 驛院館에 定役하거나 둔전 경작에 충당하였을 것이다. 한편 형벌로 驛戶에 充役되는 경우도 있었다. 그러한 사례는 이미 고려 태조대부터 있었지만144) 원종 12년 당성인 홍균비를 杖하여 驛吏에 충당하고 또 충렬왕 33년에는 韓愼의 아들 등 3인을 역호에 충당한 예가 있다.145)

列傳, 申靑, 下冊, 698~699쪽).

139) 『高麗史』卷78, 食貨志1, 田制, 祿科田, 中冊, 714쪽, "忠穆王元年八月都評議使司言 …… 乞依先王制定京畿八縣土田 更行經理 御分宮司田 鄉吏津尺驛子雜口分位田 考覈元籍量給".

140) 『高麗史』卷82, 兵志2, 站驛, 中冊, 804쪽, "恭愍王五年六月下旨 置郵傳命軍興所急 其令刷賊臣及行省所占人物 從來不明者 悉充驛戶 不急鋪車鋪馬 一皆禁止".

141) 『高麗史』卷81, 兵志1, 兵制, 中冊, 783쪽, "(恭愍王)五年六月下敎曰 一推刷行省三所諸軍萬戶府 隷屬丁口 用備戎兵".

142) 『高麗史』卷82, 兵志2, 屯田, 中冊, 813쪽, "(恭愍王)五年六月敎曰 …… 諸家賜給田 平衍膏腴可屯田者 以賊家及行省所占人物 分隊給地 以責其事 各道凡古屯田處 皆用臨坡屯田之例".

143) 『高麗史』卷39, 世家39, 恭愍王 5年 6月 乙亥, 上冊, 771쪽, "停至正年號敎曰 …… 漕運不通 凡所轉輸 皆從陸路 宜令有司 量地遠近 營立院館 復其土田 又以行省及逆賊所占人民 盧其旁 以便止宿……".

144) 고려 태조가 그에게 복종하지 않고 항거한 漆原지방의 호족인 李自成의 일족을 옮겨서 淮安驛吏로 삼은 예가 있다(朴宗基, 『高麗時代 部曲制研究』, 서울대출판부, 1990, 117쪽).

이렇게 보면 원간섭기 이후의 站戶, 驛戶의 성격은 고려 전기의 驛戶와 달랐다. 특히 元의 役制 영향을 받으면서 충렬왕대에는 일반 군현민과 流移民을 限年入居시키기도 하였으며, 충선왕대 이후로는 일반 군현민은 환본을 허락하고 고려 전기 이래의 역호와 함께 유이민이 充役되었다.

고려 후기 역호의 성격 변화와 관련해서 또 하나 주목되는 것은 水站의 설치이다. 水站 즉 水驛은 앞서 살펴본 바와 같이 『元史』에 의하면 충렬왕 19년(1293)에 탐라로부터 압록강에 이르기까지 13所가 설치되었다고 한다. 『高麗史』에는 수역이 충렬왕 19년에 설치되었다는 기록이 보이지 않는다. 다만 元帝가 고려에 수역을 설치하려 하였는데 鄭可臣이 이에 반대한 일이 있음을 鄭可臣傳에서 전하고 있다.[146] 정가신은 충렬왕 16년(1290) 11월 元에 가는 세자를 호종하였는데,[147] 이 때 元帝가 고려의 所産은 오직 米布인데 陸路로 운수하려면 힘이 들고 또 고려인이 燕都에 寓居하는 資糧을 供給하는 데에도 편리하다는 이유를 들어 수역을 설치하는 것이 좋겠다고 하자 정가신이 이를 반대하니 元帝가 그렇게 여겼다고 한다. 元帝는 이 때 정가신의 말에 따라 수역을 설치하려는 생각을 거둔 것처럼 기록되어 있다. 하지만 결국 충렬왕 19년(1293)에 수역을 설치하였다.

충렬왕대에 설치된 水站은 충선왕 복위 교서(1308)에서 會源, 耽羅 沿路의 참호로 그 모습이 확인된다. 水站의 站戶는 서해도 七站과 마찬가지로 '各道人戶幷流移人物'이며 이들은 限年入居하도록

---

145) 유선호, 『고려 郵驛制 연구』, 단국대 박사학위논문, 1992, 119~120쪽.

146) 『高麗史』 卷105, 列傳, 鄭可臣, 下冊, 321~322쪽, "帝嘗觀遼東水程圖 欲置 水驛 語可臣曰 汝國所産唯米布若陸輸 道遠物重 所輸不償所費 今欲授汝 江南行省左丞使 主海運 歲可致若干斛匹 豈唯補國用 可給東人寓都之資 對曰 高麗山川林藪 居十之七 耕織之勞僅支口體之奉 況其人不習海道 以 臣管見 恐或不便 帝然之".

147) 『高麗史』 卷30, 世家, 忠烈王 16年 11月 丁卯, 上冊, 624쪽, "遣世子如元政 堂文學鄭可臣禮賓尹閔漬等從行".

되어 있었다. 충선왕 복위 교서의 내용이 충실히 실행되었다면 各邑
人戶는 이 때 환본되었고 유이민 등 差役되어도 문제가 없는 자를
선택해서 水站의 站戶로 充役시켰을 것이다.

충선왕 복위 교서 이후 水站에 대한 기록이 더 이상 보이지 않다
가, 공양왕대에 鄭夢周의 건의로 水站이 설치되었다는 기록이 있
다.[148] 충렬왕대 설치된 수참이 언제까지 유지되었는지는 알 수 없지
만, 14세기 중엽 왜구의 침략이 심해지면서 水站을 유지하기 어려웠
던 것으로 보인다.[149] 한동안 폐지되었던 수참이 다시 설치되는 것은
공양왕 2년이다.[150] 이 수참에서 立役하는 참호는 鮮初에 水站干으
로 불렸다. 이들은 조선 태종 14년에 자신들이 원래 양인으로서 水邊
에 거주한다는 이유로 수참간에 정해졌으며 후일 자손의 仕路가 막
힐까 걱정되니 良役으로 이속시켜 줄 것을 요청하였다.[151] 여기서 주
목되는 점은 공양왕 2년에 설치된 수참의 참호가 사환권이 인정된
일반 양인이라는 점이다. 따라서 이 수참간은 일반 양인을 定役하였
는데도 '水站干'이라 하여 여말의 稱干者 즉 身良役賤者로 오해될

---

148) 『高麗史』卷117, 列傳, 鄭夢周, 下冊, 572쪽, "又以金穀出納都評議司錄事
    白牒施行事多猥濫 始置經歷都事 籍其出納 又內建五部學堂 外設鄕校 以
    興儒術 其他如立義倉賑窮乏 設水站便漕運 皆其畫也".

149) 수참의 설치가 원의 요구에 의해서 이루어졌기 때문에 원의 퇴거와 더불어
    소멸한 것으로 보기도 하는데(姜英哲, 「고려 驛制의 성립과 변천」, 『사학연
    구』38, 1984, 95쪽), 공양왕 2년에 다시 설치되는 것을 보면 왜구의 창궐로
    인해 폐지된 것이 아닐까 생각된다.

150) 수참이 공양왕 2년에 설치된 것은 『文獻備考』卷157, 財用考4, 漕運條의
    기록을 통해 알 수 있다. 이에 대해서는 유승원, 「조선초기의 '신량역천'계층」,
    『朝鮮初期身分制硏究』, 을유문화사, 1987, 199쪽 참조.

151) 유승원, 위의 글, 199~200쪽. 『太宗實錄』卷28, 太宗 14年 11月 丙辰, 2冊,
    45쪽, "改水站干爲水夫 自果川黑石 至忠州金遷 水站干等告狀曰 某等本
    係良人 以居於水邊 屬於水站干 挽舟漕運 誠恐後世與未辨良賤者及婢妾
    産屬補司宰監水軍者混淆 有妨子孫仕路 願以屬司宰水軍代水站役 將某等
    移屬良役 命曰宜與司宰水軍區別 號爲水夫".

소지가 있었다. 결국 '水夫'로 개칭하여 良役임을 분명히 하였다. 여말의 수참간은 일반 양인이었지만, 그 외의 驛吏는 身良役賤者였던 것이다.

원간섭기 초기에는 站戶·驛戶에 일반 군현민을 充役하려는 시도도 있었지만 반발이 심하였고, 충선왕대 이후로는 '流移民'이나 '從來不明者', 범죄인 등 신분상 하자가 있는 사람들로 充定하였다. 이들은 고려 전기 이래의 역호와 함께 그 신역을 자손에게 세전하면서 일반 양인과는 구별되는 身良役賤者로 인식되었던 것이다.

한편, 津尺은 驛戶와 함께 그 신역의 특수성 때문에 잡척 가운데 가장 완만한 변화를 겪은 것으로 생각된다. 그렇지만 원간섭기 이후 역호의 성격에 변화가 있었던 것을 보면 진척의 경우에도 변화를 예상할 수 있다. 진척에 관해 남아 있는 자료는 역호보다 훨씬 적다.

고려 전기 津의 주민은 일찍부터 '津驛雜尺'으로 불리며 잡척에 포함되었는데, 그 주민 구성은 津吏와 津丁으로 나누어 볼 수 있다. 고려 전기 津丁에는 蒿工과 漁者, 그리고 일부 농민도 포함되었을 것으로 예상된다. 그런데 고려 말에는 津이 인구와 토지를 가진 행정구역이 아니라 교통기관으로 의미가 변화되면서, 津의 운영요원은 津吏[152] 혹은 津尺[153]이라 부르게 되었다. 이러한 변화는 驛에서 일어난 변화와 같다. 원간섭기 이후 驛戶에는 流移民, 從來不明者 등이

152)『高麗史』卷78, 食貨志1, 田制, 祿科田, 中冊, 714~715쪽, "(辛禑十四年)七月大司憲趙浚等上書曰 …… 府衛之兵 州郡津驛之吏 各食其田";『高麗史』卷78, 食貨志1, 田制, 祿科田, 中冊, 723쪽, "(恭讓王)三年五月 都評議使司上書 請定給科田法 從之 …… 以定陵寢倉庫宮司軍資寺及寺院外官職田廩給田鄕津驛吏軍匠雜色之田". 또 14세기 중엽에 지은 李穀의 시에도 '津吏'가 보인다(『稼亭集』卷20, 度官渡戱作『高麗名賢集』3, 131쪽).
153)『高麗史』卷78, 食貨志1, 田制, 祿科田, 中冊, 714쪽, "忠穆王元年八月都評議使司言 …… 乞依先王制定京畿八縣土田 更行經理 御分宮司田 鄕吏津尺驛子雜口分位田 考覈元籍量給";『高麗史』卷45, 世家, 恭讓王 2年 11月 癸卯, 上冊, 885쪽, "給田都監啓 定外官員鄕驛吏津尺院主田數".

새로 충정되기도 하였는데 津尺의 경우에는 어떠했는지, 이에 대한 기록은 보이지 않는다. 그렇지만 역자와 진척이 비슷한 처지에 있었던 것으로 보아, 진척에도 從來不明者와 같이 일반 양인으로 삼기에는 결격 사유가 있는 사람들을 새로 定役했을 가능성이 있다고 생각된다.154)

(2) 鹽戶, 鐵所干

고려 전기 소금 생산은 주로 鹽所에서 이루어지고, 이외에도 섬이나 해안의 민호 가운데 소금 생산에 관여하는 경우가 있었을 것이다. 鹽所는 고려 전기 소금 생산에서 큰 비중을 차지하였을 것으로 생각되지만, 12세기 이후에는 所民의 유망이 심해지고 궁원, 사원, 권세가 들에 의해 많은 鹽盆이 탈점되었다. 그렇지만 한편으로는 염산지가 새로 개발되어 流移民을 중심으로 소금 생산에 종사하는 민호가 생기기도 하였을 것이다.155)

고려 전기 所民들이 납부하는 공납은 비록 所단위로 정해져 있었고 그 징수 납부의 책임은 일차적으로 所吏에게 맡겨져 있었지만, 소속 군현의 감독 관할 하에 이루어졌을 것이다. 鹽所의 경우에도 마찬가지였을 것이다. 그런데 12세기 이후 所民의 유망이 심해지고 鹽盆이 궁원, 사원, 권세가 들에게 많이 탈점당하는 등 鹽所制가 제 기능을 하지 못하게 되면서, 각 군현에서는 국가에 납부할 소금을 염소에서 거두는 것만으로는 마련하기 어려웠을 것이다. 고려 전기 이래의

---

154) 조선 초기에는 새로 津을 설치하면서 無役人을 진척으로 삼기도 하고(『世宗實錄』卷43, 世宗 11年 3月 壬申, 3冊, 172쪽), 公私婢와 平民 사이의 所生을 津尺, 牧子干 등의 역에 정하라는 교지가 내린 일도 있다(『世宗實錄』卷57, 世宗 14年 9月 丙辰, 3冊, 414쪽).

155) 대몽항쟁기를 전후하여 海島를 중심으로 한 연해안 지방에서 토지로부터 이탈된 농민들과 피난민들에 의해 새로운 염산지가 개발·확대되었던 것에 대해서는 權寧國, 「14세기 權鹽制의 성립과 운용」, 『한국사론』 13, 서울대, 1985 참조.

염소민을 포함하여 당시 소금 생산에 종사하던 민호들에게서 소금을 거두었을 것을 예상할 수 있다.

그런데, 충렬왕 5년에는 왕이 도평의사사에 傳旨하여 염호를 점검하여 세를 거두라고 한 일이 있었다.[156] 이 때 往年 3稅 납부 여부와 戶口의 증감을 살펴서 稅額을 更定하라는 명령을 함께 내렸는데, 宰樞들이 이를 반대하여 시행되지 못하였다고 한다. 염호를 조사하여 鹽稅를 거두는 일에 대해 따로 언급하지 않고 '遂停之'라고 한 것으로 보아 아마도 이 명령도 시행되지 않은 것으로 생각된다.

이 충렬왕의 명령은 군현의 공납으로 소금을 거두는 방식이 아니라 국가에서 직접 염호를 파악하여 각 호마다 세를 거두려고 했던 것으로 생각된다.[157] 충렬왕 5년의 시도는 이루어지지 않았지만 충렬왕 14년 3월에는 '始遣使諸道権塩'하였다는 기록이 보인다. 이 충렬왕 때의 '각염'은 충선왕 때 시행된 각염제와는 달리 소금전매제는 아닌 것으로 이해되는데, 이 때 비로소 염호를 국가에서 직접 파악하여 징세하게 된 것이 아닌가 한다. 즉 충렬왕 14년에 염호를 파악하고 그 염호에서 매년 납부해야 할 염세를 정한 것으로 생각된다. 충렬왕대에 염호로 파악된 민호는 고려 전기 이래의 鹽所民과, 島民 혹은 유이민으로서 당시 소금 생산에 종사하고 있던 민호였을 것이다. 예전의 鹽所民, 島民들은 이제 所民, 島民으로서가 아니라 물납역을 담당한 개별 민호로서 군현단위로 파악되어 일정한 액수의 貢鹽을 바치도록 되었다. 충렬왕대에 일정 액수의 염세를 납부할 물납역호로서 염호를 정한 일은, 이미 제 기능을 하지 못하고 있던 염소의 소멸을 촉진시키는 계기가 되었을 것이다.

충렬왕대에 염호로 定役된 민호는 고려 전기 이래의 염소민을 중

---

156)『高麗史』卷29, 世家, 忠烈王 5年 3月, 上冊, 589쪽, "傳旨都評議司曰 可遣使諸道 檢察往年三稅納否 戶口增耗 自今年更定稅額 幷點塩戶 以徵其稅 宰樞以謂 三稅納否 各有司存案 戶口增耗 非農時所行 遂停之".

157) 姜順吉,「충선왕의 염법개혁과 염호」,『한국사연구』48, 1985 참조.

심으로 해서 당시 해안이나 섬에 거주하면서 소금 생산에 종사하던 민호들이었을 것이다.[158] 염소민을 염호라 부른 것은 梨旨銀所의 예에서 보이듯이 銀所民을 銀戶라 부르는 것과 마찬가지이다. 이처럼 염호를 差定하여 정해진 액수의 염세를 거두던 제도가 전매제로 바뀌는 것은 충선왕 원년(1309) 榷鹽制가 시행되면서이다. 각염제에 대해서는 자세한 연구가 있으므로[159] 여기서는 각염제 하의 염호의 성격에 대해서만 살펴보기로 한다.

각염제를 시행하면서 '始令郡縣發民爲塩戶'[160]라 하였는데, 이 때 염호로 差定된 사람들은 주로 충렬왕대의 염호였을 것이고 또 각염제 실시와 함께 국가 관리 하에 들어온 諸宮院, 寺社와 權勢之家에게 탈점되었던 염분에서 일하던 민호들도 있을 것이다. 예전에 소금 생산에 종사하던 이러한 민호들이 주로 염호로 차정되었겠지만 인원 수가 모자랄 때는 새로 더 징발하였을 것이다. 이 때 안정된 생활기반을 가진 일반 군현민을 염호로 차정하기는 어려웠을 것이 예상된다. 원간섭기에는 잡색역호를 定役하는 데 군현민과 부곡제지역민을 구별하지 않으려 했지만, 예전 부곡제지역민이 담당하던 賤役에 일반 군현민을 차정하는 정책에 대해 반발이 심했다. 충렬왕대에 신설된 참호에도 군현민을 限年入居시켰으나 충선왕대에 와서 유이민 등 '當差者'를 充定하도록 정책을 수정하고 있는 것을 보아도 이를 짐작할 수 있다. 이런 점을 고려해 보면 충선왕대에 새로 鹽戶로 차정된

---

158) 충렬왕대의 鹽戶에 대해서는 이를 곧 鹽所民으로 보는 견해도 있고(강순길, 「충선왕의 염법개혁과 염호」,『한국사연구』48, 1985), 鹽所民과 鹽戶를 구별되는 것으로 보아 전매제 이전의 염제는 鹽戶로부터 일정한 鹽稅를 징수하는 徵稅制가 중심이 되고 鹽所制는 보충적으로 시행된 것으로 보는 견해도 있다(權寧國, 「14세기 權鹽制의 성립과 운용」,『한국사론』13, 서울대, 1985).

159) 권영국, 「14세기 각염제의 성립과 운용」,『한국사론』13, 서울대, 1985 ; 강순길, 「충선왕의 염법개혁과 염호」,『한국사연구』48, 1985.

160)『高麗史』卷79, 食貨志2, 塩法, 中冊, 741쪽.

민호는 站戶의 경우와 마찬가지로 유이민 등 '當差者'를 물색하였을 것으로 생각된다.

이상 살펴본 바와 같이, 충렬왕대의 염호나 각염제 하의 염호는 모두 物納役을 담당하는 雜色役戶로서, 예전에 특수 행정구역 거주민으로서 鹽所吏의 지휘 하에 소금 생산에 종사하던 염소민과는 그 성격을 달리하였다. 원간섭기 이후의 염호는 고려 전기 이래의 염소민을 포함하여 島民이나 유이민 등이 주로 그 대상이 되었다. 그런데 각염제가 실시된 지 얼마 지나지 않아 염분이 권세가 등에게 탈점되는 등 전매제가 유명무실해지고 조선조에는 염전매제가 폐지되고 징세제로 전환되었다. 그런 변화 속에서도 염호는 그 신역을 자손에게 세전하면서 '신량역천자'로 인식되었다. 고려시대의 기록에서는 鹽干이라 한 예를 찾을 수 없지만 조선이 건국된 지 7년 만인 定宗 원년(1399)에 이미 염간에 대한 기록이 있으므로, 염간은 고려 말에도 염호의 별칭으로 사용되었을 것으로 짐작된다.161)

다음으로, 鐵所干에 대해서는 조선 태종 4년 助戶 지급에 관한 규정에서 그 모습이 보인다.162) 이 철소간은 鐵干으로도 불리는데, 세종 10년에는 海州, 文化, 松禾의 鐵干이 납부할 貢鐵을 감면해 준 기록과,163) 세종 12년에는 위 3邑에 남아 있던 鐵干을 혁파하여 군역에 충속시키도록 한 기록이 있다.164) 선초에 철간은 구분전을 받고 잡역

---

161) 유승원,『朝鮮初期身分制研究』, 을유문화사, 1987, 198~199쪽.『定宗實錄』卷1, 定宗 元年 正月 庚寅, 1冊, 144쪽, "初授騎船格軍之職 慶尙道水軍都節制使請曰 騎船格軍 非塩干賤者 依射官例 賞職 從之".
162)『太宗實錄』卷7, 太宗 4年 5月 癸亥, 1冊, 297~298쪽, "一鎭屬軍及吹鍊軍 鐵所干一二結以下一戶三四結以上不給".
163)『世宗實錄』卷39, 世宗 10年 3月 丁亥, 3冊, 119쪽.
164)『世宗實錄』卷50, 世宗 12年 12月 丁卯, 3冊, 275쪽, "戶曹啓 黃海道監司關內 前此鐵干除雜役給口分田 專委鍊鐵 …… 今以口分田 屬于軍資 …… 依平民例 供雜役 …… 請依他道例 置鐵場 …… 其鐵干等 定于軍役 從之".

이 면제되었는데, 세종 12년 당시 그 구분전을 軍資에 소속시키고 잡
역도 부담시켜 문제가 되었던 것이다. 결국 3읍의 철간을 혁파하여
군역을 정하고 다른 도의 예에 따라 鐵場을 설치하도록 하였다.

여기서 문제는 鐵所干 즉 鐵干은 언제부터 있었으며 그 성격은 어
떤 것인가 하는 점이다.『高麗史』에서는 철소간에 대한 기록이 보이
지 않으며, 조선 태종 4년(1404) 助戶 지급 규정에서 처음 나타난다.

鐵所干은 鐵所制의 붕괴와 관련하여 등장하는 것으로 생각된다.
하지만, 철소제 붕괴 후 국가에서 철을 거두는 방식이 전적으로 鐵干
制에 의해 이루어진 것은 아니고, 군현단위로 貢鐵의 액수를 정하여
거두는 斂鐵法의 비중이 더 컸을 것으로 보인다.[165] 조선 태종 7년
諫院에서 상소하기를, 국가에서 주현의 殘盛을 기준으로 貢鐵의 다
과를 정하고 주현에서는 所耕田의 多少에 따라 민호에 나누어 부과
하니 문제가 많다고 하면서, 鐵場을 더 설치하고 斂鐵法을 혁파할
것을 건의하였다.[166] 철장을 설치하고 일반 군현민을 동원하여 吹鍊
시키는 제도는 공양왕 3년부터 실시되기 시작하였지만,[167] 조선 태종
7년까지도 여전히 斂鐵法의 비중이 더 컸던 것을 알 수 있다. 또 당
시 일부 지역에는 철소간이 남아 있었다. 즉 태종 7년 당시를 생각해
보면 일부 철소간이 있는 곳도 있고, 철장이 설치되어 일반 군현민을

---

165) 鐵所干은 철소제가 붕괴된 후 철소민들이 하던 일에 일반 군현민을 동원하
    여 성립한 것이며 공양왕 3년 鐵場制가 실시되면서 鐵干制가 점차 사라지
    는 것으로 이해되기도 하고(徐明禧,「고려시대 '鐵所'에 대한 연구」,『한국
    사연구』69, 1990), 鐵場制가 실시되면서 한편으로 鐵所干을 抄定한 것으로
    이해되기도 한다(劉承源,『朝鮮初期身分制研究』, 을유문화사, 232~236쪽).
166)『太宗實錄』卷13, 太宗 7年 6月 癸未, 1冊, 395~396쪽, "一鐵之爲物 切於
    民生之用者也 然必以布帛穀粟之類 易之然後乃得 今國家以州縣之殘盛
    定貢鐵之多寡 州縣以所耕多少 分賦于民 賦民之際 或輕重不倫 至收鐵之
    時 守令不親監考 令品官鄉吏輩監考 愚民不識枰目 姦黠之徒 多方以欺之
    …… 鐵本難得收之 又重諸道之民均受此弊 臣等願殿下 於諸道產鐵之地
    加置鐵場 募民吹鍊 以備國用 其斂鐵之法 且令停罷 以紓民生".
167) 劉承源, 앞의 책, 1987, 233~235쪽.

吹鍊軍으로 동원하는 곳도 있으며, 많은 경우는 군현단위로 공철의 액수를 정하여 所耕田의 다과에 따라 민호에 나누어 부과하는 斂鐵 法이 시행되고 있었던 것을 알 수 있다. 鐵場制가 실시되기 전 고려 말의 사정은 주로 군현단위로 貢鐵의 액수를 정해 거두는 斂鐵法이 시행되었고 일부 철소간이 있는 곳도 있었을 것으로 생각된다.

원간섭기 이후 鐵所가 제 기능을 하지 못하는 가운데 군현단위로 貢鐵 액수를 정해 민호에게 분담시키는 斂鐵法이 시행되었는데, 일부 철소가 남아 있는 곳에서는 예전 철소민을 중심으로 해서 철소간 으로 정하여 구분전을 지급하고 잡역을 면제하는 등의 혜택을 베풀어 계속 物納役戶로서 유지해 가려 한 것으로 생각된다. 철소간은 權 鹽制 하의 염호처럼 군현별로 정해진 액수의 민호를 定役한 것이 아니다. 공양왕 3년 각염제 하의 염호와 마찬가지로 철호를 차정하여 전매제를 실시하자는 논의가 있었으나 시행되지 못하고 대신 鐵場制 가 실시되었던 것이다.[168] 철소제가 무너져 갔지만 철소가 일시에 혁 파된 것이 아니기 때문에 주로 군현단위로 貢鐵을 거두는 斂鐵法을 시행하면서도, 철소간이라는 雜色役戶를 정하기도 하였다. 거기에 공양왕 3년 철장제가 시행되면 이 세 가지 방법이 곳에 따라 다양하 게 적용되었던 것이다. 조선조에 들어와 철장제가 확산되고 철소간이 혁파되기까지는 이런 상황이 계속되었다.

철소간은 예전 철소민이 중심이 되었을 것이지만, 여기에 유이민 등도 포함되었을 것으로 생각된다. 원간섭기 이후 雜色役戶 가운데 예전 잡척층이 담당하던 役과 관련된 役戶에는 대체로 유이민, 從來 不明者 등 신분상 결격 사유가 있는 사람들이 함께 定役되는 것을 站戶, 驛戶, 둔전경작민 등에서 볼 수 있다. 이러한 경향은 염호나 철 소간에서도 마찬가지였을 것이다. 철소간은 태종 4년(1404) 기록에

---

168) 『高麗史』卷79, 食貨志2, 塩法, 中冊, 742쪽, "(恭讓王)三年七月 都堂啓 塩 鐵國課之大者 本朝鐵人皆私之 而官未立法 宜置冶官鐵戶 一如塩法 以資 國用 上從之 然事竟不行".

처음 나타나지만 '前朝之制'의 간척자로서 身良役賤者에 포함되었을 것이다.

철소의 경우에는 이상과 같았는데 다른 所는 어떠했을까. 所民과 관련된 잡색역호로서 선초 기록에서 보이는 것은 鹽干과 鐵所干뿐이다. 하지만 원간섭기 이후 철소간과 같은 형태로 예전 소민을 중심으로 해서 定役된 물납역호가 상당 기간 유지되었을 가능성이 있다. 所의 공납이 소속 군현의 공납에 흡수되어 斂鐵法과 같은 형태로 군현 단위로 공납을 거두는 일이 많아졌지만 일부에서는 예전 所民을 물납역호로서 定役하였을 것으로 생각된다.

원간섭기 이후에도 銀所가 유지되는 곳에서는 그 주민들이 여전히 銀 생산에 종사하고 있었다. 이들은 銀所民으로서 銀戶라고도 하였다. 영주 梨旨銀所는 충숙왕 후4년(1335)에 현으로 승격되었는데, 崔瀣는 예전 현이었다가 은소로 떨어지던 상황을 설명하면서 '廢爲銀戶也'[169]라 하였다. 현이었다가 은소로 떨어진 것은 邑人들이 국명을 거역하였기 때문이며 이 때로부터 白金 즉 銀을 稅로 바치며 銀所라 칭하였다고 한다. 이지은소는 1335년 현으로 승격될 때까지 그 주민들은 은호로서 은을 세로 바치고 있었던 것으로 보인다.

그런데 공민왕 때 모든 은산지마다 은호를 설치하려는 논의가 있었다.

　　恭愍王五年九月 都堂令百司議幣 諫官獻議曰 …… 凡產銀之所 復其居民 令採納官 其國人所蓄銀器 悉令納官 鑄錢以與之 幷用五升布 則公私便矣[170]

---

169) 崔瀣,『拙藁千百』卷2, 墓誌, 永州梨旨銀所陞爲縣碑/『高麗名賢集』2, 424쪽, "永州梨旨銀所 古爲縣 中以邑子違國命廢 而籍民稅白金 稱銀所者久 …… 昔邑子有自修 舉縣顚覆 帶累承羞 廢爲銀戶".
170)『高麗史』卷79, 食貨志2, 貨幣, 中冊, 737~738쪽.

공민왕 5년 도당에서 百司로 하여금 화폐 사용에 대해 논의하도록 하였을 때 諫官이 獻議하기를 무릇 '産銀之所'의 居民을 復戶해 주고 은을 채굴하여 관청에 납부하도록 하고 이를 가지고 銀錢을 만들자고 하였다. 모든 은이 생산되는 곳마다 그 곳의 居民을 復戶하고 은을 생산하여 관청에 납부하도록 한다는 방안이다. 이는 은전을 만들어 사용하자는 정책의 일부로 나온 것이기 때문에 실시되었는지는 의문이다. 이는 전국의 은산지마다 銀戶를 정하고 다른 요역을 면제해 주자는 것인데, 이후 이에 대한 기록이 없고 선초에도 철소간이 보일 뿐 銀戶에 대한 기록이 없는 것으로 보아 시행되지 않은 것으로 보인다.

所制의 붕괴 이후 대개 所의 공납이 소속 군현의 공납으로 흡수되어 전체 군현민의 부담으로 되었으며 철소간과 같이 개별 민호가 물납역호로서 定役된 예는 드문 일이었던 것으로 생각된다. 또 金銀과 같은 것은 元의 요구에 의해 때때로 군현민을 대규모로 요역 동원하여 채굴하기도 하였다.171)

(3) 國農所干農夫, 處干, 直干

干尺者 가운데 농민으로서의 성격을 가진 것으로는 國農所干農夫와 處干, 直干을 들 수 있다. 먼저 고려 말에는 國屯田을 경작하던 干農夫가 있었다. 조선 태조 원년(1392)에 국둔전이 혁파될 때 陰竹屯田은 제외되었다. 이는 국둔전의 경작이 대체로 군인을 이용한 것이었는데, 陰竹國屯田만은 干農夫라는 특정 신분의 농민층이 경작하였기 때문이다.172) 음죽둔전은 고려 말의 대표적인 국둔전으로 생각

---

171) 충렬왕 2~3년에 홍주·직산·정선 등지에서 금을 채굴한 일, 충렬왕 15년에 원에서 사람을 보내 와 은을 캔 일이 있었다.

172) 유승원, 「조선초기의 '신량역천'계층」, 『朝鮮初期身分制硏究』, 을유문화사, 1987, 195~196쪽 ; 이경식, 「조선초기 둔전의 설치와 경영」, 『한국사연구』 21·22, 1978/『조선전기토지제도연구(2)』, 지식산업사, 1998, 363~364쪽.

되는데173) 그 경작인은 干農夫라 불렀다. 국둔전의 간농부는 국농소의 公田을 경작하는 일을 신역으로 부담하고 있었다.

음죽국농소가 언제 설치되었는지는 알 수 없지만 적어도 고려 후기부터 이 국둔전을 경작하는 일을 맡고 있던 간농부는 稱干者로서 干尺者에 포함되는 존재였다. 그렇다면 고려 후기 국둔전을 경작하는 일을 신역으로 지고 있던 간농부는 어떤 농민이었을까. 태종 5년 기록을 통해서 보면,174) 국농소가 혁파되면서 豪强之輩들이 公田뿐 아니라 간농부의 所耕田과 그들의 집까지도 탈점하였다. 이에 국농소의 公田은 소경전이 없는 船軍과 艱難人에게 분급하고, 간농부의 집과 所耕田은 모두 환급하도록 조처하였다.

그런데 국농소가 혁파되자 간농부의 소경전과 집까지도 탈점의 대상이 되었던 점이 주목된다. 물론 후에 간농부의 소경전을 환급하도록 명령하였지만, 그들의 소경전이 쉽게 탈점대상이 된 것은 사유지로서 인정되기에 취약한 점이 있었기 때문으로 생각된다. 간농부의 소경전은 이들을 국농소의 공전 경작에 동원하면서 그 반대급부로 國農所의 농지 일부를 떼어준 것으로 보인다. 그런 점에서 '古來丁田'175)으로 표현되는 토지에 비해 소유권이 취약했을 것이다. 간농부의 집도 탈점대상이 된 것을 보면 국둔전 경작과 관련해서 지급된 집이었기 때문일 것이다. 이러한 간농부는 국둔전 주위에 거주하며 자

---

173) 鄭道傳이 고려 말의 屯田에 대해서 "前朝置陰竹屯田 又於沿海州郡 皆有 屯田 以資軍食"(『朝鮮經國典』 下, 政典, 屯田)이라 한 것을 보면 고려 말의 대표적인 국둔전으로 생각된다.

174) 『太宗實錄』 卷9, 太宗 5年 3月 癸亥, 1冊, 323쪽, "又言 今革陰竹國農所 其 稱干農夫等 並皆分屬船軍及漢都鍊瓦軍 豪强之輩爭占其田 並取干等所耕 之田 其家舍亦皆奪占 干等失業 寃抑莫伸 願遣行臺監察 在前農所舘舍 屬 陰竹縣 其公田 分給無所耕船軍及艱難人等 干等被奪家舍田地 並令還給 據占公田 與民爭利者 一一推鞫 申聞論罪 從之".

175) 『高麗史』 卷79, 食貨志2, 借貸, 中冊, 747쪽, "明宗十八年三月下制 各處富 强兩班 以貧弱百姓 賖貸未還 劫奪古來丁田 因此失業益貧 勿使富戶兼并 侵割 其丁田各還本主".

기 소유지를 가진 군현민이라고는 생각하기 어렵다. 이들은 국둔전 경작을 위해 집단 이주되어 집과 소경전을 지급받고 국농소의 공전을 경작하는 일을 신역으로 부담하였으며, 자손에게 그 신역을 세전하며 稱干者로서 일반 양인과 구별되는 身良役賤者로 인식되었다.

고려 말기 둔전 경작에 동원된 민호의 성격을 추측해 볼 수 있는 것은 공민왕 5년 6월 개혁교서이다.[176] 여기서 諸家의 賜給田으로 平廣하고 기름진 땅을 둔전으로 삼고, 賊家와 行省이 차지하고 있던 민호를 隊를 나누어 땅을 주고 경작하도록 하였다. 공민왕 5년 개혁에서 둔전 설치에 대해 의욕적인 방안이 마련되었지만 실제로 얼마나 잘 시행되었는지는 확인할 수 없다. 하지만 戍卒을 이용해 경작하는 沿海의 둔전과 달리, '賊家와 行省이 차지하고 있던 민호'를 分隊給地하여 경작하는 둔전도 마련하였다는 점에 유의하고 싶다. 간농부가 경작하던 陰竹國屯田은 바로 이러한 형태의 둔전과 관련된 것으로 보인다.

공민왕 5년 6월 개혁교서에서 賊臣이나 行省에서 차지했던 民戶 중 從來不明者를 驛戶에 충당하였는데, 이 때 둔전 경작에 동원된 사람도 대개 군인으로 삼기에는 결함이 있는 사람들이었을 것이다. 고려 전기에는 부곡민이 둔전 경작을 위해 집단 이주하는 대상으로 거론된 일이 있는데,[177] 이처럼 잡척 농민이 둔전 경작에 동원되던 전통 하에 여말 둔전 경작민으로 충정된 사람들도 유이민, 종래불명자 등이었을 것이다. 賊家나 行省에서 차지했던 민호 가운데에는 이른바 '處干'이라 불리는 농민들이 많았을 것이다. 奇轍 등 賊家의 처

---

176) 『高麗史』 卷82, 兵志2, 屯田, 中冊, 813쪽, "(恭愍王)五年六月敎曰 "一全羅道臨坡屯田 近來權勢之家 稱爲賜給 奪占殆盡 仰都評議使 別置屯田官 諸家占奪 一皆復舊 沿海之地 築堤捍水 可作良田者 往往而有 宜令有司相地 用防倭之卒 爲之農夫 諸家賜給田 平衍膏腴可屯田者 以賊家及行省所占人物 分隊給地 以責其事 各道凡古屯田處 皆用臨坡屯田之例".

177) 『高麗史』 卷82, 兵志2, 屯田, 中冊, 811쪽, "顯宗十五年正月 都兵馬使奏 發西京畿內河陰部曲民百餘戶 徙嘉州南屯田".

간은 초집제민하여 국가의 賦役 부담에서 제외된 농민으로서 이러한 私民化한 전호를 혁파하여 公役에 충정하는데, 근거가 확실한 사람은 군인으로 징발하지만 그렇지 않은 경우는 驛戶나 院館 운영, 國屯田 경작 등에 동원한 것으로 생각된다.

음죽국둔전의 간농부가 공민왕 5년 개혁조처에 따라 '賊家及行省所占人物'이 배치된 데 기원을 둔 것인지는 확인할 수 없다. 하지만 고려 말에 근거가 불확실한 유이민 등이 둔전 경작인으로 충정되어 신역으로서 국둔전 경작을 담당하였을 개연성은 충분하다고 하겠다.

한편, 處干에 대해서는 다음 기록이 전한다.

다-2) 乙酉 王在元 哈伯平章謂康守衡趙仁規曰 昨有勅其議可以安集百姓者來奏 王遂命宰樞與三品以上議之 皆曰上下皆撤處干 委以賦役可也 處干耕人之田 歸租其主 庸調於官 卽佃戶也 時權貴多聚民 謂之處干 以逋三稅 其弊尤重 守衡曰 必以點戶奏178)

다-3) 朱悅於慶尙 郭汝弼於全羅 …… 爲計點使 初都評議使言 …… 宜括民戶 更賦稅 由是累發計點使 而未見效 及東征之役 發民爲兵 故復有是命 且令計點使 勿得役使內庫處干 悅汝弼不肯從 竟罷還179)

다-2의 내용은 충렬왕 4년(1278) 왕이 元에 있으면서 백성을 안집할 방안을 논의하였는데, 이 때 중론이 처간을 철폐하여 부역을 지게 해야 한다는 것이었다. 처간은 '耕人之田 歸租其主 庸調於官'하는 존재로 즉 전호인데, 당시에 權貴들이 聚民하여 '처간'이라 하고 三稅를 포탈하여 폐단이 컸다는 『高麗史』찬자의 설명이 붙어 있다. 당시 元에서 처간 철폐 등이 논의된 것은 元將 忻都가 고려의 재상들

---

178) 『高麗史』卷28, 世家, 忠烈王 4年 7月 乙酉, 上冊, 581쪽.
179) 『高麗史節要』卷20, 忠烈王 5年 9月, 525쪽.

이 민호를 占匿하고 부역을 免避하고 있으니 금지시킬 것을 元帝에게 요청하였기 때문이다.[180]

다-3의 내용은 충렬왕 5년 9월에 東征을 대비하여 병사를 징발하기 위해서 주열, 곽여필 등을 경상도, 전라도 등에 계점사로 삼아 파견하여 민호를 조사하게 하였는데, 이 때 내고처간을 役使하지 말도록 한 왕의 명령을 이들이 따르지 않아 파직되었다는 것이다.[181]

處干은 충렬왕대부터 기록에 나타나는데, 內庫 소속의 처간과 權貴들의 처간이 있었다. 처간은 內庫나 權貴들의 농장 전호로서 租庸調 三稅와 각종 賦役 부담, 유사시 군인 징발 대상에서도 제외되었다. 당시에도 이러한 상황이 정당한 것으로 생각되지는 않아서 철폐논의가 일어나기도 하고 민호를 계점할 때 왕의 명령에도 불구하고 이들을 파악하여 역사하려는 노력이 시도되었다.

이러한 處干에 대해서는 특수 행정구역인 處와의 관련성이 주목되었다.[182] 그런데 여말에 莊處田은 料物庫에 속한 것으로 기록에 보인다.[183] 料物庫에 속한 處와 충렬왕대 기록에 나타나는 內庫處干은

---

180) 이 때의 사정에 대해서는 姜晉哲, 「高麗後期의 地代에 대하여」, 『한국중세토지소유연구』, 일조각, 1989, 156쪽 참조.

181) 이와 같은 내용이 『高麗史』 朱悅傳에도 전한다(『高麗史』 卷106, 列傳, 朱悅, 下冊, 334쪽).

182) 處干에 대해서는 處의 농민이라 하고, 處는 촌락을 단위로 형성된 왕실의 직속지이며 충렬왕대 이후 성립된 것으로 보는 견해가 있고(이상선, 「고려시대의 장·처에 대한 재고」, 『진단학보』 64, 1987), 處干은 본래 處民인데 內庫의 경작민도 內庫라는 왕실창고의 토지를 경작한 점이 處民과 동일하였기 때문에 處干이라 불렀고, 이어 권귀의 농장민에게까지 확대 적용된 것으로 이해하는 견해도 있다(안병우, 『高麗前期 財政構造研究』, 서울대 박사학위논문, 1994, 126~128쪽).

183) 『高麗史』 卷78, 食貨志1, 田制, 祿科田, 中冊, 714쪽, "其料物庫屬三百六十莊處之田 先代施納寺院者 悉還其庫". 왕실의 장처전은 內莊宅에 소속되었는데(『新增東國輿地勝覽』 卷7, 驪州牧, 古跡, 登神莊, "又有稱處者 又有稱莊者 分隷于各宮殿寺院及內莊宅 以輸其稅"), 여말에는 料物庫에 속하였다. 料物庫의 전신은 備用司인 것으로 『高麗史』 百官志에 기록되었고, 內

어떤 관계가 있을까. 內庫는 고려 전기에 內莊宅과 함께 왕실의 중
심적인 재정기구였다. 內莊宅이 장처전 등에서 거두는 米穀을 관리
하는 데 비해, 內庫는 주로 金銀·布帛 등을 관리하였다.[184] 그런데
충렬왕대 이후로는 기록에서 內庫米가 종종 등장하고[185] 충혜왕 후4
년(1335)에는 內庫에 亡寺院田과 先代功臣田 등 토지를 소속시키는
조처가 있었다.[186] 고려 전기의 內庫와 달리 적어도 충렬왕대 이후로
는 內庫에 소속된 토지가 있었던 것을 알 수 있다. 고려 전기 이래
내장택에 속해 있던 장처전이 요물고에 속하게 된 것이라면 내고의
토지 지배는 고려 전기에 없었던 일이다.

　內庫는 莊處田을 관할하는 料物庫와는 별개로 토지를 확보하고
처간이라는 농민을 부려 경작시키고 있었다. 내고에 속한 토지의 성
격과 관련해서 다음 기록이 주목된다.

> (忠烈王十五年)三月 又令群臣加出米有差 …… 時王別置御庫 名
> 曰內房庫 使黃門一人掌之 分遣朝臣于各道 稱爲勸農使 擇公私良
> 田 聚民耕種 除其貢賦 又牒郡縣戶斂銀紵皮幣油蜜 至於竹木花果
> 悉皆徵納輸之內庫 …… 內庫之物 上卽分賜諸黃門及左右嬖幸 亦
> 無所儲[187]

莊宅과의 관계에 대해서는 아무런 언급이 없다. 그 전후 사정은 분명치 않
지만, 莊處田은 고려 전기에는 內莊宅에 소속되었고 고려 말에는 料物庫에
소속되었다. 料物庫가 성립된 충선왕 2년 이후에는 왕실 소속 莊處田을 料
物庫에서 관리하였다고 볼 수 있겠다.

184) 安秉佑, 『高麗前期 財政構造硏究』, 서울대 박사학위논문, 1994, 104~106
　　쪽.
185) 『高麗史』 卷30, 世家, 忠烈王 15年 3月 己亥, 上冊, 621쪽, "發內庫米四千
　　石以補兵粮";『高麗史』 卷31, 世家, 忠烈王 23年 11月 癸酉, 上冊, 635쪽,
　　"王與公主幸賢聖寺發內庫米一百石賜窮民爲公主祈福".
186) 『高麗史』 卷78, 食貨志1, 田制, 公廨田柴, 中冊, 713쪽, "忠惠王後四年七月
　　令五敎兩宗亡寺土田及先代功臣田盡屬內庫".
187) 『高麗史』 卷79, 食貨志2, 科斂, 中冊, 744~745쪽.

충렬왕이 御庫를 別置하고 內房庫라 하였으며 黃門 1인으로 하여
금 이를 관장토록 하고 朝臣을 각 도에 分遣하기를 勸農使라 하고
公私良田을 택하여 聚民耕種하며 그 貢賦를 면제해 주었다는 것이
다.

이 內房庫와 內庫의 관계에 대해서는 좀더 검토해 볼 여지가 있지
만,[188] 여기서는 내고의 토지 확보가 內房庫와 같은 방식으로 이루어
졌으리라는 점을 지적하고 싶다. 내고의 토지 확보는 고려 전기 이래
의 장처전과는 별개로 이루어졌다. 公私良田을 택하여 소속시키고
'聚民耕種'하였으며 貢賦는 면제해 주었던 것이다.

그렇다면 料物庫에 속한 360장처전의 경영은 처간과 관계가 없는
것일까. 장처민의 유망이 심해진 가운데 莊處에 있었던 왕실전에서
도 민을 모아 경작시키며 그 貢賦를 면제해 주었을 가능성이 있다.
즉 요물고에 속한 장처전에서도 처간을 이용한 경영이 이루어질 수
있었다. 하지만 處干이 곧 處의 주민은 아니다. 처간은 원간섭기 이
후 왕실이나 權貴 등의 토지에서 그 경작농민을 국가의 모든 부담에
서 제외시켜 사민화한 전호였다. 처간을 이용한 농장경영은 군현지역
이나 부곡제지역 어디에서도 이루어졌으며, 처간이 된 사람들의 출신
도 과거 군현민이나 부곡제지역민 모두를 포함하였을 것이다. 안정된
소유지를 가지지 못한 농민들은 국가에 대한 각종 부담에서 면제시
켜 주는 왕실이나 권귀의 보호 하에 私民化한 전호가 되는 편이 훨

---

188) 內房庫는『高麗史』百官志에는 충숙왕 12년에 의성창을 개칭한 데서 성립
한 것처럼 되어 있다(『高麗史』卷77, 百官志2, 內房庫, "內房庫 忠宣王元
年倂雲臻倉於富興倉 尋改爲義成倉 …… 忠肅王十二年 改爲內房庫"). 그
런데 내방고는 충렬왕 때에도 있었다. 宦者將軍 崔世延이 섬으로 유배되었
는데 이 때 전에 그가 빼앗아 문제가 되었던 內侍 朴楎의 노비를 內房庫에
소속시켰다고 한다(『高麗史』卷122, 列傳, 崔世延, 下冊, 663~664쪽). 이는
충렬왕 14년의 일이었다(『高麗史』卷30, 世家30, 忠烈王 14年 7月, 上冊,
620쪽). 충렬왕 28년의 기록도 보인다(『高麗史』卷32, 世家, 忠烈王 38年 6
月, 上冊, 657쪽).

썬 나왔을 것이다. 또 일정한 소유지를 가진 농민이라도 국가의 公民으로 남아 있는 농민에게 가중되는 각종 부담을 피해 왕실이나 권세가의 농장으로 투탁하는 것이 나은 형편이었다. 처간은 이런 상황에서 확대되고 있었다.

처간은 사민화한 전호로서 국가의 각종 부담에서 벗어날 수 있었지만, 다른 한편 공민으로서의 권리를 누릴 수 없었을 것이다. 처간은 과거에도 응시할 수 없었을 것이다. 莊의 주민인 莊丁은 인종대 이후 製述業을 제외하고 明經業에 이르기까지 응시할 수 있었으며, 處丁도 莊丁에 준한다고 볼 수 있다. 莊丁은 12세기 인종대에는 일반 군현민인 백정과 함께 명경업까지 응시할 수 있었지만 백정에 비해 약간 불리한 조건에 있었다. 원간섭기에 莊丁이 어떠한 조건으로 과거에 응시할 수 있었는지 보여주는 자료는 없지만, 雜尺制의 붕괴는 곧 莊丁이 백정과 동등한 지위를 얻게 됨을 의미한다. 莊丁에 준하는 지위에 있었던 處의 주민은 원간섭기 이후 점차 일반 군현민과 동등한 대우를 받게 되었다고 하겠다. 그렇지만 처간은 이와 달리 사민화한 전호로서 그들이 군현지역의 농장에 거주하거나 부곡제지역의 농장에 거주하거나 관계없이 국가의 공민으로서의 각종 권리를 누릴 수 없었을 것이다.

처간은 불법적인 존재로서 왕실이나 권귀의 私民으로 존재했지만, 국농소의 간농부는 국둔전 경작을 그들의 신역으로 하는 국가의 공민이었다는 점에서 달랐다. 하지만 처간과 국농소 간농부는 일반 양인 농민보다 하위에 있는 농민으로 간주되었다는 점에서 처지가 비슷하였다. 이런 점에서 私民으로 존재했던 처간을 혁파해서 국농소 간농부에 充定한 경우도 있는 것으로 생각된다. 공민왕 5년 6월 개혁교서에서 賊家와 行省이 차지하고 있던 민호를 국둔전 경작에 충정하도록 하는 조처가 바로 그것이다. 사민으로 변해 있던 '賊家及行省所占人物' 가운데에서도 군인에 충정할 만한 사람은 군인에 충정하고, 從來不明者는 역호나 국둔전 경작인 등으로 삼았던 것은 이미 살펴본 바와 같다. '賊家及行省所占人物'은 다양한 이름으로 점유되어 사역되었을 것이나 그 중에는 賊家나 行省 소속의 농장에서 처간으로 사역되던 사람들도 있을 것이다.

원간섭기 권세가나 각종 권력기관의 농장에서는 '招集齊民',[189] '誘齊民爲佃',[190] '招匿人民 不供賦役'[191]하는 처간을 사역하고 있었는데 이들을 혁파하여 貢戶나 軍人으로 충정하려는 노력이 이른바 '개혁교서'를 통해 종종 이루어졌다. 그 성과에 대해서는 의문인 가운데 공민왕 5년에는 이들 중 일부를 국둔전 경작인으로 정하기도 하였던 것이다.

한편, 고려 후기 칭간자 중에는 直干도 있었다. 直干은 1328년 작성된 통도사의 『事蹟記』안에 수록된 「寺之四方山川裨補」라는 문서에 보이는데,[192] 그 성격에 대해서는 다양한 의견이 제시되어 있다.[193] 그런데 직간이 位田畓과 家代田을 받으며 사원전을 경작하는 농민이거나, 혹은 장생표와 관련해서 일정한 직무를 가진 자였거나 어쨌든 이들을 干이라 칭한 것은 처간이나 국농소 간농부와 서로 공

---

189) 『高麗史』卷85, 刑法志2, 禁令, 中冊, 863~864쪽, "(忠烈王)十二年三月 下旨 今諸院寺社忽只鷹坊巡馬及兩班等 以有職人員殿前上守 分遣田莊 招集齊民".

190) 『高麗史』卷123, 列傳, 廉承益, 下冊, 675쪽, "時鷹坊怯怜口及內竪賤者 皆受賜田 多至數百結 誘齊民爲佃".

191) 『高麗史』卷79, 食貨志2, 戶口, 中冊, 732쪽, "忠肅王十二年十月 下敎 …… 一權勢之家 廣置田莊 招匿人民 不供賦役者 所在官司推刷其民 以充貢戶".

192) 「寺之四方山川裨補」, 『通度寺事蹟略錄』/『通度寺誌』, 아세아문화사, 1983, 24~25쪽, "各塔長生標合十二 …… 各塔排於四境 各置直干十 每給位田畓及家代田 並四方長生標內田畓土地也 右石碑石蹟排長生標內 曾無公私他土也".

193) 直干의 성격에 대한 여러 견해에 대해서는 裵象鉉, 『高麗後期寺院田研究』, 국학자료원, 1998, 270쪽에 소개되어 있다.

통점을 가지는 것으로 생각된다.

원간섭기 이후 이들 칭간농부는 왕실이나 권귀, 국농소, 사원 등에 예속된 농민으로서 사환권에 제약을 받으며 일반 양인 농민에 비해 낮은 지위에 있는 농민으로 인식되었다. 이들은 국가의 公民인가 혹은 私民인가 하는 차이는 있었지만 일반 양인과 노비의 중간에 위치한 예속농민이라는 점에서 간농부로 통칭할 수 있을 것이다.

고려 전기 왕실전, 사원전, 국둔전 등의 경작은 상당 부분 장·처·향·부곡민 등 잡척 농민이 담당하였는데, 잡척제가 붕괴하면서 처간, 직간, 국농소 간농부 등 칭간농부들이 이러한 토지를 경작하였다. 그렇지만 고려 전기의 雜尺농민이 모두 干농부로 변화된 것은 아니다. 또 간농부가 경작하는 토지가 모두 예전 장·처·향·부곡에 소재한 것도 아니다. 간농부는 주로 '招集齊民', '不供賦役'하는 형태로 이루어졌기 때문에 예전 잡척 출신뿐 아니라 군현민 출신도 있었을 것이다.

특수 행정구역으로서 장·처·향·부곡 등은 원간섭기 이후 군현지역과 동질화하여 현으로 승격되거나 소속 군현의 직촌화하거나 혹은 임내로서 유지되더라도 군현지역과 다를 바 없이 되었다. 예컨대 장처의 토지 중 고려 전기 이래 왕실에 소속된 토지가 여말까지도 料物庫 소속으로 남아 있는 경우도 있었지만 장처의 토지 전부는 아니었다. 莊處의 토지 중 장처민의 유망과 관련해서 황무지가 된 것도 많았고 이들 토지에 賜牌를 받아 권세가나 권력기관에서 賜牌田으로 삼은 것도 있었을 것이며, 일부는 근처 군현민들이 개간을 통해 소유지로 삼은 경우도 있었을 것이다. 왕실 소속으로 남아 있는 토지 중에서도 고려 전기 이래의 장처민이 유망해 버린 경우 새로 경작민을 招集하여 처간을 이용한 경영을 하는 경우도 예상된다.

2) 雜色役戶로서의 干尺層

雜尺制가 붕괴되면서 예전 잡척이 신역으로 부담하던 많은 부분에 대해서 일반 군현민의 요역을 동원하여 해결하는 방식으로 변하였는데, 일부는 雜色役戶를 정하여 담당하게 하였다. 특히 원간섭기라는 상황에서 元의 諸色戶計는 다양한 雜色役戶의 성립에 영향을 준 것으로 보인다. 정부는 처음에는 잡색역호를 정하는 데에 군현민과 부곡제지역민을 구별하지 않으려 한 것으로 생각된다. 하지만 잡색역호 중 고려 전기 이래 잡척이 담당했던 役과 관련된 것은 賤役으로 여겨져서, 예전 잡척의 후손이나 유이민, 종래불명자, 범죄인 등 일반 양인이 되기에는 결격사유가 있는 사람들이 주로 定役되었다. 예전 잡척이 담당하던 역은 여전히 賤役으로 인식되었고 이러한 잡색역호는 자손에게 그 役을 세전하면서 '~尺' 혹은 '~干'으로 불렸다. 이들을 선초 기록에서 稱干稱尺者, 干尺人, 干尺 등으로 칭하였는데, 이들은 그 신역을 자손에게 世傳하며 하나의 신분층을 형성하였으므로 干尺層이라 부를 수 있겠다. 간척층은 특수한 신역을 담당하던 잡색역호로서 앞에서 살펴본 津尺, 鹽戶(鹽干), 鐵所干, 國農所干農夫, 直干 등 외에도 墨尺, 刀尺, 稭尺, 琴尺 등이 포함된다.

간척층은 특수한 신역을 담당하는 잡색역호로서 그 신역이 자손에게 세전되었는데, 親孫에게만 신역의 세전이 강요되고 外孫은 役使하지 않는 것이 원칙이었다.

鮮初 기록에 의하면 麗末에 간척의 딸은 오직 琴尺의 딸만을 妓役으로 정했을 뿐 나머지는 모두 역이 없었다고 하였고,[194] 간척의 딸이 '良夫'에게 시집가면 '良人'이 되고 同類에게 시집가면 그 役을 세웠다고 한다.[195] 그런데, 선초에 간척의 母女姉妹로서 외방 州郡에서

---

194)『太宗實錄』卷26, 太宗 13年 9月 丙子, 1冊, 685쪽, "議政府上干尺白冠等人女孫立役之法 啓曰其在前朝身良役賤者 唯琴尺之女 定爲妓役 其餘皆無役".

195)『太宗實錄』卷27, 太宗 14年 1月 己卯, 2冊, 1쪽, "定婢妾所産限品贖身之法 …… 前朝之制 身良役賤者 皆不役其女孫 丁吏驛史之女 嫁良夫卽爲良

役使되는 경우가 있었으며196) 태종 때 河崙의 얼자인 하영이 그 어머니의 할아버지가 稤尺이라는 이유로 從良되지 못하고 있었던 것을 보면, 실제로는 간척의 딸과 외손이 간척으로서 역사되었던 것으로 보인다. 여말의 사정이 선초와 크게 다를 바 없었다고 한다면 선초에 언급되는 바 "前朝之制에 身良役賤의 女孫을 不役하였다"는 설명이 사실을 얼마나 잘 말해주는 것인지는 의문이다. 하지만 고려 전기 잡척층이 친손과 외손 모두에 대해 役의 세전과 관련해서 강력한 규제가 있었던 것과 비교하면, 간척층은 다소 완화된 모습을 보인다고 할 수 있겠다.

간척층은 대체로 국가로부터 토지를 받았는데, 이는 麗末 田制改革 논의에서 墨尺, 刀尺 등에게 位田을 前例대로 절급하라는 것이나, 鐵所干의 口分田, 통도사 直干의 位田畓, 國農所干農夫에게 지급된 所耕田 등을 통해서 짐작할 수 있다. 간척층에게는 口分田 혹은 位田이 지급될 뿐 아니라 徭役이 면제되는 경우가 많았다. 선초까지 철소간의 잡역이 면제되었던 것과, 실시되었는지는 의문이지만 공민왕대 모든 産銀之所의 居民을 復戶해 주고 은을 채굴하여 관청에 납부하도록 하자는 논의가 이루어진 것을 보면, 麗末의 간척층은 특수한 신역을 담당하는 잡색역호로서 다른 요역은 면제되는 경우가 많았던 것으로 보인다.

다음으로, 간척층의 신분에 대해서는 '身良役賤'이라고 하여 '身良' 임을 분명히 하였다. 조선 태종 15년의 기록에서 "간척자는 前朝之制에 以役賤身良으로 付籍定役하여 朝班에 통할 수 없도록 하였는데 이제는 補充軍에 속하여 西班 隊長·隊副의 직을 받게 되어 朝班에 오르는 단서가 열렸다"197)고 하였다. 선초의 기록에서 '前朝之制의

人 嫁同類乃立其役 塩干津尺之女亦同 水軍女孫宜與干尺之女同".

196)『太宗實錄』卷31, 太宗 16年 5月 辛亥, 2冊, 116쪽.

197)『太宗實錄』卷29, 太宗 15年 4月 庚辰, 2冊, 58쪽, "司憲府大司憲李垠等上疏 …… 一兵曹受敎內 以稱干稱尺者 悉屬補充軍 然干尺者 前朝之制 以

身良役賤者'로 나타나는 것은 干尺과 驛吏・丁吏이다. 간척층은 '身良役賤'으로서 '身良'임을 분명히 하였음에도 불구하고 때로 '良人', '良夫'와 구별되는 존재로 설명되기도 하였다.[198] 즉 간척은 '身良'임이 인정되면서도 동시에 '양인'과 구별되었다고 할 수 있다. '身良役賤'은 그 자체가 하나의 신분 개념으로 일반 양인과 노비의 중간에 위치하고 있었다고 하겠다.

간척층은 身良役賤層으로서, 특수한 역에 付籍 定役되었으며 朝班에 통하지 못하는 자들이었다. 공양왕 2년 설치된 水站의 站戶는 태종 14년에 자신들이 원래 양인인데 水站干에 정해져서 후일 자손의 仕路가 막힐까 걱정하여 良役으로 이속시켜 줄 것을 요청한 것으로 보아도[199] 身良役賤者인 간척자들이 仕路에 오를 수 없었음은 분명하다.

이러한 身良役賤으로서의 간척층은 이들을 補充軍에 입속시키는 정책이 수립된 조선 태종 말년이 되면 소멸되어 갔다.[200] 이후에도 특수한 신역에 抄定된 잡색역호를 '干'으로 호칭하기도 하였지만 이들은 身良役賤으로서 하나의 독립된 신분계층을 이루었던 간척층은 아니었다. 세종대 이후에 '干'으로 불린 잡색역호에는 양인과 함께 公賤奴子가 포함되기도 한 것을 보아도 이를 짐작할 수 있다.[201] 신량

役賤身良 付籍定役 使不通於朝班 今也屬補充軍 則受西班隊長隊副之職 其端已開 實爲未便".

198) 앞의 주 195)의 자료.

199) 『太宗實錄』卷28, 太宗 14年 11月 丙辰, 2冊, 45쪽, "改水站干爲水夫 自果川黑石 至忠州金遷 水站干等告狀曰 某等本係良人 以居於水邊 屬於水站干 挽舟漕運 誠恐後世與未辨良賤者及婢妾産屬補司宰監水軍者混淆 有妨子孫仕路 願以屬司宰水軍代水站役 將某等移屬良役 命曰宜與司宰水軍區別 號爲水夫".

200) 유승원, 「조선초기의 신량역천계층」, 『朝鮮初期身分制研究』, 을유문화사, 1987, 239쪽.

201) 세종 23년 水邊各官의 良人과 公賤奴子 100호를 生鮮干으로 정한 것과 같은 것이다(유승원, 위의 글, 241쪽).

역천층으로서의 간척층은 원간섭기 이후 조선 태종대까지 존재한 것
으로 볼 수 있다.

제4장 14세기 雜色役의 확대와 役制의 정비

1. 雜色役戶와 除役戶의 증가

1) 雜色役戶의 확대와 白丁層의 差定

원간섭기 이후 특정 기관에 소속되어 신역을 담당하는 민호가 크게 늘어났다. 고려 전기에도 일부 백정이 陵墓를 지키거나 봉획소에서 복무하는 신역을 담당하기도 하였지만 그 비중은 그리 크지 않았고, 대부분의 白丁戶는 국가에 貢役·徭役을 부담하였다. 그런데, 충렬왕 때 많은 민호가 鷹坊에 소속되는 모습이 보이고, 이후 여러 기관에서 각각 민호를 점유하여 사역하는 모습이 확인된다. 특수한 신역이 없던 白丁戶들이 여러 기관에 소속되어 특수한 물자를 조달하거나 노역에 종사하는 일을 신역으로 부담하게 된 것인데, 이러한 형태의 雜色役戶가 크게 확대되었다.

먼저 鷹坊의 설치와 함께 등장하는 鷹坊戶에 대해 살펴보기로 하자.

응방이 설치된 것은 일차적으로는 몽골이 요구한 매를 진봉하기 위해서였지만, 한편으로는 고려왕 자신도 매사냥을 즐겨하였다.[1] 응방에는 많은 민호가 소속되었다. 응방호에 대해서는 다음 기록이 주목된다.

---

1) 정진우, 「高麗鷹坊考」, 『청대사림』 3, 1979, 49~53쪽.

鷹坊吳淑富方文大等 遂自草消息 因李貞白王 以羅州長興府管內
諸島 及洪州曲楊村民戶 悉屬鷹坊 其善捕鷹者 所在皆免徭役 請淑
富等指揮 王亟命施行 承宣崔文本言淑富等 所至虐民 逞其所欲 按
察守令懲安戢辛佐宣 無敢誰何 且屬鷹坊者 悉免徭役 國家安所調
發 請勿遣淑富等 臣以消息諭諸道按察使 亦可辦也 不從2)

응방의 吳淑富, 方文大 등이 消息3)을 스스로 작성하여 李貞을 통
해 왕에게 아뢰기를 羅州와 長興府 관내 여러 섬과 洪州 곡양촌의
민호를 응방에 소속시키고 매를 잘 잡는 사람은 所在 군현의 요역을
면제시킬 것을 청하였다. 왕이 이를 빨리 시행하도록 하자 승선 崔文
本이 이를 반대하여 응방에 소속된 자들의 요역을 모두 면제한다면
국가가 요역을 調發할 수 있는 곳이 없다고 하면서 오숙부 등을 파
견하지 말고 消息으로 諸道按察使에게 지시하더라도 될 수 있다고
하였으나 왕이 응하지 않았다고 한다.

이는 충렬왕 원년(1275) 6월의 기사인데, 당시 이미 응방이 설치되
어 있었던 것을 알 수 있다. 이러한 내용은 崔文本傳에도 보이는데,
오숙부 등이 스스로 작성한 消息의 내용에서 羅州와 長興府 管內 여
러 섬의 민호를 매 잡는 일에 專屬시킬 것과 洪州 曲楊村 민호의 호
구를 등록하여 모두 응방에 속하게 하고 또 三道 내에서 매를 잘 잡
는 사람은 인원 수를 제한하지 말고 모두 요역을 면제하도록 하였다
고 한다.4) 나주와 장흥부 관내 여러 섬과 홍주 곡양촌뿐 아니라 三道

---

2) 『高麗史節要』卷19, 忠烈王 元年 6月, 505~506쪽.

3) '消息'은 '宣傳消息'이라고도 한다. 舊制에는 徵求 명령에 반드시 宣旨를 내
렸는데 李汾成이 왕에게 건의하여 작은 일에는 승선이 王旨를 받들어 문서
를 작성하고 서명하여 여러 道에 내리도록 하니, 按察使와 守令이 이를 消
息이라 하였다고 한다(『高麗史節要』卷19, 忠烈王 元年 6月, 505쪽).

4) 『高麗史』卷99, 列傳, 崔惟淸 附 崔文本, 下冊, 196쪽, "忠烈初拜承宣 鷹坊
吳淑富方文大等自草宣傳消息三通 因李貞以進曰 羅州長興管內諸島民 請
專屬捕鷹 又籍洪州曲楊村民戶口 悉屬鷹坊 又三道內能捕鷹者 勿限名數
皆免徭役".

내에서 매를 잘 잡을 수 있는 자에 대해 모두 요역을 면제하고 응방
에 소속시키도록 하였던 것을 알 수 있다.

응방에 소속된 민호를 元制에서는 打捕鷹房戶, 打捕戶, 鷹房戶 등
으로 불렀다.5) 원의 打捕鷹房戶에 대해서는『元史』兵志 鷹房捕獵
조에 상세히 기록되어 있는데, 이 가운데 高麗鷹房總管捕戶 250호가
보인다.6)『高麗史』에서는 '鷹坊戶'로 표현한 예를 찾을 수 없고, '打
捕戶'는 충렬왕 6년 11월에 元의 中書省에 보낸 글 가운데 보이는 것
이 유일한 예이다.7) 직접 '鷹坊戶'로 표현한 기록은 보이지 않지만,
고려에서도 元과 마찬가지로 打捕戶 혹은 鷹房戶로 불렀을 것으로
생각된다.

가장 먼저 응방에 소속된 민호는 기록에 보이는 것처럼 나주와 장
흥부 관내 여러 섬과 홍주 곡양촌의 민호였다. 그런데, 응방호의 설치
에 대해 승선 최문본은 반대하면서 요역이 면제되는 응방호가 설치
되면 국가의 요역을 어디에서 조발하겠는가 하며 우려하였다. 여기서
주목되는 점은 응방에 소속되는 민호는 응방에 소속되어 역사되는
대신 국가에 부담하던 요역을 면제받는다는 것이다.

충렬왕 원년 이후 국가의 부역 부담에서 벗어나려는 민호들이 다
투어 응방에 투속하면서 응방호는 급속히 증가하였다. 충렬왕 3년
(1277)에는 응방호의 숫자를 줄이라는 왕의 명령이 내려가기도 하였
다.

---

5) 大島立子,「元代戶計と徭役」,『歷史學硏究』484, 1980, 25쪽.

6) 內藤雋輔,「高麗時代の鷹坊について」,『朝鮮學報』8, 1955 ;『元史』卷101,
兵志4, 鷹房捕獵.

7)『高麗史』卷29, 世家29, 忠烈王 6年, 上冊, 599~601쪽. "己酉 遣右承旨趙
仁規大將軍印侯 如元 上中書省書曰 小國已備兵船九百艘 梢工水手一萬
五千名 正軍一萬名 兵糧以漢石計者十一萬 什物機械 不可縷數 庶幾盡力
以報聖德 …… 小國昔有達魯花赤時 內外人戶合用弓箭 至於打捕戶所有
悉皆收取……".

丙申 有旨曰 民屬鷹坊者 二百五戶 其除一百二戶 時齊民苦於徵
斂 爭屬鷹坊 莫記其數 而云二百五戶者妄也 除一百二戶 如九牛去
一毛耳 鷹坊猶斂銀紵韋布於其人 私自分之 時人語曰 飼鷹非肉銀
布滿腹[8]

왕이 명령하기를 응방에 속한 민호는 205호인데 그 중 102호를 줄
이라고 하였다. 당시 백성들이 징렴을 괴롭게 여겨 다투어 응방에 속
하니 그 수를 헤아릴 수 없었는데 205호라고 말하는 것은 망녕된 것
이다. 102호를 줄이는 것은 '九牛去一毛'와 같은 격이다. 응방은 오히
려 그 사람들('其人')에게서 銀·紵·韋·布를 거두어 사사로이 자기
들끼리 나누어 가지니 당시 사람들이 매를 기르는데 고기를 먹여 기
르는 것이 아니라 銀·布를 배에 가득 채운다고 하였다고 한다.

응방이 '其人'에게서 거두었다는 내용의 '其人'을 上京從役하는 향
리인 其人으로 해석하기도 하지만,[9] 응방에 속한 민호 중 일부를 除
하라는 왕의 명령에도 불구하고 응방에서는 오히려 그 사람들에게서
銀·紵·韋·布를 거두었다고 해석해야 할 것으로 생각된다. 앞서
보았듯이 충렬왕 원년(1275)에서 불과 3년 만에 응방호는 羅州와 長
興府 관내 여러 섬과 홍주 곡양촌의 민호뿐 아니라 수많은 민호가
응방에 소속되었다. 여기서 주목되는 점은 원래 국가에서 인정하고
있는 응방호는 205호에 불과했지만 실제로는 응방에 투속한 민호가
훨씬 많았다는 것, 그리고 응방에서는 이들 민호에 대해 매를 잡거나
사육하는 역에 동원하기도 하였지만 銀·紵·韋·布 등 役價를 징
수하는 경우도 많았다는 것이다.

충렬왕 3년(1277)에 내린 응방호 감축 조처는 제대로 시행되지 않
았다. 이후에도 여전히 응방호가 많았던 사실은 다음 일을 통해서도
짐작할 수 있다. 충렬왕 6년에 옹진현 등 여러 현이 원에서 돌아오는

---

8) 『高麗史』 卷28, 世家, 忠烈王 3年 7月, 上冊, 576쪽.
9) 정진우, 「高麗鷹坊考」, 『청대사림』 3, 1979, 62쪽.

印侯, 高天伯, 塔納 일행을 접대하는 일을 맡았는데 이 때 어떤 사람이 "우리 邑民이 모두 응방에 속하여 子遺貧民으로 어떻게 供億을 담당하겠는가" 하며 塔納에게 호소한 일이 있었다.10)

응방호는 이처럼 전국에 걸쳐 많은 수가 있었으며, 일반 민호를 응방호로 정하는 외에 伊里干이라는 특수한 촌락이 설치되기도 하였다. 충렬왕 5년 3월 기록에 의하면 이보다 전에 尹秀 등은 여러 도의 응방을 나누어 관장하면서 逋民을 초집하여 이리간이라 칭하였다.11) 伊里干은 華言으로 '聚落'을 가리킨다고 하는데 伊里干人이 '양민'을 못살게 굴어도 안찰사, 군수 등이 어쩌지를 못하였다고 한다. 충렬왕 때 설치되는 이리간은 元으로 가는 朝聘路次에 설치된 營城伊里干과 압록강 내 이리간 두 곳도 있었는데12) 이는 元 황제의 정식 허가를 받아 설치된 것이다.13) 영성이리간에는 各道 富民이 徙民되어 朝聘 역사에 동원되고 있었는데, 尹秀 등이 설치한 이리간은 逋民을 초집하여 설치한 것으로 응방과 관련된 일을 담당하였을 것이다. 尹秀는 정식 절차를 거치지 않고 逋民을 초집하여 이리간을 설치하였고,14) 이리간인들은 응방이라는 권력기관을 배경으로 삼아 향촌사회

---

10) 『高麗史』卷29, 世家, 忠烈王 6年 3月, 上冊, 592쪽, "三月壬寅朔 大將軍印侯 將軍高天伯 與塔納還自元 塔納至岊嶺站 瓮津等數縣當供晝食 有人告塔納曰 吾邑之民 盡隷鷹坊 子遺貧民 何以供億 欲還朱記於國家 竢死而已……".

11) 『高麗史節要』卷20, 忠烈王 5年 3月, 524쪽, "以尹秀爲全羅道鷹坊使 遣元卿於慶尙 李貞於忠淸 朴義於西海 稱爲王旨使用別監 初秀等 分管諸道鷹坊 招集逋民 稱爲伊里干 伊里干華言聚落也 按察及州牧郡守 小忤其意 必譖而罪之 故伊里干人 肆毒良民 無敢誰何 都兵馬使屢請罷鷹坊 秀等諷王奏帝 各受聖旨 於是鷹坊牢不可罷 今又稱使及別監 而其權益重".

12) 『高麗史』卷82, 兵志2, 站驛, 中冊, 802~803쪽, "(忠烈王)五年六月 都評議使言 今年正月 帝令於朝聘路次 置伊里干 以供役使 尋遣塔伯海等 就瀋州遼陽之閒 撥與土田 標定四至 其鴨綠江內 令本國自置兩所 今請於所賜之地 名營城伊里干者 刷各道富民二百戶 徙居之".

13) 본서 제3장 2. 干尺層의 성립과 雜色役 참조.

에서 여러 가지 폐단을 일으키고 있었던 것으로 생각된다. 이러한 이리간에 대해서는 지방관이 전혀 간여하지 못할 뿐 아니라 이리간에 거주하는 사람들은 이리간인이라 하여 국가 공민인 '양민'과 구별하고 있었다.

한편, 元에서 보내온 응방인이 촌락단위로 민호를 탈취하기도 하였다. 충렬왕 4년(1278) 기사에 가림현의 金所 1村이 鷹坊人 迷刺里에게 탈취되었다는 내용이 있다.15) 이 迷刺里는 충렬왕 2년에 원에서 보내온 응방인 7인 중 한 사람인데, 왕은 이들에게 집과 노비를 하사하였다.16) 응방인 迷刺里가 빼앗았다는 금소 1촌은 응방호로 차정된 것이라기보다는 응방인 迷刺里 개인에게 예속된 것으로 보인다. 이 금소 1촌은 원래 金所였으나 직촌화해 있던 것으로 촌락 전체가 迷刺里에게 예속되어 국가의 公役에서 제외된 것으로 생각된다.

이상에서 충렬왕대에 응방과 관련된 다양한 민호들에 대해 살펴보았다. 尹秀 등이 逋民을 불러모아 설치한 이리간이나 응방인 迷刺里가 탈취한 金所 1촌에 대해서는 鷹坊戶라 불러도 좋을지 분명치 않으므로 이를 제외하더라도 응방호에는 많은 다양한 성격의 민호가 소속되어 있었을 것이 짐작된다. 기록을 통해 확인할 수 있는 응방호에는 나주·장흥부 관내 여러 섬과 홍주 곡양촌 민호와 三道 내에서 매를 잘 잡을 수 있는 자, 옹진현 등 수현의 민호 등이 있었다. 특히 고려 전기에 군현민과 차별되었던 島民들이 군현민과 함께 응방호로

---

14) 伊里干의 '私置'는 공민왕 6년 都堂에서 行省에 보낸 글 가운데서도 보이는데, 당시 奇轍, 盧碩, 權謙 등이 雙城 등지에 사사로이 亦里干을 설치하고 고려의 범죄인들을 끌어들였던 일에 대해 언급하고 있다. 亦里干은 곧 伊里干이다. 『高麗史』卷39, 世家, 恭愍王 6年 8月, 上冊, 777쪽, "都堂呈行省書曰 照得雙城三撒等處 元是本國地面 …… 近有奇轍盧碩權謙等 密與本處頭目交結 私置亦里干 多引本國犯罪之人 萃於淵藪 及其謀逆 約爲聲援".

15) 『高麗史』卷89, 列傳2, 齊國大長公主, 下冊, 22쪽.

16) 『高麗史節要』卷19, 忠烈王 2年 8月, 509쪽, "元遣鷹坊人迷刺里等七人來 王賜宅及奴婢".

정해진 것이 주목된다. 나주·장흥부 관내 여러 섬의 민호가 응방에
속하게 된 것은 이 지역의 섬에 매가 많았기 때문이 아닌가 한다. 그
렇지만 島民이 군현민과 함께 응방호로 정해진 것은 당시 이들 사이
의 차별의식이 희박해져 있었던 것을 배경으로 하고 또 한편에서는
그러한 조처를 통해 차별이 해소되어 가는 데 영향을 주기도 하였을
것이다.

응방호로 정해진 민호는 군현지역에도 있었고 부곡제지역에도 있
었는데 이들 사이에 응방에 속한 민호로서 역을 부담하는 데에 있어
서 어떠한 차별이 있었다고 생각되지 않는다. 부곡제지역에 거주하던
민호 가운데 津驛人과 같이 종래의 신역을 그대로 담당하던 일부를
제외하면, 이들이 군현민과 함께 응방호로 정해지면 응방호로서 동질
적인 성격을 가지게 되는 것이다.

雜色役戶로서 각종 기관에 소속된 민호의 실정은 대개 응방호와
같았을 것으로 생각된다. 각종 기관에 소속된 민호는 소속 기관에서
특정 신역을 담당하도록 되었으며, 이 때 다른 요역 부담은 면제되었
다. 이들은 실제로 역을 담당하기도 하였지만 役價를 납부하기도 하
였는데, 국가의 부역보다 오히려 부담이 적어서 투속하는 민호가 많
았다. 別抄·貢戶가 軍役·貢役을 피하여 투속하는 경우가 많았다.
따라서 정해진 수를 훨씬 넘는 많은 수의 민호가 여러 기관에 소속되
어 있었다.

충렬왕 때에는 응방호 외에 捉獺戶가 설치되기도 하였다. 捉獺戶
에 대해서는 다음 기록이 있다.

監察侍丞將軍趙仁規 使管下軍介三 誘南京民八人 爲捉獺戶 民
之逃賦者 多附之 歲納獺皮于公主宮 而半入仁規家 益邦囚介三訊
之 仁規訴公主曰 南京官吏 裂宮旨擲地 公主怒逮繫益邦資壽枷于
市 遣將軍林庇鞫問 庇具得其實以復 公主悉還民元籍 竟流二人 尋
釋之[17]

監察侍丞將軍 趙仁規가 관하 군인 介三을 시켜 南京民 8인을 유인하여 捉獺戶를 삼았는데 부역을 피하는 민호가 여기에 많이 붙었다. 매년 公主宮에 獺皮를 납부하였는데 반은 조인규 집으로 들어갔으며, 당시 南京司錄 李益邦이 개삼을 가둔 일로 인해 公主가 그 사실을 알게 되고 결국은 捉獺戶로 정해진 민호를 元籍으로 돌리게 되었다는 것이다.

이와 같은 내용이 趙仁規傳에도 있는데 여기서는 獺戶라고 하였다.[18] 충렬왕 초년에 설치된 착달호는 조인규가 원공주에게 獺皮를 바친다는 명목으로 임의로 설치한 것이다. 처음에는 남경의 민호 8인을 소속시켰다고 하는데 실제로는 국가의 부역을 피하려는 민호가 많이 소속되어 있었다. 착달호는 조인규가 관하 군인을 시켜서 사람들을 끌어모은 것으로, 정부에서 공식적으로 설치한 잡색역호는 아니었다. 그렇지만 元公主와 관계되어 있었기 때문에 잡색역호처럼 인정되고 있었다. 착달호는 獺皮를 납부할 뿐 다른 부역 부담에서 제외되었기 때문에 국가의 부역을 피하려는 사람들이 많이 투속하였다. 하지만 충렬왕 3년(1277)에 착달호로 된 민호들을 元籍으로 돌렸다는 것으로 보아 그리 오래 유지되지는 못한 것으로 보인다.

응방호 · 착달호뿐 아니라, 內乘 · 司僕寺에 소속되어 驅史로 사역되는 민호도 있었고, 巡軍萬戶府에서 平民을 召誘하여 戶計라 妄稱하거나 螺匠이라는 이름으로 사역시키기도 하였다. 내승 · 사복시의 구사나 순군의 나장에 대해서는 앞에서 살펴본 바 있다.[19] 驅史는 본래 말몰이 사환에 종사하는 잡류직으로서 馬政을 관장하는 기관인 司僕寺에도 배치되었는데, 점차 백정층을 대상으로 신역으로 동원하게 되었다. 그런데 내승이나 사복시에 구사라는 이름으로 소속된 민

---

17)『高麗史節要』卷19, 忠烈王 3年 12月, 514쪽.
18)『高麗史』卷105, 列傳, 趙仁規, 下冊, 326~327쪽, "忠烈時仁規使麾下卒介三 誘南京民八人 爲獺戶 民之逃賦者多附之".
19) 본서 제2장 2. 雜類層의 변동과 雜類職의 身役化 참조.

호 가운데에는 원래 구사가 담당하는 일을 하는 것이 아니라, 이들 기관에 속한 농장에서 노예처럼 사역되는 경우도 있었다.[20] 내승이나 사복시 등 기관에 소속된 민호는 公籍에 등록되지 않아 軍役·貢役 등의 부담에서 제외되었기 때문에, 各縣의 別抄와 貢戶 가운데 이러한 국가의 역 부담을 피해 투속하는 경우가 많았다.[21]

또 驅史 중에는 내승·사복시의 구사뿐 아니라 고위 관원이나 권신, 공신 등의 從者 역할을 하는 구사도 있었는데, 이 역시 身役制로 동원하는 방식으로 변화되었다. 이들은 단순한 종자 역할에 그치지 않고 家兵과 같은 무장력으로 기능하면서 그들이 隨從하는 고관이나 권신, 공신과의 관계를 기반으로 무관직으로 진출할 기회를 잡기도 하였다. 貢役·徭役 등의 무거운 부담을 피하기 위해서, 더욱이 출세의 기회를 잡을 수도 있다는 점 때문에 많은 민호가 고관, 권신의 구사로 투속하였을 것이 예상된다.

한편, 巡軍에 소속되어 螺匠으로 사역되는 민호도 있었던 것으로 보인다. 충렬왕대에 설치된 巡軍萬戶府는 이후 일반 민호를 影占하고 土田을 據執하는 주체로서 언급되었는데,[22] 여기에 影占된 민호 중 일부는 나장이라는 이름으로 점유되었을 것이다. 나장 역시 구사와 마찬가지로 고려 전기에는 말단이속직으로서 잡류직이었으나 일반 백정층이 담당하는 잡색역으로 변화되었다. 나장이라는 이름으로 순군에 소속된 민호 중에는 실제로 도성을 순찰하고 죄인을 체포하는 나장의 업무에 종사하는 경우도 있었지만, 더 많은 사람들은 巡軍

---

20) 『高麗史』卷84, 刑法志1, 職制, 中冊, 848~849쪽, "一司僕掌乘輿之馬政 周之伯冏之任也 昵近左右 其選最重 近代別立內乘 內竪之徒 專擅其職 …… 而又驅其貢戶 名爲驅從 至千百人 不付公籍 私置農莊 而役使之若奴隷".

21) 『高麗史』卷85. 刑法志2, 禁令, 中冊, 865쪽, "(忠穆王元年五月) 整理都監狀 …… 國制內乘鷹坊投屬人 並皆革罷 令各縣別抄及貢戶定役".

22) 『高麗史』卷84, 刑法志1, 職制, 中冊, 845쪽, "忠肅王五年五月下敎 …… 一諸道忽赤司僕巡軍及權門所遣人等 影占人民 據執土田者 械繫以徇 流于遠島".

이 탈점한 토지를 경작하는 노동력으로 이용되었을 것이다.[23]

그런데, 순군에는 나장 외에 戶計라 불리는 민호도 소속되어 있었다.

> 遣政堂文學李仁復 如元 上表曰 …… 世皇東征日本時 所置萬戶
> 中軍右軍左軍耳 其後增置巡軍合浦全羅耽羅西京等萬戶府 竝無所
> 領軍 徒佩金符 以夸宣命 召誘平民 妄稱戶計 勒令州縣 不敢差發
> 深爲未便 如蒙欽依世祖皇帝舊制 除三萬戶鎭守日本外 其餘增置
> 五萬戶府及都鎭撫司 乞皆革罷[24]

공민왕 5년 10월 元에 政堂文學 李仁復을 보내어 巡軍・合浦・全羅・耽羅・西京 등 五萬戶府를 혁파할 것을 요청하였는데, 그 이유로서 이 5만호부에는 거느리는 군인이 없고 평민을 召誘하여 戶計라 妄稱하며 州縣으로 하여금 差發하지 못하도록 하니 심히 불편하다는 것을 들었다.

여기서 주목되는 것은 공민왕 5년 이전에 5만호부에서 평민을 호계라 망칭하며 점유하고 있었다는 점이다. 萬戶府의 戶計로 불린 평민은 만호부에 속한 군인으로 동원되었을 것이므로 元制의 諸色戶計 가운데 軍戶에 해당된다고 하겠다. 하지만, '妄稱戶計'라 한 것을 보면 공식적인 허가절차를 거치지 않고 만호부가 임의로 일반 평민을 예속시키고 있었던 것이다. 이들에 대해서 공민왕 5년 6월 교서에서는 '諸軍萬戶府 隷屬丁口'[25]로 표현하였다. 만호부에서 戶計라 망칭하며 예속시키고 있던 민호들은 州縣에서 差發할 수 없다고 하였는데, 이는 응방이나 내승에 소속된 민호가 국가에 대한 각종 역 부담

---

23) 본서 제2장 2. 雜類層의 변동과 雜類職의 身役化 참조.

24) 『高麗史』卷39, 世家, 恭愍王 5年 10月 戊午, 上冊, 774~776쪽.

25) 『高麗史』卷81, 兵志1, 兵制, 中冊, 783쪽, "(恭愍王)五年六月 下敎曰 一推
刷行省三所諸軍萬戶府隷屬丁口 用備戎兵".

에서 제외된 것과 마찬가지였다.

이상 살펴본 바와 같이 응방과 내승, 사복시, 순군 등 여러 기관들은 응방호나 내승·사복시의 구사, 순군의 나장 등의 이름으로 민호를 점유하였는데 이들 중 일정 수는 공식 인정된 잡색역호였다. 하지만 이들 기관은 정해진 수를 훨씬 넘는 많은 민호들을 점유하여 役價를 징수하기도 하고, 또 탈점을 통해 확대한 농장에서 노예처럼 부리기도 하였는데, 이러한 민호 점유조차도 잡색역호의 형태를 취하고 있었다. 이들 기관에 소속된 민호는 국가에 대한 軍役, 貢役, 徭役 등 부담에서 벗어날 수 있었기 때문에 別抄나 貢戶 스스로 투속하는 경우도 많았던 것이다.

이 시기의 잡색역호에는 여러 기관에 소속된 민호 외에도, 역참의 정비와 함께 새로운 성격의 참호가 설치되기도 하고 또 염호를 정하기도 하였다.[26]

원간섭기에 새로 설치된 참호는 1308년의 충선왕 복위 교서에서 보이는바, 西海道의 岊嶺에 이르는 七站과, 會源·耽羅 연로의 站戶로서 東征時 各道人戶와 流移人物을 연한을 정하여 入居시킨 것이었다.[27] 충렬왕대 새로 설치된 참호에는 各道人戶들을 限年入居토록 하였는데, 이들은 충선왕 복위년 당시까지도 교체되지 못하고 죽은 사람이 있으면 本邑으로 하여금 그 수를 채우도록 하여 원망이 심하였다. 충선왕은 有司로 하여금 '當差者'를 선택하여 站役에 충당하도록 하고 各邑人戶는 환본을 허락하도록 하였다. 충렬왕대에 설치된 站戶에 限年入居시킨 '各道人戶'에는 군현의 백정호가 포함되

---

26) 站戶와 鹽戶에 대해서는 본서 제3장 2. 干尺層의 성립과 雜色役 참조.

27) 『高麗史』卷82, 兵志2, 站驛, 中冊, 803쪽, "(忠烈王)三十四年八月 忠宣王 卽位 十一月 下敎曰 西海道岊嶺至七站及會源耽羅指沿路站戶 頃在東征時 以各道人戶幷流移人物 限年入居 至今因循未遞 或有物故 令本邑充其數 馬匹亦如之 怨咨尤甚 令有司 擇選當差者 以充站役 其各邑人戶並許還本".

었던 것이 분명하다. 하지만 고려 전기 이래 驛民은 잡척으로서 일반 양인에 비해 천시되고 그 역이 苦役이었으므로 일반 군현민을 참호에 定役하는 것에 대해서는 반발이 심하였을 것이다. 이러한 반발이 참호의 도산으로 나타났고 충선왕은 이들 各邑人戶에 대해 환본을 허락하고 유이민 등 '當差者'를 선택하여 참역에 충당하도록 하였던 것이다. 또 충렬왕 19년(1293)에는 水站이 새로 설치되었는데, 수참의 참호는 서해도 七站과 마찬가지로 처음에는 '各道人戶와 流移人物'로 정해졌다가, 충선왕대 이후 유이민 등 '當差者'를 선택하여 站役에 충당하도록 된 것으로 보인다.

충렬왕대에는 소금을 생산해서 바치는 잡색역호로서 鹽戶를 정하기도 하였다. 이 때 염호로 정해진 민호는 고려 전기 이래의 鹽所民을 중심으로 해서 당시 해안이나 섬에 거주하면서 소금 생산에 종사하던 민호들이 대상이 되었을 것이다. 충선왕 원년(1309)에는 榷鹽制가 시행되면서 염호에서 정해진 액수의 鹽稅를 거두던 제도가 전매제로 바뀌는데, 각염제 하의 염호는 이전의 염호와 유이민 등 '當差者'를 물색하였을 것으로 생각된다.

당시 여러 기관에 많은 민호들이 소속되어 잡다한 신역을 부담하는 등 잡색역호가 크게 확대되고 있었지만, 예전 잡척층이 담당하던 賤役에 일반 군현민을 정하는 데에는 상당한 반발이 있었던 것으로 보인다. 이는 충렬왕대에 신설된 참호에 군현민을 限年入居시켰으나 충선왕대에 와서 유이민 등 '當差者'를 充定하도록 정책을 수정하는 것에서도 짐작되는데, 염호의 경우에도 마찬가지였을 것이다. 이후 염호는 소금 생산을 담당하는 잡색역호로서, 그 신역을 자손에게 세전하면서 여말선초에 鹽干이라 불리며 身良役賤者로 간주되었다.

잡색역호 중 예전 所民과 관련된 것으로 염호 외에도 鐵所干이 있다.[28]

---

28) 鐵所干에 대해서는 본서 제3장 2. 干尺層의 성립과 雜色役 참조.

鐵所制가 붕괴한 후 주로 군현단위로 貢鐵 액수를 정해 민호에게 분담시키는 斂鐵法이 시행되었는데, 일부에서는 鐵所가 아직 유지되는 곳도 있어서 이런 곳에서는 예전 철소민을 중심으로 해서 役戶를 정하여 貢鐵을 거두었다. 이들은 麗末鮮初에 鐵所干 혹은 鐵干으로 불렸다. 철소간은 구분전을 지급받고 잡역이 면제되었다. 잡색역호로서 鐵所干을 정하는 데에 일반 군현민을 배제할 이유는 없지만, 예전 所制의 전통으로 볼 때 일반 군현민으로 이러한 役戶에 정해지는 경우는 드물었을 것이다. 철소간은 주로 예전 철소민이 중심이 되었겠지만 염호와 마찬가지로 당시 철 생산에 종사하던 유이민 등도 포함되었을 것으로 생각된다.

所民과 관련된 잡색역호로서 기록에 보이는 것은 염호와 철소간뿐이지만, 이와 비슷한 형태로 예전 所民을 중심으로 해서 특정 생산물을 공납하도록 정해진 役戶가 상당 기간 유지되었을 가능성이 있다. 梨旨銀所의 民戶가 충숙왕 후4년(1335)에 현으로 승격될 때까지[29] 銀을 稅로 바치면서 銀戶로 파악된 것을 그 예로 들 수 있다.[30] 所의 공납이 소속 군현의 공납에 吸收되어 斂鐵法과 같은 형태로 군현단위로 공납을 거두는 일이 많아졌지만 일부에서는 남아 있는 所民을 중심으로 役戶를 정하여 物納役을 담당하도록 하였을 것으로 생각된다.

이상 살펴본 바와 같이 원간섭기 이후 다양한 성격의 잡색역호가 생겼으며, 많은 일반 민호들이 여기에 소속되고 있었다. 이들 잡색역호는 그 기원에 따라 다음과 같이 분류해 볼 수 있을 것이다.

첫째는 고려 전기 이래 일부 白丁을 대상으로 부과해 왔던 특수한 身役이다. 이를테면 陵墓나 봉획소 근처에 거주하는 백정을 대상으

---

29) 『新增東國輿地勝覽』 卷27, 河陽縣, 古跡, 梨旨廢縣條.

30) 崔瀣, 『拙藁千百』 卷2, 墓誌, 永州梨旨銀所陞爲縣碑/『高麗名賢集』 2, 424쪽, "永州梨旨銀所 古爲縣 中以邑子違國命廢 而籍民稅白金 稱銀所者久 …… 昔邑子有自修 擧縣顚覆 帶累承羞 廢爲銀戶".

로 守陵戶·守墓戶로 정하거나 봉휘소에서 복무하는 신역을 부담시
키는 형태는 고려 전기부터 있었던 것으로 생각된다.

둘째는 고려 전기 잡류층이 담당하던 말단이속직인 雜類職이 백정
을 신역으로 동원하는 형태로 바뀐 것이다. 고위 관원이나 권신, 궁
원, 사복시 등에 소속된 驅史나 巡軍의 螺匠, 그리고 여말 기록에서
上京從役하는 外吏로 설명되고 있는 幕士, 注選[31] 등이 그러한 예이
다.

셋째는 여러 국가기관에서 민호를 점유하여 그 기관에서 필요한
인원을 신역으로 징발하는 것이다. 이는 元의 諸色戶計의 영향과도
관련된 것으로, 대표적인 것으로 鷹坊戶를 들 수 있다. 사복시나 순
군의 민호 점유는 잡류직이 잡색역화하는 경향과도 관련되어 있지만,
이외에도 行省三所, 忽赤, 波吾赤 등 각종 기구에서 민호를 점유하
였다. 이러한 여러 기관의 민호 점유는 공식 인정된 수를 훨씬 넘는
것이어서 국가의 軍役·貢役·徭役을 담당할 민호 수가 줄어들어
문제로 제기되었다.

넷째는 雜尺制가 붕괴하면서 예전 잡척층이 담당하던 역 중 일부
가 개별 役戶에게 부과된 것이다. 이를테면 站戶·驛戶, 鹽戶, 鐵所
干, 國農所干農夫, 津尺, 墨尺, 刀尺, 稻尺, 琴尺 등 이른바 干尺層이
담당하는 잡색역이다. 예전 잡척층이 담당하던 신역은 賤役으로 인
식되어 일반 군현민들이 이러한 役戶로 정해지는 것에 대해서 반발
하여, 예전 잡척층 출신이거나 혹은 유이민 등 신분상 결격 사유가
있는 사람들이 이러한 役戶로 정해진 것으로 보인다. 그런 점에서 이
들은 干尺이라 불리며 일반 양인과 노비의 중간에 위치하는 身良役
賤層을 이루었다.

---

31)『太祖實錄』卷1, 太祖 元年 壬申 7月, 1冊, 22쪽, "一外吏上京從役 如其人
　幕士注選軍之設 自有其任 法久弊生 役如奴隷 怨讟實多 自今一皆罷去".

2) 除役戶의 증가와 役制의 변화

원간섭기에는 궁원이나 권세가 등에게 예속되어 국가에 대한 각종 役 부담에서 제외되어 있는 민호들이 많은 것도 큰 특징의 하나였다. 국가에 부역을 부담하지 않는 민호와 관련해서 다음 기록이 주목된다.

忠肅王五年敎 其人役使 甚於奴隷 不堪其苦 逋亡相繼 所隷之司
計日徵直 州郡不勝其弊 多至流亡 以事審官及除役所蔭戶代之 全
亡州郡其除之 [除役所 卽宮司及所屬民戶 不供賦役者]32)

충숙왕 5년(1328) 하교하기를 其人의 役使가 노예보다 심하여 그 괴로움을 견디지 못하고 서로 이어서 도망하면 소속 관청에서 날짜를 계산하여 그 값을 거두니 그 군현이 폐단을 이기지 못하고 많이 유망한다. 기인의 역사를 事審官과 除役所의 蔭戶로 대신시키고 담당할 인원이 전혀 없는 州郡에 대해서는 면제하라고 하였다.

여기서 '除役所'가 주목된다. 제역소에 대해서는 '宮司及所屬民戶 不供賦役者'라는 『高麗史』 찬자의 註가 달려 있다.33) 除役所의 蔭戶는 국가에 대해서 부역을 부담하지 않는 민호인데, 대표적으로 宮司에 소속된 민호를 들었다.34) 그런데 국가에 대한 부역 부담이 면제된 민호는 宮司에 소속된 민호만이 아니었다. 여러 기관, 권세가 등이 다투어 민호를 점유하고 그들 민호가 국가에 부담하고 있던 貢役·徭役을 면제해 주었다. 국가에 대해 공역·요역이 면제된 이러한 민

---

32) 『高麗史』 卷75, 選擧志3, 銓注, 其人, 中冊, 652~653쪽.

33) 『高麗史』 卷84, 刑法志1, 公式, 職制, 中冊, 845쪽에는 같은 내용이 있는데
    "除役所者 宮及所屬民戶 不供賦役者"라고 하였다.

34) 원문 중의 '及'의 의미는 분명치 않다. 이는 誤記로 생각할 수도 있고(강진
    철, 「高麗前期의 '地代'에 대하여」, 『韓國中世土地所有硏究』, 1988, 87쪽),
    '及'의 의미를 살려서 생각해 보면 '宮司와 所'에 속한 민호가 될 수도 있다.

호를 除役戶라 부를 수 있을 것이다.

그런데, 제역호의 증가는 잡색역호와도 관련이 있다. 원간섭기에는 여러 기관에 소속되어 잡다한 신역을 부담하던 잡색역호가 확대되었는데 이러한 잡색역호들은 국가에 대한 각종 역 부담이 면제되었기 때문이다. 하지만 잡색역호 중에서도 국가기관에 소속되어 특정 신역에 동원되거나 특수한 공납품을 조달하는 경우에는 결과적으로 국가에 대해 부역 부담을 지는 것이 되므로, 잡색역호가 모두 제역호라고 하기는 어렵다. 원간섭기에는 국가기관에 소속되어 특정 신역을 부담하는 민호 외에도 궁원이나 권세가 등에게 소속되어 국가에 대한 요역이 면제되는 민호가 많았다. 또 국가기관이기는 하지만 국가의 법제에 따라 잡색역호를 배정받은 것이 아니라 국왕과의 사적인 관계를 통해 王旨를 받아 민호를 점유하는 경우도 많았는데 이들도 제역호라 할 수 있을 것으로 생각된다. 국가기관으로서 일정 수의 민호를 배정받은 경우에도 정해진 액수 이상의 민호를 점유하는 일이 많았고 민호 스스로 국가의 부역 부담을 피하여 투속하는 현상이 일어나서 제역호가 크게 증가하였던 것이다.

원간섭기 민호를 점유한 주체로서 찾아볼 수 있는 것은 먼저 충렬왕 4년(1278) 기록에 보이는 元成殿, 貞和院, 將軍房, 忽赤, 巡軍, 鷹坊人 迷剌里이다.

> (忠烈王四年) 嘉林縣人告達魯花赤曰 縣之村落 分屬元成殿及貞和院將軍房忽赤巡軍 唯金所一村在 今鷹坊迷剌里又奪而有之 我等何以獨供賦役 達魯花赤曰 非獨汝縣 若此者多矣 將使巡審諸道 以蠲其弊 請王遣人偕往 宰樞令李之氐白王曰 達魯花赤使人巡審諸道 得其實 以報朝廷 非細事也 乞收王旨與宮旨 籍民歸本役 王從之 公主不肯 乃止[35]

---

35)『高麗史』卷89, 列傳, 齊國大長公主, 下冊, 22쪽.

충렬왕 4년 가림현 사람이 達魯花赤에게 호소하기를 가림현의 촌
락이 元成殿, 貞和院, 將軍房, 忽赤, 巡軍에 나누어 소속되고 오직
金所 1촌이 있을 뿐인데 이제 응방의 迷刺里가 또 빼앗아 가지니 우
리들은 어떻게 부역을 바칠 것인가 하였더니, 達魯花赤가 말하기를
너희 현만 그런 것이 아니라 이런 곳이 많다고 하였다. 당시 宰樞가
李之氐로 하여금 왕에게 말하게 하기를 達魯花赤가 사람을 보내어
지방을 巡審하고 그 실상을 알아내어 元에 보고하면 큰일이라고 하
면서 王旨와 宮旨를 거두고 그 민호를 本役에 돌리도록 하였는데,
왕은 이에 따르려 하였으나 元公主가 싫어하여 이에 중지되었다고
한다.

이 기록을 통해 몇 가지 사실을 알 수 있다. 즉, 충렬왕 4년 당시
여러 군현의 촌락들이 왕실과 여러 권력기관, 원에서 보내온 응방인
등에게 분속되었다는 것과 이러한 촌락의 점유는 王旨나 원공주의
宮旨를 통해 이루어졌다는 사실이다. 그리고 왕실, 권력기관, 응방인
등에게 분속된 촌락은 소속 군현에서 부역을 지울 수 없었다는 점도
알 수 있다.

충렬왕 4년(1278)에 벌써 여러 군현의 민호들이 촌락단위로 王旨
나 宮旨를 통해 왕실, 각종 기관, 심지어 원에서 보내온 응방인 개인
에게까지 점유되고 있었고, 이들은 국가에 대한 부역 부담에서 제외
되었던 것을 알 수 있다. 제역호의 증가 현상은 이후에도 계속되어
정부의 개혁조처36)가 나올 때마다 이에 대한 시정방안이 마련되기도
하였다. 충숙왕 5년(1318) 기사에서는 事審官, 宮司, 忽赤, 司僕, 巡
軍, 權門이 민호를 점유한 주체로 언급되었고,37) 충목왕대 整理都監

---

36) 이 시기 개혁정치의 전반적인 내용에 대해서는 권영국, 「14세기전반 개혁정
    치의 내용과 그 성격 - 사회경제면의 개혁을 중심으로」, 『14세기 고려의 정
    치와 사회』, 민음사, 1994 참조.
37) 『高麗史』卷84, 刑法志1, 公式, 職制, 中冊, 845쪽, "忠肅王五年五月 下敎
    一事審官之設 本爲宗主人民 甄別流品 均平賦役 表正風俗 今則不然 廣占

狀에서는 行省三所, 忽只, 巡軍, 波吾赤, 內乘, 鷹坊이 거론되었다.[38] 또 공민왕 5년(1356) 개혁에서는 行省三所, 諸軍萬戶府, 賊臣이 점유한 민호가 추쇄대상이 되었다.[39] 그리고 실행되지는 않았지만 충렬왕이 耽羅民戶를 籍하여 內庫에 예속시키려 한 적도 있었다.[40] 충렬왕 20년(1294) 고려가 탐라를 회복한 후 왕은 이 탐라 민호를 내고에 예속시키려고 했던 것으로 생각된다.

그렇다면 元成殿, 貞和院, 將軍房, 忽赤, 巡軍, 鷹坊人 迷剌里, 事審官, 司僕寺, 權門, 行省三所, 波吾赤, 內乘, 鷹坊, 諸軍萬戶府, 賊臣 등은 점유한 민호에 대해서 어떠한 지배권을 행사했을까.

먼저 嘉林縣의 여러 촌락이 元成殿, 貞和院, 將軍房, 忽赤, 巡軍에 分屬된 것에 대해서는 종래 이를 토지 탈점과 결부시켜 이해해 왔다.[41] 이 시기에는 토지뿐 아니라 경작인도 탈점대상이 되고 나아가

公田 多匿民戶 小有差役 例收祿轉 則吏之上京者 敢於私門 決杖徵銅 還取祿轉 擅作威福 有害於鄕 無益於國 已盡革罷 其所匿田戶 推刷復舊 …… 一其人役使 甚於奴隷 不堪其苦 逋亡相繼 所隷之司 計日徵直 州郡 不勝其弊 可以事審官及除役所蔭戶代之 [除役所者 宮司及所屬民戶 不供賦役者] 全亡州郡 其除之 …… 一諸道忽赤司僕巡軍及權門所遣人等 影占人民 據執土田者 械繫以徇 流于遠島".

38) 『高麗史』卷85, 刑法志2, 禁令, 中冊, 865~866쪽, "(忠穆王元年五月) 整理都監狀 …… 行省三所忽只巡軍波吾赤投屬成黨橫行者 推考收取差帖 還本定役 各衙門公廨田收取人等 非處橫行作弊者 收馬匹各驛定屬 國制內乘鷹坊投屬人 並皆革罷 令各縣別抄及貢戶定役 今忽只等冒受賜牌 遣無賴人 將在逃人陳荒田 計年徵之 其弊莫甚 今後禁之 田地收租人等 每年一田四五度徵斂 使百姓失業流移者頗多 今後窮推 械送于京".

39) 『高麗史』卷81, 兵志1, 兵制, 中冊, 783쪽, "(恭愍王)五年六月下敎曰 一推刷行省三所諸軍萬戶府 隷屬丁口 用備戎兵";『高麗史』卷82, 兵志2, 站驛, 中冊, 804쪽, "恭愍王五年六月下旨 置郵傳命軍興所急 其令刷賊臣及行省所占人物 從來不明者 悉充驛戶 不急鋪車鋪馬 一皆禁止".

40) 충렬왕 22년(1296) 同知密直司事 李混이 파직되었는데, 이보다 앞서 왕이 탐라 민호를 내고에 예속시키려 하였을 때 불가함을 주장하여 왕의 노여움을 샀기 때문이라고 한다. 『高麗史節要』卷21, 忠烈王 22년 2月, 561쪽, "同知密直司事李混罷 先是 王欲籍耽羅民戶 隷內庫 混極言其不可 王不懌".

촌락이 탈점의 단위가 되기도 하였다는 것인데, 이는 해당 촌락에서
租·布·役 三稅를 모두 거둔 것으로 이해하는 것으로 보인다. 그런
데, 궁원이나 여러 기관이 민호 혹은 촌락을 점유했다는 기록에 대해
서 토지와 그 경작인 모두를 탈점하는 것으로 이해해도 좋을까 하는
데에 의문이 생긴다.

물론 이 시기에 토지를 탈점하는 일이 많았고 일반 민호를 점유하
여 사민화하는 일도 많았지만, 합법적인 민호 점유의 경우 본래는 役
을 징발하거나 役價를 징수하기 위한 것으로 생각된다. 이는 충렬왕
원년 洪州 曲楊村의 민호를 비롯하여 여러 민호를 응방에 소속시켰
을 때, 承宣 崔文本이 이를 반대하면서 국가가 요역을 조발할 곳이
없어진다고 한 데서도 짐작된다. 홍주 곡양촌의 민호가 응방에 소속
되었을 때 일어나는 문제는 田租 수입의 감소가 아니라 요역 調發의
문제였다. 응방호에 대해서는 貢役·徭役이 면제되었으므로, 곡양촌
의 貢戶가 모두 응방에 속한 민호로 바뀌는 것이다. 충목왕대의 개혁
조처에서 內乘과 鷹坊에 投屬한 사람들을 모두 혁파하여 別抄·貢
戶로 定役하게 한 것은 그러한 사정을 잘 말해준다. 아마도 곡양촌의
민호가 소유한 토지에 대한 田租는 응방에 속한 후에도 그대로 국가
에 납부하였을 것이다. 여러 기관이나 궁원의 민호 점유는 원래는 役
을 징발하기 위한 것으로 촌락을 단위로 하든 개별 민호를 단위로 하
든 별 차이가 없는 것으로 생각된다. 여러 기관이나 궁원은 그들에게
소속된 민호 모두에 대해서 직접 역을 징발할 필요는 없었을 것이므
로 役價를 징수하는 경우가 많았을 것이다. 이는 응방호의 경우에서
도 확인된 바 있는데, 응방에서 그 소속 민호에게서 銀·紵·韋·布
를 거두었다는 것이다.

하지만 문제는 각종 권력기관, 궁원 등이 점유한 민호에 대해 役의
징발이나 役價의 징수에 그쳤을까 하는 데 있다. 점유한 민호에서 국

---

41) 朴鍾進, 『高麗時代 賦稅制度 硏究』, 서울대 박사학위논문, 1993, 131쪽.

가에 납부해야 할 田租까지 거둔 것은 아닐까 하는 점이다. 실제로 事審官의 경우를 보면 公田을 광점하고 민호를 많이 占匿하며 소속 주현에서 조금이라도 差役을 하거나 例에 따라 祿轉을 거두면 上京한 향리를 私門에서 決杖하고 祿轉을 다시 거두었다고 한다.42) 사심관은 민호를 점유하여 주현에서 差役하는 것을 못하게 할 뿐 아니라 국가에 납부해야 할 田租인 祿轉까지도 거두고 있었던 것이다. 권력기관, 궁원, 권세가 등의 민호 점유는 때론 국가에 납부할 田租까지도 거두었을 가능성을 보여준다. 하지만 이는 일반적인 현상은 아닌 것으로 생각된다.

충목왕대의 정리도감장을 살펴보면, 忽只에 투속한 자들을 還本定役하라는 것에 뒤이어 忽只 등이 冒受賜牌한 토지에 無賴人을 보내어 陳荒田에서까지도 田租를 징수하는 폐단을 언급하고 이를 금하도록 한 내용이 있다. 忽只에 투속한 자에 대한 설명과 冒受賜牌하여 田租를 징수하는 문제를 구별해서 설명하고 있는 것이다. 忽只의 토지 지배는 주로 冒受賜牌를 통해 이루어지고 있음을 알 수 있다. 즉, 민호의 점유가 바로 그 민호의 토지를 탈점하는 것을 의미한다고는 생각되지 않는다.

응방의 경우에도 토지 지배는 주로 賜田 즉 賜給田을 통해 이루어졌다. 충렬왕 8년 당시 鷹坊, 怯怜口, 內竪賤口 들이 모두 賜田을 받아서 '誘民爲佃'하며 또 다른 사람의 땅이라도 그 경계선 안에 들어 있는 것은 아울러 田租를 거두니 주현의 부세가 들어올 곳이 없었다43)고 하였다. 이 때 특히 賜田을 많이 받고 사회문제를 일으키고

---

42) 『高麗史』卷75, 選擧志3, 銓注, 事審官, 中冊, 652쪽, "(忠肅王五年)五月 下教曰 事審官之設 本爲宗主人民 甄別流品 均平賦役 表正風俗 今則不然 廣占公田 多匿民戶 若小有差役 例收祿轉 則吏之上京者 敢於私門決杖 徵銅還取祿轉 擅作威福 有害於鄕 無補於國 已盡革罷其所匿田戶推刷復舊".

43) 『高麗史節要』卷20, 忠烈王 8年 8月, 534쪽, "時鷹坊怯怜口及內竪賤口 皆受賜田 多至數百結 少不下三四十結 誘民爲佃 凡人田在四至中者 幷收其租 州縣賦稅 不輸升合 守令若繩以法 卽譖王抵罪 承益尹秀李貞朴義元卿

있는 인물로 지목된 사람들 가운데 尹秀, 李貞, 朴義, 元卿 등은 대표적인 응방인이었다.

원래 賜給田은 국가에 공이 있는 자를 대우하기 위해 마련된 것이었는데[44] 충렬왕대 이후 寵臣, 元公主의 怯怜口, 內竪賤口, 鷹坊, 忽赤 등에게 山川을 경계로 한다고 할 정도로 많이 지급되어 문제가 되었다. 賜給田은 1/10租를 거두는 수조권을 지급하는 경우도 있었고, 황무지 개간을 명목으로 받았을 때는 1/10租 免租權을 포함하여 소유권까지도 갖는 것이었다.[45] 황무지를 개간한다는 구실로 사패를 모수하여 유이민 등을 초집하여 處干으로 삼아 경작시키며 3稅를 포탈하는 경우도 있었다. 때론 사급전 주변에 있는 민전에서까지도 田租를 거두어 소속 군현에서 전조를 거둘 수 없게 하였는데, 앞서 충렬왕 8년 기록에서 보이는 바와 같다.

이상과 같이 당시 토지 탈점의 문제는 賜給田, 冒受賜牌를 중심으로 이루어지는 것으로, 군현의 촌락이 여러 권력기관이나 궁원 등에 分屬되었다고 하여 이것을 곧바로 토지 탈점으로 생각하기는 어렵다. 여러 기관이나 궁원, 권세가 등의 民戶 점유는 간혹 권력을 이용해서 祿轉까지 거두는 경우도 있었겠지만, 원래는 役을 징발하거나 役價를 징수하는 형태로 지배한 것으로 생각된다.

그런데, 민호를 점유하여 이들을 농장에서 奴隷처럼 부리는 경우도 있었다. 창왕 즉위년 憲司 상소 내용 중 內乘에서 貢戶를 몰아 驅從이라 하고 천백인에 이르도록 公籍에 올리지 않고 사사로이 농장

高宗秀李之氏鄭承伍朴卿尤甚".

44) 『高麗史』卷78, 食貨志1, 田制, 功蔭田柴, 中冊, 712쪽, "辛禑六年六月 諫官李崇仁等上疏曰 …… 國家土田賜牌 本以待有功 近來冒受賜牌 占田太多者有之 乞令有司 根究推刷……".

45) 朴京安, 「高麗後期의 陳田開墾과 賜田」, 『학림』 7, 1985 ; 李景植, 「高麗末期의 私田問題」, 『동방학지』 40, 1983/『朝鮮前期土地制度硏究』, 1986 ; 오일순, 「고려후기 토지분급제의 변동과 祿科田」, 『14세기 고려의 정치와 사회』, 1994, 287~289쪽 참조.

을 설치하여 이들을 노예처럼 사역한다는 부분이 있다.[46] 내승이 사
사로이 설치한 농장에서 驅從이라 부르면서 노예처럼 사역하는 民戶
는, 단순히 役 혹은 役價를 납부하거나 그들의 소유지에서 국가에 납
부해야 할 田租를 內乘에 납부하는 민호라고는 볼 수 없다. 사사로이
설치한 농장에서 노예처럼 사역당하는 민호들은 주로 유이민을 招集
한 경우로 생각된다.

충렬왕대에 鷹坊·怯怜口·內竪賤者 들이 賜田을 많이 받고 '誘
齊民爲佃'[47]하였다는 것이나, 충숙왕의 폐행이었던 申靑이 人戶를
影占하여 莊舍를 짓고 그 貢役을 사사로이 하였다[48]는 것은 바로 이
런 경우를 보여준다. 流移하는 貢戶가 이러한 '招集齊民'의 주 대상
이 되었겠지만, 남아 있는 貢戶에게 국가의 부세가 집중되면 안정된
생활기반을 가지고 있던 貢戶 가운데에서도 권력을 가진 자의 농장
에 투탁하는 길을 택하는 경우가 나오게 되었을 것이다.

이렇게 보면, 원간섭기 이후 여러 기관이나 궁원, 권세가 등의 민
호 점유는 본래 役을 징발하거나 役價를 거두는 것이었지만 때론 권
력을 이용하여 田租를 징수하는 경우도 있었으며, 유이민을 招集하
여 사사로이 설치한 농장에서 노예처럼 부리는 경우도 있었다. 하지
만 田租까지 징수하거나 농장에서 노예처럼 부리는 경우가 있었다고
하여 이를 모든 경우로 확대해서 보는 것은 무리일 것이다.

민호를 점유한 주체로 기록에서 확인되는 것은 元成殿, 貞和院, 將
軍房, 忽赤, 巡軍, 鷹坊人 迷剌里, 事審官, 司僕寺, 權門, 行省三所,
波吾赤, 內乘, 鷹坊, 諸軍萬戶府, 賊臣 등이었다. 본래 除役戶가 宮

---

46) 『高麗史』卷84, 刑法志1, 職制, 中冊, 848~849쪽, "一司僕掌乘輿之馬政 周
之伯冏之任也 昵近左右 其選最重 近代別立內乘 內竪之徒 專擅其職 ……
而又驅其貢戶 名爲驅從 至千百人 不付公籍 私置農莊 而役使之若奴隷".

47) 『高麗史』卷123, 列傳36, 廉承益, 下冊, 675쪽, "時鷹坊怯怜口 及內竪賤者
皆受賜田 多至數百結 誘齊民爲佃".

48) 『高麗史』卷124, 列傳, 申靑, 下冊, 699쪽, "靑本驛戶 變名逃役 冒受大職
罪一也 靑將遠近親屬 除免站役 又影占人戶 聚作莊舍 私其貢役 罪二也".

院에 소속된 민호와 같은 성격의 것이라고 본다면, 이들 중에서 국가기관에 소속된 민호는 엄밀한 의미에서는 잡색역호로서 설명되어야 할 것이다. 하지만 국가기관이라 해도 정해진 액수보다 훨씬 많은 민호를 점유하여 문제가 되었던 기관들은 주로 內乘·鷹坊 등 국왕의 권력을 배경으로 세력을 부리는 기관이거나 行省三所·諸軍萬戶府 등 元 세력을 배경으로 한 기관이었다. 이처럼 권력을 이용하여 국가의 제도로 허용된 범위를 벗어나 민호를 점유하고 국가에 대한 부역을 면제해 주었던 권력기관들의 민호 점유는 제역호의 범주에서 설명할 수 있을 것으로 생각된다.

이들 중에는 응방인 迷刺里와 같이 원에서 보내온 응방인도 있었고, 權門 혹은 賊臣이라 한 국왕 측근세력이나 부원세력도 있었다. 또 忽赤나 波吾赤와 같은 왕의 주위에서 시중을 드는 怯薛조직도 포함되었다. 波吾赤에 대해서는 『세종실록』에서 '國俗割肉者 號波吾赤'[49]라 한 것을 보면 궁중에서 고기를 베는 일을 담당한 것으로 보인다.[50] 波吾赤에 대한 기록은 충목왕대 정리도감장 외에도 공민왕 7년에는 忽只, 忠勇衛 등과 함께 京城 수비에 동원되기도 한 것을 보여주는 기사가 있어서,[51] 궁중에서 왕의 시중을 드는 怯薛조직의

---

49) 『世宗實錄』卷78, 世宗 19年 9月 丙申, 4冊, 105쪽, "議政府啓 前此司饔所別監 掌公事 故別設波吾赤(國俗割肉者 號波吾赤) 今提擧別坐 掌公事 而別監則只專割肉之任 惟一割肉之任 旣有別監六人 又有波吾赤八人 實爲猥濫 宜革波吾赤 從之". 波吾赤는 조선 초에도 존속되다가 세종 19년에 혁파되었다.

50) 波吾赤는 종래 여행을 관장하는 것으로 이해해 왔으나[(內藤雋輔, 「高麗兵制管見 - 主として麗末蒙古の影響を受けたる兵制に就いて」(上·下·遺補), 『靑丘學叢』 15·16·18, 1934] 선초의 '割肉者'라는 해석이 고려시대에도 적용될 것으로 생각된다.

51) 『高麗史』卷81, 兵志1, 兵制, 中冊, 784쪽, "(恭愍王)七年五月 倭焚喬桐 京城戒嚴 發忽只四番各十五人 忠勇衛左右前三番各十人 赴喬桐 又發忠勇衛三番各三十人 阿加赤三番各十人 波吾赤三番各十人 忠勇衛三番各十五人 譯語各五人赴阻江赤口朽石等處". 波吾赤에 대해서는 이외에도, 우왕

하나이면서[52] 유사시 숙위군으로서의 역할을 담당한 것으로 생각된
다. 원간섭기에 元制의 영향을 받아 설치된 怯薛조직은 忽赤를 비롯
하여 迂達赤, 波吾赤, 速古赤, 阿車赤, 八加赤 등이 있었는데, 이들
은 왕권의 비호를 받고 있었기 때문에 많은 민호들이 다투어 투속한
것으로 보인다.

원간섭기에는 주로 국왕이나 元公主가 王旨·宮旨를 내리는 형태
로 제역호가 증가하고 있었으며, 그 지급대상은 왕실, 궁원, 국왕 측
근세력, 부원세력, 왕권을 배경으로 세력을 부리던 기관들, 元세력을
배경으로 한 기관들, 元에서 보내온 응방인 등이었음을 알 수 있다.
제역호의 증가는 잡색역호의 확대와 함께 원간섭기 役制 운영에서
특징적인 현상이다. 이전에도 궁원에 소속된 민호 등 제역호가 있었
지만 그 비중은 얼마 되지 않았다. 또 간혹 지방관이나 향리들이 일
부 貢戶를 使令에 斜屬시켜 役價를 징수하고 貢賦를 면제해 준 일
이 있어서 문제가 되기도 하였지만,[53] 원간섭기의 상황과는 비교가
되지 않는다.

제역호의 증가는 곧 국가에 부역을 부담할 민호가 줄어들게 되는
것을 의미하므로 개혁조처가 있을 때마다 이들에 대한 대책이 마련
되었다. 충숙왕 5년(1318)에는 事審官을 혁파하고 이들이 은닉한 민
호를 추쇄 복구하도록 하며, 忽赤·司僕寺·巡軍·權門에서 사람을

원년에는 波吾赤 等 房에서 內用을 빙자하여 州縣에서 徵斂하는 일이 많
으니 이를 금지하라는 교서가 내려가기도 하였다(『高麗史』 卷84, 刑法志1,
公式, 職制, 中冊, 847쪽, "辛禑元年二月 敎曰 諸倉庫官司及波吾赤等房 依
憑內用 徵斂州縣 又有忽只忠勇各愛馬 多般求請 作弊爲甚 仰都評議司 一
行禁斷 違者 所在官司 呈報憲司糾罪").

52) 권영국, 「원간섭기 고려 군제의 변화」, 『14세기 고려의 정치와 사회』, 민음
사, 1994, 145쪽.

53) 『高麗史』 卷78, 食貨志1, 田制, 貢賦, 中冊, 729쪽, "明宗十八年三月 下制
諸州府郡縣百姓 各有貢役 邇來守土員僚 斜屬使令 徵取役價 其貢賦經年
除免 掾吏之徒 並遵此式 役之不均 貢戶之民 因此逃流 各道使者 巡行按
問 如此官以罪奏聞 其餘掾吏 依刑黜職 令均貢役".

보내어 민호를 影占하지 못하도록 하였고,[54] 충숙왕 12년(1325)에는 권세가의 田莊에 招匿된 민호를 추쇄하여 貢戶에 충당하라는 명령을 내리기도 하였다.[55] 또 충목왕 3년(1347)에는 整理都監을 통한 개혁에서 行省三所・忽赤・巡軍・波吾赤에 투속한 자의 차첩을 거두고 還本 定役하였으며, 이미 혁파한 內乘・鷹坊의 투속인을 別抄와 貢戶로 定役하도록 하였다.[56] 이처럼 원간섭기 중에도 제역호를 국가의 貢戶 혹은 別抄로 돌리려는 노력이 없었던 것은 아니지만, 얼마나 실행에 옮겨졌을지는 의문이다.

2. 雜色役戶・除役戶의 정리

원간섭기에도 여러 기관이나 왕실, 권세가 등이 점유한 민호가 지나치게 늘어나는 것은 심각한 문제로 인식되어 이를 해결하기 위한 조처들이 나오기도 하였지만 큰 성과를 거둘 수 없었다. 어느 정도의 성과를 기대할 수 있는 것은 공민왕 5년 개혁에서부터였다. 이 때의 개혁 조처 중에서 잡색역호, 제역호와 관련된 것을 들어보면 다음과 같다.

라-1) (恭愍王)五年六月 下敎曰 一推刷行省三所諸軍萬戶府 隷屬 丁口 用備戎兵[57]

라-2) 恭愍王五年六月 下旨 置郵傳命軍興所急 其令刷賊臣及行省 所占人物 從來不明者 悉充驛戶 不急鋪車鋪馬 一皆禁止[58]

---

54) 『高麗史』 卷84, 刑法志1, 公式, 職制, 中冊, 845쪽.

55) 『高麗史』 卷79, 食貨志2, 戶口, 中冊, 732쪽, "忠肅王十二年十月 下敎 …… 一權勢之家 廣置田莊 招匿人民 不供賦役者 所在官司 推刷其民 以充貢戶".

56) 『高麗史』 卷85, 刑法志2, 禁令, 中冊, 865~866쪽.

57) 『高麗史』 卷81, 兵志1, 兵制, 中冊, 783쪽.

라-3) (恭愍王五年六月) 乙亥 停至正年號 教曰 …… 漕運不通 凡
　　 所轉輸 皆從陸路 宜令有司 量地遠近 營立院館 復其土田
　　 又以行省及逆賊所占人民 廬其旁 以便止宿 …… 營立院館
　　 復其土田 又以行省及逆賊所占人民 廬其旁 以便止宿59)

라-4) (恭愍王)五年六月 教曰 …… 諸家賜給田 平衍膏腴可屯田者
　　 以賊家及行省所占人物 分隊給地 以責其事 各道凡古屯田處
　　 皆用臨坡屯田之例60)

이상은『高麗史』의 世家와 兵志에 나뉘어 실려 있지만 모두 공민
왕 5년 6월 교서의 일부분이다.

먼저 라-1은 행성 3소와 제군만호부에 예속된 丁口를 추쇄하여 戎
兵으로 삼도록 하라는 것이다.

라-2는 郵驛을 설치하여 傳命하는 일은 軍士를 일으킬 때 긴급한
바이니, 賊臣과 行省이 占有한 인물을 추쇄하여 종래불명자는 모두
驛戶에 충당하고 급하지 않은 鋪車와 鋪馬는 모두 금지하게 하라는
것이다.

라-3은 漕運이 통하지 않아 모든 전수는 다 陸路로 하니 有司에
명령하여 거리의 遠近을 헤아려서 院館을 설치하고 그 土田을 복구
하며, 또 行省과 逆賊이 점유한 사람들을 그 곁에 집을 짓고 살게 하
여 숙박에 편리하게 하라는 것이다.

라-4는 諸家의 賜給田으로 平衍膏腴하여 둔전으로 삼을 만한 것
은 賊家와 行省이 점유한 사람들을 隊를 나누어 토지를 지급하여 그
일을 맡기며 各道에 있는 옛 屯田處는 모두 臨坡屯田의 예를 따르도
록 하라는 것이다.

공민왕 5년에는 奇轍 일파를 제거하고 反元改革을 추진하였다. 이

---

58)『高麗史』卷82, 兵志2, 站驛, 中冊, 804쪽.
59)『高麗史』卷39, 世家, 恭愍王 5年 6月 乙亥, 上冊, 771쪽.
60)『高麗史』卷82, 兵志2, 屯田, 中冊, 813쪽.

에 따라 일부 元과 관련된 기관과 기철 등 부원배에 대한 정리가 이루어졌는데 이 때 이들에게 점유된 민호를 처리하는 방법이 주목된다. 먼저 행성 3소와 제군만호부에 예속된 丁口를 戎兵으로 삼도록 하였는데 이는 당시 영토 수복과 관련해서 일반 양인으로서 이들 기관에 예속되었던 사람들을 모두 군인으로 편입시키려 한 것으로 보인다(라-1). 그런데 賊臣과 行省이 점유한 민호 가운데 '從來不明者' 즉 來歷이 명백하지 않은 자는 驛戶에 충정하고 있다(라-2). 일반 양인이 되기에는 결격 사유가 있는 사람들은 군인을 삼지 않고 驛戶로 정역한 것인데, 이는 驛戶가 일반 양인과 구별되는 身良役賤者였기 때문이다. 또 이후 院館의 관리에 충당된 사람들(라-3)과 隊를 나누어 땅을 지급해 주고 國屯田 경작에 충당된 사람들(라-4)은 모두 行省과 역적이 점유한 인물로만 되어 있고 '從來不明者'라는 말은 없다. 하지만 이들도 驛戶로 정해진 사람들과 마찬가지로 일반 양인으로 삼기에는 결격 사유가 있는 사람들이었을 것으로 생각된다. 공민왕 5년 교서에 보이는 국둔전 경작인의 모습은 선초 國農所 干農夫와 흡사하다. 특히 賊臣 즉 기철 일파가 점유한 민호 중 대부분은 사민화한 전호인 處干이었을 것으로 생각되는데, 이들 가운데는 내력이 분명치 않은 사람들이 많았을 것이다.

이처럼 공민왕 5년 개혁에서는 일부 元과 관련된 기관과 부원배들이 점유한 민호에 대한 개혁만이 이루어졌을 뿐, 그 외 왕권을 배경으로 한 여러 기구의 민호 점유는 여전하였다. 결국 원간섭기에 확대된 잡색역호, 제역호의 문제는 조선왕조를 개창하는 세력이 해결해야 할 과제가 되었다.

창왕 즉위년(1388) 7월 趙浚이 중심이 되어 마련한 田制改革案에는 잡색역호에게 지급했던 토지를 전례대로 절급하도록 한 부분이 있다.

(辛禑十四年)七月 大司憲趙浚等上書曰 …… 一位田 城隍鄉校紙
匠墨尺水汲刀尺等位田 前例折給 一白丁代田 百姓付籍當差役者
戶給田一結 不許納租 其在公私賤人當差役者 亦許給之 明白書
籍[61]

즉, 位田의 항목에서는 城隍, 鄉校, 紙匠, 墨尺, 水汲, 刀尺 등의
位田은 전례대로 折給할 것, 그리고 白丁代田은 '百姓付籍當差役者'
에게 지급하는데 호마다 田 1결을 지급하여 '不許納租'하며 公私賤
人當差役者도 또한 지급을 허락하되 명백하게 籍에 기록하라는 것
이다.

墨尺, 水汲, 刀尺은 관청에 소속되어 먹의 조달 관리, 물긷는 일,
음식 조리 등을 신역으로 담당한 稱尺者들이다. 묵척, 도척 등이 여
말 전제개혁 이전에도 位田을 받고 있었음은, '前例折給'하라는 것에
서 알 수 있다. 이들에게 지급되었던 토지는 원간섭기 기록에 보이는
'雜口分位田'에 포함될 것이다. 충목왕 원년 경기 8현 토지를 다시 經
理할 때 御分宮司田과 함께 '鄉吏津尺驛子雜口分位田'은 原籍을 살
펴서 지급하도록 하였다.[62]

또 趙浚은 전제개혁안에서 白丁代田이라는 地目을 설정하고 있는
데, 이는 이 때 처음 만들어진 것은 아니다. 백정은 본래 '직역이 없
는 壯丁'을 의미하지만 이들을 특정한 役에 差役할 때는 국가에서 토
지를 지급하였다. 그러한 예는 봉획소 백정에서 볼 수 있다. 의종 3년
서북면병마사 曹晋若이 상주하여 봉획식을 정했는데 이 규정에 의하

---

61)『高麗史』卷78, 食貨志1, 田制, 祿科田, 中冊, 714~717쪽.

62)『高麗史』卷78, 食貨志1, 田制, 祿科田, 中冊, 714쪽, "忠穆王元年八月 都
  評議使司言 …… 近來諸功臣 權勢之家 冒受賜牌 自稱本田 山川爲標 爭
  先據執 有違古制 乞依先王制定 京畿八縣土田 更行經理 御分宮司田 鄉吏
  津尺驛子雜口分位田 考覈原籍量給 兩班軍閑人口分田 元宗十二年以上公
  文 考覈折給 其餘諸賜給田 竝皆收奪 均給職田 餘田公收租稅 以充國用
  制可".

면 봉획소마다 防丁 2인과 白丁 20인을 두고 각기 平田 1결을 例給
한다는 것이다.[63)]

이처럼 백정을 특정한 役에 差役할 때는 약간의 토지를 지급하는
것이 관례였는데 이러한 관례를 여말 전제개혁안에서 되살리려고 한
것이다. 그리하여 '百姓付籍當差役者' 즉 '백성으로서 특정한 역 담
당자의 籍에 付籍되어 差役당하고 있는 자'에게 호마다 田 1결을 지
급하여 '不許納租'하도록 하였다. 그런데 이후 백정대전에 대한 기록
은 더 이상 보이지 않는다. 백정대전은 개혁안에서 논의되었을 뿐 실
현을 보지 못한 것으로 이해되기도 한다.[64)] 그렇지만 조선 초기에 일
반 양인으로서 특정한 역에 차역되어 토지를 받고 있는 경우는 있었
다. 예를 들면 공양왕 2년 설치된 水站의 站戶는 선초 水站干으로
불렸는데 이들은 원래 仕宦權이 인정된 일반 양인으로서 특수한 役
에 차정되어 있었고 이들에게 1인당 2결의 위전이 지급되었다.[65)]

조선 초기 일반 양인으로서 특수한 역에 차역되는 사람들은 백정
으로 불리지 않았기 때문에 白丁代田이라는 용어를 사용하지 않은
것으로 생각된다. 그런데 모든 잡색역호에 대해 토지를 지급한 것은
아니며 그 신역이 특별히 무겁다고 판단되는 일부 잡색역호에 대해
토지가 지급된 것으로 생각된다. 이러한 토지 지급도 조선 세종대 국
용전제가 시행되면서 상당 부분 축소되거나 혁파되었다.[66)]

이상 살펴본 바와 같이 1388년 7월에는 鄕吏, 墨尺·刀尺 등 稱尺
者, 百姓付籍當差役者 등과 같은 잡색역호에 대해 外役田이나 位田,

---

63) 『高麗史』 卷81, 兵志1, 兵制, 中冊, 781쪽, "(毅宗三年) 西北面兵馬使曹晋
若奏 定烽燧式 平時夜火晝烟各一 二急二 三急三 四急四 每所 防丁二白
丁二十人 各例給平田一結".

64) 강진철, 『한국중세토지소유연구』, 1989, 326쪽.

65) 『世宗實錄』 卷109, 世宗 27年 7月 乙酉, 4冊, 625쪽. 이 水夫位田은 세종대
국용전제의 시행에 따라 1결 50부씩 절급하도록 되었다(金泰永, 『朝鮮前期
土地制度史硏究』, 지식산업사, 1983, 115쪽).

66) 金泰永, 위의 책, 114~118쪽 참조.

백정대전을 지급하는 안이 마련되었지만, 당시의 雜色役戶·除役戶에 대한 개혁방안에 대해서는 기록을 통해 보이는 것이 없다.

그렇지만 이 무렵 잡색역호와 제역호에 대해서도 개혁안을 마련하고 있었음은 1388년 8월의 憲司 상소를 통해서 찾아볼 수 있다.

(辛禑十四年)八月 憲司上疏 …… 一司僕掌乘輿之馬政 周之伯冏之任也 昵近左右 其選最重 近代別立內乘 內竪之徒 專擅其職 …… 而又驅其貢戶 名爲驅從 至千百人 不付公籍 私置農莊 而役使之若奴隷 然害民病國 甚可哀痛 願自今以尙乘屬之司僕寺 不許內竪除授 謹擇廉幹者任之 更日入直 凡其蒭豆 身親量給 畿內蒭蒿 計馬定數 分月而供 且使糾正監檢 每一番置獸醫五人 驅從三十人 餘皆罷之 屬之府兵67)

憲司에서 상소하기를 司僕寺는 乘輿의 馬政을 맡고 있는데 近代에 와서 따로 內乘을 세우고 內竪의 무리가 그 職을 專擅하니 문제라는 것이다. 또 그 貢戶를 驅使하여 이름을 驅從이라 하는 것이 千百人에 이르도록 公籍에 붙이지 않고 사사로 農庄에 두고 役使하기를 奴隷와 같이한다. 이제부터 尙乘을 사복시에 붙이고 內竪로 除授함을 許하지 말 것이며, 매 1번에 獸醫 5人과 驅從 30인을 두고 나머지는 모두 혁파하여 府兵에 속하게 하라는 것이다.

이는 司僕寺와 內乘의 驅從 즉 驅史로 동원되는 민호에 대해서, 또 구종이라는 이름으로 농장에서 노예와 같이 사역되는 민호에 대해서 혁파하라고 건의한 것이다. 다만 사복시에 속한 말을 돌보는 구종은 필요하므로 매 1번에 구종 30인을 남기고 나머지는 모두 혁파하여 부병에 속하게 하라고 하고 있다.

사복시와 내승의 농장은 이후 추진된 전제개혁을 통해 정리되었을 것으로 생각된다. 농장의 정리와 함께 이들 기관에 소속된 민호에 대

---

67) 『高麗史』卷84, 刑法志1, 職制, 中冊, 848~849쪽.

한 정리작업도 시행되었을 것이다. 1388년 8월 이 상소가 있은 후 곧
바로 개혁이 이루어졌는지는 알 수 없다. 하지만 조선 세종 13년 기
록에서 사복시의 驅史가 1번에 30명이 立番하고 있는 것을 보면[68]
1388년 8월에 올린 사헌부의 상소대로 사복시의 구사에 대한 정리가
이루어졌음을 알 수 있다.

또 1388년 10월에는 幕士, 注選을 혁파하라는 상소가 있었다.

> (辛禑十四年)十月 憲司又上書曰 …… 其人分隷各處 役之如奴隷
> 至有逋亡者 主司督京主人 日徵闕布人一匹 主人不能償之 直趣州
> 縣 倍數督徵 州郡凋弊 願自今一切罷去 使還鄕里 其各殿之役 以
> 近日革罷倉庫奴婢代之 各司之役使者 亦以辨正都監屬公奴婢充之
> 司設幕士注選之屬 亦皆革去 以安民生[69]

憲司가 또 上書하기를 其人은 各處에 分隷되어 役使하기를 奴隷
와 같이하여 逋亡하는 자까지 생기는데, 이제부터 一切 혁파하여 향
리로 돌려보내고 그 各殿의 役은 近日에 혁파한 창고의 노비로 대신
하게 하고 各司에서 役使하는 자도 또한 辨正都監에서 屬公한 노비
로써 충당하고, 司設署의 幕士·注選들도 또한 모두 革去하여 민생
을 안정케 하라는 것이다.

幕士와 注選은 고려 전기에는 잡류층이 담당하던 말단이속직이었
는데, 여기서는 지방 향리 출신의 上京從役者인 其人과 함께 민생안
정 차원에서 革去가 논의되었다. 고려 말의 幕士와 注選은 군현단위
로 일정 인원수가 배정되어 향리 혹은 일반 민호 중에서 차출하여 上
京從役하고 있었던 것으로 생각된다. 즉 일종의 잡색역호로서 지방

---

68) 『世宗實錄』卷51, 世宗 13年 正月 己丑, 3冊, 292쪽, "兵曹啓 司僕寺 每一
番 令諸員一百 驅史三十立番 諸員驅史役使不異 而驅史亦於隊副去官之
後 還屬諸員 五品去官 請勿稱驅史 其遞兒職 并屬諸員 統計各番到宿 呈
都目去官 從之".

69) 『高麗史』卷84, 刑法志1, 職制, 中冊, 850~851쪽.

에서·차출되어 상경종역하는 막사와 주선은 당시 수효가 얼마나 되었는지 모르지만, 혁파가 논의되는 것을 보면 당시 해결해야 할 문제로 제기되었던 것을 알 수 있다.

그런데 이 창왕 즉위년의 幕士, 注選 혁파 논의는 실행되지 않은 것으로 보인다. 조선 태조 즉위년 교서에서 다시 其人과 함께 幕士, 注選을 혁파하라는 명령이 내려가고 있다. "外吏가 上京從役함은 其人, 幕士, 注選軍의 설치와 같이 각자의 役任이 있어서이지만은, 법이 오래 되어 폐가 생겨서 역사하기를 노예와 같이하여 원망함이 실로 많으니 이제부터는 일체 모두 罷去하라"[70]는 것이다. 기인은 그 뒤 다시 復立되었으나[71] 幕士와 注選에 대한 기록은 이후 보이지 않는 것으로 보아 이 때 혁파된 것으로 생각된다.

여말에 이루어진 잡색역호에 대한 개혁은 더 이상 기록에서 찾아볼 수는 없지만, 여말 전제개혁을 통해 각 기관들이 설치하였던 농장이 혁파되는 과정에서 이들 기관에 점유되었던 많은 민호들이 국가의 公役을 부담하는 민호로 바뀌었을 것을 예상할 수 있다. 또 이 무렵에는 칭척자 가운데 특수한 부류로서 국가의 역 부담에서 제외되어 있던 禾尺에 대해서 평민화하려는 정책도 추진되고 있었다.[72]

이처럼 1388년 이후 1392년 조선왕조가 개창될 때까지의 기간 동안, 원간섭기 이후 급속히 확대된 잡색역호·제역호의 문제를 어느 정도 정리할 수 있었을 것이다. 하지만 이러한 정리작업에도 불구하고 조선 초기에 잡색역호가 상당히 많았던 것으로 보인다.[73] 여말 잡

---

70)『太祖實錄』卷1, 太祖 元年 7月 丁未, 1冊, 22쪽, "一外吏上京從役 如其人 幕士注選軍之設 自有其任 法久弊生 役如奴隷 怨讟實多 自今一皆罷去".

71) 韓㳡劤,『其人制硏究』, 일지사, 1992, 158쪽.

72)『高麗史』卷84, 刑法志1, 公式, 戶婚, 中冊, 853쪽, "(辛禑)十四年八月 憲司上疏曰 禾尺才人 不事耕種 相聚山谷 詐稱倭賊 不可不早圖 願自今 所在州郡 課其生口成籍 不得流移 擇曠地 勒令耕種 與平民同違者 所在官司 繩之以法".

73) 조선 태조 2년 各道에서 올린 軍籍에서 경기좌우도, 양광도, 경상도, 전라

색역호, 제역호에 대한 정리작업의 문제 가운데에는 조선왕조를 개창한 세력이 점유한 민호에 대한 정리가 이루어지지 않았다는 문제도 있었다. 특히 이성계 집안을 비롯하여 옛 쌍성총관부 지역 출신 세력가들이 점유하였던 민호는 선초에도 여전히 유지되었다.

이성계 집안의 민호 점유는 加別赤 즉 家別抄가 대표적인 것이다.74) 이 家別抄는 태종 11년에 혁파되었는데,75) 여기서 설명된 바에 따르면 이보다 앞서 동북면 咸州 등의 良民 500家가 태조 잠저시에 태조에게 투속하였는데 수령들도 이들을 역사하지 못하였으니 이들을 가별초라 하였다고 한다. 가별초가 조선 왕실이 점유한 민호임은 다음 기록에서도 알 수 있다.

> 罷革東北面千戶等私役管下民戶 …… 又東北面土豪 私占百姓
> 如奴隷父子相傳 爲弊甚鉅 雖在王室 亦以良民 號爲家別抄 上深知
> 其不可 於辛卯年 盡去家別抄 爲官軍 宗室皆觀感而革之76)

동북면 토호가 百姓을 私占하여 노예처럼 父子相傳하니 그 폐단이 심히 큰데, 왕실에 있는 자도 또한 양민을 가별초라 부르니 왕이

도, 서해도, 교주도, 강릉도 등 8도의 馬兵, 步兵, 騎船軍이 총 20만 800여 인이고, 子弟와 鄕驛吏諸有役者가 10만 500여 인으로 파악되어(『太祖實錄』卷3, 太祖 2年 5月 庚午, 1冊, 44쪽) 군역부담자와 子弟鄕驛吏諸有役者가 2 : 1 정도의 비율을 보인다. 유승원, 「조선초기 양인의 잡색역」, 『朝鮮初期身分制硏究』, 을유문화사, 1987, 423쪽 참조.

74) 家別抄는 여진 추장이 거느리는 管下民戶와 성격이 비슷하지만 그것을 거느리는 사람이 모두 이성계 집안과 혈연관계에 있는 사람이라는 점에 대해서는 김순자, 「高麗末 東北面의 地方勢力硏究」, 연세대 석사학위논문, 1987, 40쪽 참조.

75) 『太宗實錄』卷21, 太宗 11年 6月 丙午, 1冊, 587쪽, "罷東北面家別抄 先是 東北面咸州等處 良民五百家 役屬于太祖潛邸之時 守令莫得而役之 謂之 家別抄 上卽位之初 減其半屬公 至是悉令罷之……".

76) 『太宗實錄』卷26, 太宗 13年 8月 壬子, 1冊, 681쪽.

그 불가함을 알고 신묘년(태종 11)에 이미 혁파하여 官軍으로 삼았다는 것이다.

선초 동북면에는 왕실의 가별초 외에도 토호들이 사점한 많은 민호들이 있었다. 세조 13년에 일어난 李施愛의 난은 당시 호패법이 실시되어 토호가 점유한 양민을 추쇄하는 것에 대해 반발하여 일으킨 것77)이라고 할 정도로 조선왕조가 개창된 후에도 오랫동안 동북면 지역의 토호들은 많은 민호를 私占하고 있었다.

그런데, 조선 왕실의 민호 점유는 가별초에 그치지 않았다. 함길도 諸邑에는 본궁에 소속된 鷹人(鷹師)과 海尺이 있었다. 본궁에 소속된 함길도의 응인과 해척은 세종 16년에도 숫자가 너무 많다고 하여 그 수를 줄이는 일이 검토되었으나, 이들이 祖宗의 시대로부터 일을 하여 父子相傳하여 온 지가 이미 오래 되었으니 전의 구실을 그대로 하도록 하면서 다만 결원이 있더라도 보궐은 하지 않도록 하였다.78) 內鷹房人은 時波赤79)라 불렸는데 여기에는 군역을 피하는 사람들이 많이 투속하였다. 세종 2년 태종이 상왕으로서 각 도에 명하여 시파치의 정원을 2백 명으로 하는 등 일부 시파치를 혁파하였는데 이 때 혁파된 시파치가 수백 호가 되었다고 한다.80) 그런데 이 때 시파치 혁파 조처에서도 함길도 본궁에 소속된 216호만은 그 전대로 두게 하였다.

이처럼 함길도 제 읍에 거주하는 본궁 소속의 鷹人과 海尺은 이성

---

77) 김순자, 앞의 글, 1987, 67쪽.

78)『世宗實錄』卷65, 世宗 16年 9月 丙戌, 3冊, 591쪽, "前此本宮屬 咸吉道鷹人海尺之類頗多 上思欲減損 命本道監司磨勘 至是磨勘以啓 上覽之曰 此輩皆自祖宗代始役 至今父子相傳久矣 仍其前役 有闕勿補".

79)『高麗史』에서는 공민왕 20년에 다시 응방을 설치하였는데 매를 사육하던 자를 時波赤라 하였다고 한다.『高麗史』卷77, 百官志2, 諸司都監各色, 中冊, 693쪽. "恭愍王二十年 設鷹坊 其養飼者 名曰時波赤 定四品去官".

80)『世宗實錄』卷10, 世宗 2年 10月 甲子, 2冊, 413쪽.

계 집안이 동북면 지방에서 점유하고 있던 민호로서 매를 나포, 사육
하는 일과 바닷가의 어부로서 해산물을 조달하는 일을 담당하고 있
었던 것이다. 본궁에 속한 함길도의 응인과 해척은 단종 원년에 이르
기까지도 300호가 있었으며 그 수가 모자라면 그들 자손들로 채우게
하였다.81) 이들 함길도의 鷹人(鷹師)과 海尺 300호는 단종대 이후에
는 內需所(뒤의 內需司)에 소속된 것으로 나타나며, 이 함길도의 해
척은 성종 6년에는 내수사에 속한 漁夫로 기록에 보인다.82) 본궁에
소속된 민호는 함길도에만 있는 것도 아니었다. 各道에서는 본궁에
투속하여 본궁 노비라 하거나 雇工이라 하면서 국가의 역 부담에서
빠져나가는 민호들이 늘어나 문제가 되었다.83) 이처럼 이성계 집안
이 함길도에서 점유하고 있던 민호는 조선이 개창된 후에도 여전히
가별초라든가 응인, 해척이라는 이름으로 유지되었는데, 태종 11년
가별초가 혁파된 후에도 본궁에 소속된 함길도의 응인과 해척은 성

---

81) 『端宗實錄』卷5, 端宗 元年 1月 辛卯, 6冊, 565쪽, "內需所啓曰 本宮屬咸
吉道諸邑海尺[海邊漁人俗稱海尺] 鷹師正戶三百內 未充數十二戶 令其道
監司 用其子孫充定 其逃亡老病者 亦漸次充定 每三年一次 本宮奴婢推刷
時 幷推刷成案上送 從之".

82) 『成宗實錄』卷52, 成宗 6年 2月 癸未, 9冊, 191쪽, "諭永安道觀察使金瓘曰
咸興內需司 屬鷹師漁夫三百戶 戶各三丁爲率 其子婿兄弟同居者外 疎族
及挾戶人丁 並令充軍 一禁投屬之法 已於正統七年九月二十日下旨 而邇
來 慢於奉行 道內諸邑居內需司富强奴及鷹師漁夫等 非徒掩匿戶別子弟
其他良民 亦多隱蔽 其弊不貲 卿 擇差剛明守令依前立法 詳悉檢括 並充軍
役 具數以啓".

83) 『文宗實錄』卷4, 文宗 卽位年 10月 庚辰, 6冊, 300쪽, "慶尙左道都萬戶金
雄虎 上書曰 有役良民 有主奴婢 不從其役 不事其主 反役使於諸君大君
以至本宮奴屬之家者頗多 禁令雖嚴 而潛隱投托 勢難告擧 伏望令內需所
推刷 議政府議 宜令各道觀察使推刷 從之";『文宗實錄』卷6, 文宗 1年 3
月 癸亥, 6冊, 370쪽, "議政府據刑曹呈啓 …… 居外方本宮奴隷 及諸宗親
駙馬 各戶奴屬 恃其豪强 無所忌憚 諸道流移人物 或稱雇工 或稱一根奴隷
容隱羣聚 其里正長 亦畏其威勢 不告於官 緣此中外有主奴婢 有役良民 不
供其役 不事其主 爭先逃往戶籍日縮 軍額日減 非徒有違大體 本主之微劣
者 則不多奴婢 逃隱無遺 以至親自役事 不勝痛憫……".

종 6년까지도 '咸興 內需司에 속한 鷹師와 漁夫 300호'로서 유지되었다.

조선 왕실은 고려 말에 함길도에서 점유하고 있던 민호를 조선 개창 후에도 여전히 지배하고 있을 뿐 아니라, 時波赤라든가 본궁 소속 노비 등의 명목으로 전국적으로 많은 민호를 점유하고 있었다. 왕실 외에 동북면의 토호들도 선초에 여전히 많은 민호를 점유하고 있었고, 조선에 투화한 여진 추장들은 동북면에 거주하면서 태종 13년 이들이 私役하던 管下 민호가 혁파될 때까지 이들 민호를 점유하고 있었다.[84]

이외에도 고관이나 공신들은 丘史, 伴倘이라는 이름으로 많은 민호를 점유하고 있었다. 丘史는 驅史, 驅從, 丘從으로도 불리며 고려 전기에는 전시과가 지급되는 잡류직의 하나로서 관료나 궁원 관청에 지급되어 從者 역할을 하였는데, 고려 후기에는 점차 일반 민호의 신역으로 변하였다. 고려말 사복시와 내승에서도 구사라고 하면서 민호를 많이 점유하였는데, 고관·공신 들도 역시 구사라는 이름으로 많은 민호를 점유하기는 마찬가지였다. 여말에는 많은 민호가 고관, 공신 등의 구사에 투속하여 從者 혹은 私兵으로서 역할을 담당하였다. 이러한 성격의 구사는 선초에도 계속 유지되었다.

조선시대의 구사에 대해서는『經國大典』의 설명을 근거로 대체로 관노비로 이해해 왔다.[85] 하지만 세종 8년(1426) 함길도 도절제사의 啓에 의하면, 功臣에게 특별히 내려주는 丘從과 伴黨은 京畿의 閑良人으로 차정한다고 일찍이 세운 법령이 있는데 함길도 내에 산재하고 있는 正軍 奉足人들이 몰래 상경하여 반당으로 투속하고 있다고 하였다.[86] 세종 8년 당시까지도 공신의 구사는 경기의 한량인으로 차

---

84) 동북면 천호 등이 私役하던 관하 민호는 태종 13년 8월 혁파되었다(『太宗實錄』卷26, 太宗 13年 8月 壬子, 1冊, 681쪽).

85)『經國大典』卷5, 刑典, 公賤, "功臣丘史及丘史之奉足 以外居奴婢給 身歿三年後 還本役".

정되었으며 관노비가 아니었다.[87] 그런데 단종 2년(1454)에는 의정부
에서 刑曹都官의 呈文에 의거하여 아뢰기를 공신의 구사를 諸司奴
婢로 외방에 거주하는 자와 亂臣의 노비로써 정하여 주도록 청하니
왕이 이에 따랐다고 한다.[88] 이렇게 하여 공신의 구사는 관노비로 지
급하도록 바뀌었다.

공신이나 고관의 민호 점유는 구사뿐 아니라 반당이라는 이름으로
이루어지기도 했다. 伴倘은 伴黨 혹은 伴人이라고도 하는데, 이에 대
해서는 자세한 연구가 있다.[89] 『高麗史』에 보이는 반당은 공민왕 20
년의 기록이 처음이다. 나주목사 이진수의 상소 가운데 '伴倘騎從'이
보이는데 여기서 반당기종을 '品官騎從'이라고 하였다.[90] 이미 電吏
나 丘史가 있는데 왜 품관기종이 필요하겠는가 하면서 품관은 재상
의 신복이 아니라는 것이다. 재상 등 고관을 수종하는 사람 중에는

---

86) 『世宗實錄』卷33, 世宗 8年 8月 癸亥, 3冊, 38쪽, "咸吉道都節制使啓 別賜
　　功臣丘從伴倘 以京畿閑良人差定 曾有著令 道內各官散住正軍奉足人 潛
　　隱上京 於上項伴倘及防牌隊長隊副 連續投屬 規避軍役 因此防禦虛疎 請
　　防牌伴倘內 本道人一皆革除 屬軍赴防 其有擅自上京 潛附勢家求屬者 痛
　　禁 從之".
87) 고려 무인집정기 이후 선초에 이르기까지 공신 책봉 때마다 공신의 구사 중
　　일부를 眞拜把領거나 許初入仕하는 조처가 시행된 것을 보아도 이 때의
　　구사는 관노비가 아니었다.
88) 『端宗實錄』卷10, 端宗 2年 1月 丙辰, 6冊, 657쪽, "議政府據刑曹都官呈啓
　　功臣丘史 請以諸司奴婢居外者 及亂臣奴婢 定給 從之".
89) 韓嬉淑,「朝鮮初期의 伴倘」,『역사학보』112, 1986 ;『조선초기의 잡류층에
　　대한 연구』, 고려대 박사학위논문, 1990.
90) 『高麗史』卷84, 刑法志1, 職制, 中冊, 846~847쪽, "(恭愍王)二十年七月 羅
　　州牧使李進修上疏曰 官爵人君任賢授能之器也 安有人臣 盜主之恩 掠美
　　於僚友 妄自尊大者乎 慶弔外 諸司官員 投謁權門 又稱伴倘騎從者 及常選
　　外 諸都監雜路薦狀 一皆命法司 痛理斷之 旣有各掌百官 何必立都監 旣
　　有電吏丘史 何必品官騎從乎 品官非宰相之臣僕 諸司公事啓課者 進達於
　　合坐所 其一至權門者 削其職 再至者 加之以罪 三至者 終身不叙 其餘至
　　百 田民屬公 王嘉之".

말을 모는 종자로서 丘史가 있고 또 使令으로서 電吏가 있는데 굳이
품관기종인 반당이 있을 필요가 없다는 것이다. 반당을 騎從이라 함
은 말을 타고 수종하기 때문이었을 것이며 이들 가운데는 품관도 있
었던 것으로 보인다. 즉 구사나 반당이 모두 隨從人이지만 반당은 구
사보다는 높은 지위에 있었다. 반당이 모두 품관인 것은 아니지만 諸
司의 官員이 재상 등 고관의 반당이 되는 경우도 있었던 것이다.

공민왕 20년(1371)에 이진수는 伴倘騎從이 불필요하다고 상소하고
있지만, 이후로도 이러한 문제는 해결되지 않았다. 반당을 거느리는
것은 재상 등 고관에 한정된 일이 아니었다. 공민왕 23년에는 왜구의
침입을 물리치기 위해 대책을 강구하던 중 檢校中郎將 李禧와 中郎
將 鄭准提의 上書를 받아들여 이들을 각각 양광도안무사와 전라도
안무사로 삼고 倭人追捕萬戶를 겸하게 하였는데, 이 때 이희의 반당
67인과 정준제의 반당 85인에게 모두 첨설직을 수여하였다.[91] 中郎
將이 거느린 반당이 이 정도인 것을 보면, 당시 관원들이 점유한 반
당의 규모가 상당히 컸을 것임을 예상할 수 있다.

우왕 3년(1377)에는 왜구의 침입에 대비해서 궁성 숙위는 成衆愛
馬가 담당하게 하고 宰樞의 私第는 반당으로 하여금 지키도록 하였
다.[92] 반당은 伴人이라고 하였는데, 우왕 4년에는 봉익, 통헌관이 內
香을 빙자하여 伴人을 많이 거느리고 지방에 돌아다니며 폐단을 일

---

91) 『高麗史』 卷83, 兵志3, 船軍, 中冊, 831쪽, "(恭愍王)二十三年正月 檢校中
郎將李禧上書曰 今倭寇方熾乃驅烟戶之民 不習舟楫者 使之水戰 每至敗
績 臣生長海邊 曾習水戰 願率海島出居民及自募人慣於操舟者 與之擊賊
期以五年 永淸海道 中郎將鄭准提 亦上書獻策 王大悅 以禧爲楊廣道安撫
使 准提爲全羅道安撫使 兼倭人追捕萬戶 以禧伴倘六十七人 准提伴倘八
十五人 皆授添設職 又令密直司畫給空名千戶牒二十 百戶牒二百 初六道
都巡察使崔瑩造船二千 欲以六道軍騎船捕倭 百姓畏懼 破家逃役者 十常
五六 及准提等建議事 遂寢".

92) 『高麗史』 卷82, 兵志2, 宿衛, 中冊, 795쪽, "(辛禑)三年十二月 命成衆愛馬
勿論番次 皆入直 又以所乘馬置紫門以備不虞 命翼衛軍宿衛於闕外四隅
宰樞各以伴倘 宿于私第".

으키고 있으니 처벌하라는 헌사의 상소가 있었다.[93] 공양왕 4년 헌사
의 상소 가운데에는 大小員將들이 伴倘奴隷를 거느리고 宮門을 무
시로 출입하는 문제에 대해 언급한 부분이 있다. 여기서는 伴倘奴隷
를 僕從雜類라 하고 또 根隨人이라 하였다. 大小員將들이 거느리고
궁문을 출입하는 伴倘奴隷에 대해서 앞으로는 특히 宣命으로 부름
을 받은 자와 숙직 인원 그리고 公事를 啓禀하는 관리를 제외하고는
함부로 출입을 금지하고 그 마땅히 출입할 자는 2품 이상은 根隨人
2명, 4품 이상은 1명으로 하고 나머지는 거느리고 들어갈 수 없게 하
라는 것이다.[94] 이처럼 고려말 이래의 私兵的 騎從者였던 반당은 조
선 태종대에 이르러 국가 통제 하에 지급된 개인의 호위병으로 성격
이 변화되었다.[95]

반당의 수를 줄이려는 노력은 조선 태조대부터 시작되어, 태조 3년
에는 도절제사 휘하 군관 수를 정하면서 반당은 3명으로 정하였다.[96]
태종 8년에는 駙馬 諸君 三功臣의 반당 수를 10인으로 정하였는
데,[97] 규정대로 잘 시행되지 않아서 差帖을 받은 자가 외방에 산재하

---

93) 『高麗史』 卷84, 刑法志1, 職制, 中冊, 847쪽, "(辛禑四年)十二月 憲司上疏
日 奉翊通憲官 例未得出外 今憑內香 多率伴人 乘馹橫行 其弊不小 願自
今科罪禁止".

94) 『高麗史』 卷85, 刑法志2, 禁令, 中冊, 868~869쪽, "(恭讓王四年)三月憲司
上疏言時事 一擅入宮殿門 旣有其律 見今宮門不嚴 大小員將 引伴倘奴隷
無時出入 甚至雜亂 或有司門者阻當 反致陵辱 無有懲禁 至如御殿 宴享賓
客 臨朝聽政之際 僕從雜類 闌入混雜 朝儀不肅 若不嚴切禁理 誠爲未便
願自今除特奉宣喚及應直宿衛人員 啓禀公事官吏外 其餘閑人 毋得擅入
其應入者 二品以上 將引根隨人二名 四品以上一名 其餘毋得將引輒入 違
者治罪 車沙兀及各門把直人員 不能禁禦者 幷罪之……".

95) 韓嬉淑, 「朝鮮初期의 伴倘」, 『역사학보』 112, 1986/『조선초기의 잡류층에
대한 연구』, 고려대 박사학위논문, 1990, 42쪽.

96) 『太祖實錄』 卷5, 太祖 3年 3月 乙巳, 1冊, 60쪽, "都評議使司狀啓曰 各道
都節制使 率行軍官 宜定其數 兵馬使知兵馬副使各一 判官伴黨各三 從
之".

97) 『太宗實錄』 卷16, 太宗 8年 11月 乙卯, 1冊, 463쪽, "初定駙馬諸君三功臣

여 이들에 대해 매년 2~3차 점고하도록 하는 대책이 마련되기도 하였다.[98] 또, 선초 왕족이나 재상 등 세가들은 伴黨·伴人이라 칭하면서 많은 양민을 농장경영에 흡수하고 있었는데, 16세기 중엽에는 伴人私占 현상이 堂下官·生員·儒士에 이르는 양반층 전체에 확대되어 있었다.[99]

이상 살펴본 바와 같이 여말에 재상, 공신 등이 구사나 반당이라 칭하며 많은 인원을 점유하였는데 선초에도 이러한 현상은 마찬가지였다. 조선정부에서는 구사와 반당을 경기의 한량인으로 차정하라든가 그 정원을 정한다든가 하는 방법으로 재상이나 공신들의 민호 점유를 억제하려 하였고, 단종대에는 공신의 구사를 관노비로 차정하도록 하였지만 오히려 농장확대와 관련해서 반당을 私占하는 현상은 더욱 확대되었다.

이렇게 보면, 조선왕조가 개창된 후에도 가별초와 함길도 응인, 해척이 그대로 유지되었고, 본궁 소속 노비라든가 고공의 이름으로 왕실은 많은 민호를 점유하고 있었다. 또 함길도의 토호들의 민호 점유도 —대로 유지되었고, 이 지역에 거주하는 여진족 추장들이 점유한 관하 민호도 태종대 혁파될 때까지 유지되었다. 고관이나 공신이 구사 혹은 반당이라는 이름으로 점유한 민호들도 조선왕조 개창과 관계없이 그대로 유지되었던 것이다.

그런데, 조선 태종대 이후 이러한 잡색역호·제역호에 대한 정리가 상당 부분 추진되었다. 먼저 태종 5년 陰竹國農所가 혁파되고 그 칭간농부는 모두 船軍과 漢都鍊瓦軍에 분속되었다.[100] 또 태종 10년

伴黨之數 以十人爲式".

98) 『太宗實錄』卷17, 太宗 9年 2月 癸未, 1冊, 474쪽, "兵曹請點考功臣及諸君私伴黨之數 啓曰 功臣諸君各差私伴黨十人 本以衛王室 且備無時出入 今受差牒者 散在外方 有乖差定之意 自今每一年 二三度式 出榜親着點考 從之".

99) 李景植, 「朝鮮前期 地主層의 動向」, 『朝鮮前期 土地制度硏究(2)』, 1998, 299~300쪽.

7월에는 忠淸道都觀察使 韓雍이 올린 便民十事에 公衙丘從을 예전 대로 둘 것을 건의한 것으로 보아,101) 이보다 앞서 외방의 공아 구종을 다른 役에 옮겨 정하고 관노비로 구종의 役을 하도록 하는 조처가 취해졌음을 알 수 있다. 공아 구종은 외방 관아에서 蒭蒿, 炭木, 遞代迎送 등의 일을 담당하고 있었는데 이 일을 관노비로 담당하도록 하니 관노비가 부족한 군현에서는 이러한 公衙雜役을 모두 평민에게 정하고 심한 자는 경내 각 호에 그 日數를 정하여 循環立役케 하여 문제가 제기되기도 하였다.102) 태종 13년에는 외방 각관 관노비의 수를 정하였는데 관노비의 호수 가운데 公衙丘從의 호수가 함께 정해졌다.103) 『高麗史』에서는 외방 公衙丘從에 대한 기록은 보이지

100) 『太宗實錄』卷9, 太宗 5年 3月 癸亥, 1冊, 323쪽, "又言 今革陰竹國農所 其稱干農夫等 並皆分屬船軍及漢都鍊瓦軍 豪强之輩爭占其田 並取干等所耕之田 其家舍亦皆奪占 干等失業 寃抑莫伸 願遣行臺監察 在前農所舘舍 屬陰竹縣 其公田 分給無所耕船軍及艱難人等 干等被奪家舍田地 並令還給 據占公田 與民爭利者 一一推鞫 申聞論罪 從之".

101) 『太宗實錄』卷20, 太宗 10年 7月 癸酉, 1冊, 557쪽, "忠淸道都觀察使韓雍陳便民十事 一安撫各驛 二鄕吏奉足 刷出充軍有弊 三公衙丘從仍舊 四減各官其人數 五減年例別例材木 六罷任內屬縣 七修葺館舍 八減革去寺社奴婢屯田稅 九除烟戶米 十禁僧徒漏落 奴婢陳告換受 下其書于政府 以不合時宜寢不行".

102) 『太宗實錄』卷21, 太宗 11年 6月 癸巳, 1冊, 584쪽, "司諫院左司諫大夫李明德等上疏 疏略曰 …… 一外方各官公衙丘從 蒭蒿炭木遞代送迎 靡所不爲 誠不可無也 近歲以官奴婢兼其役 而丘從移定他役 然官奴婢役使之苦 不可殫記 而又供丘從之役 則奚暇顧其資産哉 盛邑猶之可也 其在殘邑 將如之何 由是守令亦不得已 將上項公衙雜役 皆定平民 甚者境內各戶 定其日數 循環立役 閭閻愁嘆 由玆而興 今日之弊 反有甚於前日 自今大小各官公衙丘從定數 以優民生 …… 下議政府擬議".

103) 『太宗實錄』卷25, 太宗 13年 4月 壬戌, 1冊, 669쪽, "定外方各官奴婢之數 政府啓 留守官奴婢二百戶內 公衙丘從三十戶 大都護府牧官一百五十戶內 丘從二十五戶 …… 無官各縣十戶 其定數外奴婢 各以所居仍屬典農寺 奴婢數少定數不足各官以其官接居典農寺屬寺社奴婢回換充定男女年六十六歲以上十五歲以下勿令並計 從之".

않지만 지방관청에 소속되어 있으면서 새로 임명된 外官을 맞으러 서울에 온 '騶從'에 대한 기록이 보이는데[104] 이 騶從이 곧 丘從으로 생각된다.

고려시대에는 중앙의 관청이나 궁원 등에 구종, 구사가 있는 것과 마찬가지로 지방 관청에도 구종이 있었는데 이들은 관노비가 아니고 일반 민호를 점유하여 구종으로 역사하였던 것이다. 이러한 지방관청의 민호 점유에 대해서도 태종대에 정리가 시도되고 있는데, 이들 대신에 관노비를 사역하도록 하였다. 이러한 외방 公衙丘從에 대한 조처는 후일 공신의 구사를 관노비로 지급하도록 한 것과 같은 맥락으로 이해된다.

또 태종 11년에는 家別抄를 혁파하여 官軍으로 삼았고,[105] 이어 태종 13년에는 동북면 千戶 등이 사사로이 역사하던 管下民戶를 혁파하였다.[106] 태종 14년에는 身良役賤인 丁吏를 혁파하였다.[107] 태종 15년 3월에는 보충군이 설치되어 鹽干을 제외한 干尺者들은 前役을 면하고 그 입속대상이 되었다.[108] 간척자가 보충군에 입속하게 되면 본인만이 아니라 자손에게까지 신역이 면제되고 사로의 진출이 보장되었다.[109] 즉 간척자들은 보충군에 입속됨으로써 자손 대대로

---

104) 『高麗史』 卷85, 刑法志2, 禁令, 中冊, 864쪽, "(忠烈王)十四年四月監察司榜曰 …… 又榜 差遣外官 稽留不發 迎來騶從到京久留 其弊不貲 不卽發行者 論罪申聞."

105) 『太宗實錄』 卷21, 太宗 11年 6月 丙午, 1冊, 587쪽.

106) 『太宗實錄』 卷26, 太宗 13年 8月 壬子, 1冊, 681쪽, "罷革東北面千戶等私役管下民戶".

107) 『太宗實錄』 卷27, 太宗 14年 4月 丁卯, 2冊, 13쪽, "罷丁吏 舊制 兩府及諫院之行 令一人 朱衣喝道 謂之丁吏 吏曹判書韓尙敬啓曰 今倣朝廷之法 旣以皂隸前呵 宜罷丁吏 從之".

108) 『太宗實錄』 卷29, 太宗 15年 3月 丙午, 2冊, 55쪽, "始置補充軍 議政府六曹受敎擬議啓 各令隊副許免雜役 全爲講習武藝 分番侍衛 以中外稱干稱尺者 依前朝例 定立補充軍三千 以六千爲奉足 其塩干 依舊本役 何如 命依擬議所啓施行".

세전해 오던 賤役에서 벗어날 수가 있었다. 이리하여 태종 15년 이후 일반 양인과 노비의 중간에 위치한 身良役賤者로서의 간척층은 결정적으로 소멸해 가게 되었다.

원간섭기 이후 잡척제가 붕괴하면서 형성되어 간 간척층은 조선 태종대에 이들을 보충군에 입속시키는 조처를 통해 일반 양인화해 가게 된 것이다. 태종대에는 이처럼 간척자를 비롯한 身良役賤層을 일반 양인화하고 권세가, 토호에게 점유되어 있던 민호들을 국가 공민으로 회복하여 군인을 확보하는 정책이 추진되었다.

---

109) 干尺者의 보충군 입속에 대해서는 劉承源, 「조선초기의 '身良役賤'階層」, 『朝鮮初期身分制研究』, 222~225쪽 참조.

결 론

　이상에서 雜色役을 중심으로 하여 고려시대 職役·身役制의 변동
과정에 대해 살펴보았다. 高麗前期 다양한 신분층이 다양한 형태로
담당하던 職役·身役이 일률적인 신역체계 하의 잡색역으로 정리되
는 과정을 검토함으로써, 고려의 役制·身分制가 변동하는 추세를
파악해 보려 하였다.
　먼저 검토한 내용을 정리해 보면 다음과 같다.
　제1장에서는 高麗前期 職役·身役制의 구조에 대해서 검토하였
다.
　고려 전기의 직역·신역제는 '有身則有役'의 신역 개념이 아직 정
립되지 않고 다양한 신분층이 다양한 형태로 직역·신역을 담당하고
있었다. 직역 담당자는 중앙의 官人層과 지방의 丁戶層으로 나누어
볼 수 있는데 이들에게는 국가에서 토지를 지급하였다. 官員·胥
吏·雜類 등 중앙의 관인층에게는 직역의 대가로 전시과 토지를 지
급하는 한편, 지방의 유력자들은 鄕吏·其人·軍人 등 정호로서 국
가의 직역체계 속에 편제하면서 軍其人戶丁田과 같은 성격의 토지
를 지급하였다.
　한편, 직역이 없는 군현지역의 일반 농민은 白丁이라 불렸는데, 이
들은 貢役과 徭役을 담당하였다. 백정은 그 자체로서 丁戶에 대비되
는 백정호의 의미로 사용되기도 하고 明宗대 이후 기록에서는 貢役
을 담당하는 민호라는 의미에서 貢戶로 나타나기도 한다. 군현의 백

정은 본래 직역이 없는 민호였지만, 그 중 일부는 봉획소에서 복무하
거나 수릉·수묘의 역에 정해지는 등 특정 신역을 부담하기도 하였
다.

관인층과 정호층이 담당하는 직역이나 일부 백정층이 담당한 신역
외에 국가 운영에 필요한 잡다한 역은 대체로 津·驛·鄕·所·部
曲·莊·處 등 특수 행정구역의 주민을 동원하여 해결하였다. 이들
특수 행정구역의 주민은 雜尺層으로서, 津·驛 등 교통·운수기관의
운영이나 屯田·科田·왕실전·궁원전·사원전 등의 경작, 수공업생
산품·해산물의 조달 등 각종 역에 동원되었으며 이러한 신역을 자
손에게 世傳하도록 강제되었다. 또 잡척층에는 墨尺, 刀尺, 稼尺, 琴
尺 등 관청에 소속되어 각종 노역에 종사하는 稱尺者들도 포함되었
다. 잡척층은 일반 양인보다 하위의 신분층으로서 각종 규제의 대상
이 되고 군현민과의 交嫁 所生은 모두 잡척층으로 귀속되는 등 일반
양인과 노비의 중간에 위치하였다.

제2장에서는 고려 전기 雜類의 종류와 성격에 대해 검토하고, 고
려 후기 잡류층의 변동에 따라 잡류직이 점차 일반 양인의 잡색역으
로 변화하는 모습을 살펴보았다.

고려 전기의 잡류로는 電吏, 所由, 注膳, 幕士, 驅史, 門僕, 杖首,
大丈, 注衣, 螺匠, 注選 등을 들 수 있다. 잡류는 전시과 토지를 받는
직역자로서 대체로 田丁을 매개로 직역을 자손에게 세전하고 있었
다. 고려 전기 잡류와 그 자손은 원칙적으로 과거 응시가 금지되었으
며 仕路도 대체로 雜路로 제한되어 전시과 토지를 매개로 직역을 자
손에게 세전하며 吏族으로서 잡류층을 이루었다. 그런데 인종 3년에
이르러 잡류 자손의 과거 응시가 허용되는 등 仕路 제한이 풀리면서
吏族으로서의 잡류층은 점차 변동하는 것으로 생각된다. 또 말단이
속직인 잡류에 대한 전시과 토지 지급에 어려움이 생기는 상황도 잡
류층의 변동을 촉진하는 배경이 되었을 것이다. 이런 가운데 고위관

원이나 왕실 등의 驅史는 이들 권력자의 주변에서 使令, 從者 등의
역할을 하면서 출세할 기회를 잡을 수도 있었고 고려 후기에는 이들
가운데 隊正 등 西班職으로 나아가는 사례를 확인할 수 있었다. 이
러한 驅史에는 백정 중에서 자원하는 자로 충원되는 경우가 많았을
것으로 짐작된다.

그런데 같은 驅史라 해도 원간섭기 이후 內乘이나 司僕寺에 속한
구사는 이들 기관에 속한 농장의 노동력으로서 노예처럼 역사되기도
하였다. 원간섭기 이후 巡軍의 螺匠 역시 내승, 사복시의 驅史와 비
슷한 상황이었던 것으로 보이며, 여말의 幕士·注選은 향리나 일반
민호 중에서 차출하여 上京 從役하는 것으로 보이는 등 고려 전기
잡류층과 성격이 달라지면서 대개 일반 양인이 담당하는 잡색역으로
변화해 갔다.

제3장에서는 雜尺制의 변동에 따라 잡척층이 담당하던 賤役이 干
尺層이 담당하는 잡색역으로 변화되는 과정을 검토하였다. 고려시대
향·소·부곡 등 특수 행정구역의 변화 문제는 종래 지방제도의 차
원에서 논의되었는데, 여기서는 그 곳에 거주하는 사람들 즉 잡척층
의 성격 변화에 초점을 맞추어 검토하였다.

12세기 이후 유망이 심화되는 상황과 관련해서 잡척층 중에서 유
망을 통해 때로는 군현지역에 附籍됨으로써 군현민의 지위를 얻는
경우도 있었으며, 반대로 陳田化하고 있는 부곡제지역의 토지 경작
을 위해 군현민이 유입되기도 하였다. 또 이 무렵부터 잡척층과 군현
민 사이의 차별이 서서히 해소되어 가는 변화도 일어났다. 이러한 모
습은 인종대 莊丁이 군현의 백정에 비해 약간 차별을 받으면서도 製
述科를 제외한 과거에 응시할 수 있었다는 점이나, 부세제도 면에서
雜貢이라는 稅目이 성립되어 貢納 부담에서 차별이 점차 해소되어
간 점 등에서 찾아볼 수 있다.

그렇지만 12세기 이후의 이러한 변화에도 불구하고 잡척층과 군현

민 사이의 신분적 동질화는 아직 이루어지지 않았다. 이 시기 이미 신분적 동질화가 이루어졌다고 보는 견해는 12세기 말 명종대 기록에서 처음 보이는 貢戶를 現居住地 附籍政策이 공식화된 것으로 보는 이해와 관련되어 있다. 즉 이전에는 본관지에 거주를 제한하는 정책을 실시하였으나 12세기 이후 이러한 정책이 완화되면서 현거주지에 부적시키는 공호제가 실시되었다는 것이다. 그런데 '貢戶'는 국가에 貢役을 부담하는 貢役戶라는 의미로 보이며 이를 통해 현거주지 부적정책을 설명할 수 없다고 생각된다. 또 이후로도 유민에 대한 정부의 정책은 기본적으로 還本이었다. 다만 이 무렵 유망이 심화되는 현상과 관련해서 일시적으로 정부에서 현거주지에 부적하는 정책을 폈을 가능성이 있다. 하지만 아직 12세기는 부곡제지역에 대한 차별대우가 사라지고 신분적 동질화가 이루어지는 시기는 아니라고 생각된다.

원간섭기 이후 잡척제가 붕괴하면서, 이들 특수 행정구역의 주민은 군현민과 신분적 동질성을 획득하게 되었다. 당시 정부는 民의 流移 현상에 대해 '勿還本' 조처를 자주 내려서 그 이동을 추인해 주었으며, 새로 役戶를 정할 때 부곡제지역민과 군현민을 구별하지 않고 함께 정하고, 원래 부곡제지역민이 담당하던 役에 군현민을 함께 정하기도 하였다. 그리고 이 시기 부곡제지역이 군현으로 승격되는 일이 빈번해지고 많은 부곡제지역이 直村化하였으며 군현지역의 향리나 士族이 부곡제지역으로 이주하는 현상이 나타나고 있었다.

잡척제가 붕괴하면서 이들 특수 행정구역의 주민은 대부분 군현민과 동등한 신분 지위를 획득하였다. 그리고 예전 잡척층이 신역으로 부담하던 것은 대개 요역을 동원하여 해결하는 방식으로 변하였는데, 일부는 잡색역호를 정하여 담당하게 하였다. 이 시기의 잡색역 중 고려 전기 이래 잡척층이 담당했던 役과 관련된 것은 예전 잡척층의 후손이나 流移民, 從來不明者, 범죄인 등 일반 양인이 되기에는 결격 사유가 있는 사람들이 주로 定役되었다. 이들은 干尺層으로서 津尺, 鹽戶(鹽干), 鐵所干, 國農所干農夫, 直干, 墨尺, 刀尺, 稤尺, 琴尺 등을 들 수 있다. 잡척층이 담당하던 신역 중 일부가 간척층이 담당하는 특수한 잡색역으로 나타나게 된 것이다. 간척층은 그 신역을 자손에게 세전하도록 강제되고 사환권이 인정되지 않는 등 일반 양인과 구별되는 身良役賤層을 이루었지만, 조선 태종대에 補充軍 입속을 계기로 소멸되어 갔다.

　제4장에서는 원간섭기에 雜色役戶가 확대되는 현상과 麗末鮮初 雜色役戶와 除役戶가 정리되어 가는 과정을 살펴보았다.

　고려 전기 군현의 백정으로서 특정한 役에 정해지는 예는 드물게 있었는데 원간섭기에 들어와 이들이 대거 특정한 役을 담당하는 役戶로 차정되었다. 잡색역호의 확대는 주로 중앙의 여러 기관들이 필요한 인원을 일반 민호의 점유를 통해 해결하는 데서 일어났다. 예를 들면 鷹坊에서 필요한 인원 즉 매를 나포, 사육하는 데 필요한 인원을 일반 민호를 점유하여 응방호로 삼는 것으로 조달하는 방식이다. 이러한 형태로 민호를 점유하여 사역한 기관으로는 鷹坊, 司僕寺, 內乘, 巡軍, 諸軍萬戶府 등이 기록에서 확인된다.

　여러 기관의 민호 점유는 군현지역과 부곡제지역을 가리지 않고 이루어졌으며, 많은 貢戶들이 이러한 권력기관에 투속하였는데 때로는 別抄가 투속하기도 하였다. 각 기관에 소속된 민호는 응방호 혹은 驅史, 螺匠 등의 이름으로 役을 제공하는 잡색역호라고 하겠는데, 정해진 액수 이상을 점유하여 役價를 징수하거나 冒受賜牌를 통해 차지한 농장에서 노예처럼 사역하는 등 사회문제를 일으키고 있었다. 이 시기에는 여러 기관뿐만 아니라 왕실, 궁원, 권세가 등도 일반 민호를 차지하여 사역시키거나 役價를 징수하였는데 이들은 국가에 대한 軍役, 貢役, 徭役 등 각종 役 부담에서 제외되었다. 이처럼 국가에 대한 각종 役 부담에서 제외되는 除役戶가 증가하는 것 역시 이 시기의 특징적인 현상이다.

원간섭기 동안에도 여러 기관이나 궁원, 권세가에게 점유된 민호를 貢戶·別抄로 定役하거나 혹은 문제가 되는 기관 자체를 혁파하는 등 개혁 조처가 발표되기도 하였지만 성과를 거두기 어려웠고, 공민왕대 元과 관련된 기관과 부원배들이 점유한 민호에 대한 개혁이 일부 이루어지고 麗末鮮初 조선을 개창한 세력에 의해 이러한 잡색역호와 제역호에 대한 정리가 상당 부분 이루어졌다. 하지만 선초에도 왕실이나 高官·공신 들은 여전히 많은 민호를 점유하였는데 이들에 대한 정리는 태종대에 활발히 추진되었다.

이상과 같이 본서에서는 고려시대 役制의 변동 과정, 특히 雜色役을 중심으로 그 변동 과정을 살펴보았다. 그 결과 고려 전기에 잡류층이 전시과 토지를 매개로 자손에게 세전하던 말단이속직인 잡류직이 고려 후기에는 점차 일반 양인을 身役制로 동원하는 형태로 바뀌게 되는 것을 확인할 수 있었다. 또 고려 전기 津·驛·鄕·所·部曲 등 특수 행정구역의 주민은 雜尺이라 불리며 특수한 신역을 담당하였는데, 이들도 고려 중기 이후 점차 그 위상에 변화를 겪게 되고 원간섭기에 이르면 대부분 군현민과 함께 같은 종류의 役戶에 차정되는 등 신분적 동질화가 이루어졌음을 알 수 있었다. 예전 잡척층이 담당하던 신역 중 일부는 干尺層이 담당하는 잡색역으로 변화되었는데, 간척층은 특수 행정구역의 주민으로서가 아니라 개별 役戶로서 파악되었다. 간척층은 특수 신역 담당자로서 요역이 면제되고 口分田을 받는 등 혜택이 있었지만, 그 신역을 자손에게 세전할 것이 강요되어 身良役賤이라는 특수한 신분층을 이루었던 것이다.

그런데, 원간섭기 이후의 잡색역에는 이전에 잡류층이 담당하던 말단이속직이나 잡척층이 담당하던 賤役들도 있었지만 이 시기 새로 생긴 것도 있었다. 이 시기에는 여러 기관에서 필요한 인원을 일반 양인 민호를 차정하는 형태로 동원하였는데, 이후 이러한 형태의 잡

색역호가 증가하였다. 고려 전기에도 군현지역의 백정 가운데 특정
役에 차역되는 경우가 있었지만 원간섭기에는 이러한 현상이 확대되
었고, 麗末에 추진되는 良人皆兵制 원칙에 입각한 軍役制 개혁과 함
께 '有身則有役'의 身役制로 정리되기에 이르렀다. 이러한 변화는 田
賦로서 부담하던 軍役이 身役으로 바뀌는 변화이며, 신역과 구별되
는 戶役으로서 貢役이 자리잡는 변화이기도 하다. 고려시대의 백정
호는 국가에 貢役을 부담하는 貢戶로서 군인 등의 직역호와 구별되
었지만 고려 말의 役制 변화를 통해 양인 남자 장정은 원칙적으로
누구나 신역으로서 군역 혹은 잡색역을 부담하고 공역은 이와 별개
의 차원에서 戶役으로 부담하도록 되었던 것이다. 물론 '有身則有役'
의 신역제가 성립되었다고는 하지만 선초까지도 실제로 役을 부과하
는 기준은 戶였다. 양인 장정 모두에게 신역을 부과한다는 원칙이 성
립되었지만, 신역 부담이 농민경제의 안정을 위협하는 수준에 이르지
않도록 土地나 人丁 다소를 참작하여 助役 혹은 奉足을 지급하는 방
안이 마련되어 실제 운영은 戶를 단위로 이루어지고 있었던 것이다.
　고려시대 役制의 특징 중 하나로 직역과 토지가 결합되어 있다는
점이 주목되어 왔는데, 이러한 연결관계가 여말 軍役制 개혁과 조선
세종대 國用田制 시행에 따라 폐기되었다. 중앙의 관인층에게 일정
범위의 토지에 대한 收租權을 지급하여 그들이 국가의 행정업무를
담당하는 데 대한 경제적인 보상을 한다는 것은 조선시대에도 마찬
가지지만, 고려 전기에는 지방사회의 유력층을 국가의 행정·군사 조
직의 중요한 구성원으로 인정하여 향리·군인으로 삼아 이들에게 田
丁 연립을 매개로 직역을 世傳하도록 하였다는 점에 그 특징이 있었
다. 향리·군인에 대한 田丁 지급은 이들이 일반 백정 농민과 구별되
는 신분층으로 존재하였음을 보여주는데 이러한 특혜가 사라진 것은
양인의 신역으로서 동질성을 획득하였음을 말해준다.
　결국 고려시대 일대를 통해 일어난 職役·身役制의 변화는 잡류

층, 향리・군인의 정호층, 백정층, 잡척층이 담당하던 다양한 성격의 직역・신역이 양인의 신역으로 동질화하는 과정을 밟았던 것이라고 하겠다. 그리고 이러한 신역의 동질화는 곧 일반 양인보다 낮은 지위에 있었던 잡척층의 신분해방을 의미하며 군현민 내에 존재했던 다양한 계층차별이 사라짐을 의미한다. 丁戶와 白丁의 구별이 사라지고 모두 동질적인 신역 담당자로서 등장하는 변화는, 백정 농민층의 사회・경제적 지위가 향상된 것을 반영하며 한편으로는 향리 등 정호층의 지위가 하락한 것이라고도 할 수 있다. 향리는 고려초 지방사회의 지배층으로서 여러 가지 특권을 누리고 있었는데, 점차 그러한 특권이 사라지면서 鄕役의 의무가 강조되고 향역이 苦役化하면서 그 지위가 하락하였던 것이다.

이러한 고려 후기의 役制 변동 과정은 양인 신분이 국가에 대해 지는 의무인 신역에서 법제상의 평등을 획득해 가는 것을 보여준다. 양인 신분 내의 법제적 평등은 의무에서의 평등뿐 아니라 다른 한편으로 권리에서의 평등도 획득해 갔는데, 과거 응시자격의 범위가 확대되는 것을 통해서 이를 짐작할 수 있다. 文宗대 鄕貢의 대상에서 상층 향리층인 戶長層만이 제술업에 응시할 자격을 가진 것으로 나타나던 것이 중기 이후에는 군인・잡류의 자손 등으로 확대되고 白丁과 莊丁도 명경업 이하의 과거에 허용되는 등 점차 그 범위를 확대시켜 갔던 것이다. 물론 鮮初에 도달한 양인 신분의 신역과 사환권에서의 법제적 평등이 곧바로 양인 신분 내의 실질적인 평등을 의미하는 것은 아니다. 하지만, 이는 고려 전기에 행정구역에 따라서 혹은 지방사회에서 실재하는 세력관계에 따라서 서로 다른 조건 하에 職役・身役을 부담하던 것이나 과거 응시에 규제를 받았던 것에 비하면, 중세사회 내에서 한 단계 발전된 모습을 보이는 것이다. 이는 곧 통일신라의 폐쇄적인 신분제로부터 벗어나 조선시대 양인의 보편적인 권리・의무체계를 성립시켜 가는 이행 과정을 보여주는 것이기도 하다.

그런데, 고려 후기 職役·身役制의 변화에서 또 하나 주목되는 점
은 白丁戶가 특정 役戶로 대거 차정되어 간다는 것이다. 토지를 지
급하지 않고 일반 민호를 대상으로 하여 雜色役戶로 정하는 이러한
役 부과방식의 변화는 役 담당 주체가 된 일반 민호의 경제적 자립
도가 이전에 비해 향상되었음을 전제로 한다. 이는 고려 중기 이후
진행된 농업생산력의 발전을 배경으로 하여 소농민 경영의 자립성이
제고된 데 기인하였을 것으로 추측된다. 또 고려 전기 직역호인 丁戶
가 足丁 혹은 半丁 규모의 토지와 결부되어 직역을 부담한 것이나,
잡척층이 특수 행정구역에 긴박되어 벗어나기 어려웠던 것 등도 당
시의 생산력 수준과 관련이 있을 것이다. 본서에서는 이러한 문제에
대해 다루지 못하였는데 이에 대해서는 앞으로의 과제로 삼고 싶다.

또 본서에서는 雜色役의 성립 과정을 통해 고려시대의 役制 변화
과정을 살펴보려 하였는데, 잡색역 전체를 대상으로 설명할 수 없었
다. 잡색역이란 말 그대로 잡다한 신역이어서 이를 하나 하나 분석한
후에 종합적인 설명이 가능할 것인데, 일부 잡색역에 대한 설명에 그
칠 수밖에 없었다. 이는 극히 단편적인 자료를 가지고 각종 잡색역에
대해 개별적인 설명을 하는 데 어려움이 있었기 때문이기도 하지만,
잡색역의 전체상을 그려내지 못했다는 한계는 여전히 남는다. 雜色
役이라는 제한된 범위의 役이 성립되는 과정을 통해서 고려시대 役
制 전반의 변동상을 설명하려 하였던 점에도 무리가 있었다. 身役制
에서 큰 비중을 차지하는 軍役이나 鄕役의 문제를 제외하고 役制의
전체 변동상이 나타나지 않음은 말할 나위가 없다. 이러한 문제에 대
해서는 앞으로 연구를 통해 보완하려고 한다.

참고문헌

1. 자료

『三國史記』   『三國遺事』
『高麗史』   『高麗史節要』
『高麗圖經』   『朝鮮王朝實錄』
『世宗實錄地理志』   『慶尙道地理志』
『朝鮮經國典』   『東國李相國集』
『三峯集』   『稼亭集』
『拙藁千百』   『益齋亂藁』
『新增東國輿地勝覽』   『掾曹龜鑑』
『經國大典』   『牧民心書』
『靑邱圖』   『新唐書』
『宋史』   『元史』
『新元史』   『遼史』
『金史』

『高麗名賢集』, 성균관대 대동문화연구소, 1973.

金東旭 편,『古文書集眞』, 연세대 인문과학연구소, 1972.

金龍善 편,『高麗墓誌銘集成』, 한림대 아시아문화연구소, 1993.

연세대 국학연구원 편,『經濟六典輯錄』, 1993.

李基白 편,『韓國上代古文書資料集成』, 일지사, 1987.

朝鮮總督府 편,『朝鮮金石總覽』, 1919.

田鳳德 편,『經濟六典拾遺』, 아세아문화사, 1989.

許興植 편,『韓國中世社會史資料集』, 1976.

許興植 편,『韓國金石全文』, 아세아문화사, 1984.

許興植,『한국의 古文書』, 민음사, 1988.

『通度寺誌』, 아세아문화사, 1983.

2. 저서

姜萬吉, 『朝鮮後期商工業史研究』, 한길사, 1984.

姜恩景, 『高麗後期 戶長層의 變動 研究』, 연세대 박사학위논문, 1997.

姜晉哲, 『高麗土地制度史研究』, 고려대출판부, 1980.

姜晉哲, 『韓國中世土地所有研究』, 1989.

具山祐, 『高麗前期 鄕村支配體制 研究』, 부산대 박사학위논문, 1995.

權寧國, 『高麗後期 軍事制度研究』, 서울대 박사학위논문, 1995.

金琪燮, 『高麗前期 田丁制 研究』, 부산대 박사학위논문, 1993.

金塘澤, 『高麗武人政權研究』 새문사, 1987.

金東洙, 『世宗實錄 地理志의 研究』, 서강대 박사학위논문, 1991.

金庠基, 『新編 高麗時代史』 서울대출판부, 1985.

金玉根, 『高麗財政史研究』 일조각, 1996.

金載名, 『高麗 稅役制度史研究』, 정신문화원 박사학위논문, 1994.

金泰永, 『朝鮮前期土地制度史研究』, 지식산업사, 1983.

羅恪淳, 『고려향리의 신분변화에 대한 연구』, 성균관대 박사학위논문, 1988.

南都泳, 『韓國馬政史』, 한국마사회 마사박물관, 1996.

盧明鎬, 『고려사회의 兩側的 親屬조직 연구』, 서울대 박사학위논문, 1988.

閔賢九, 『朝鮮初期의 軍事制度와 政治』 한국연구원, 1983.

朴京安, 『高麗後期 土地制度 研究』, 혜안, 1996.

朴敬子, 『高麗時代 鄕吏研究』, 숙명여대 박사학위논문, 1986.

朴龍雲, 『高麗時代 蔭敍制와 科擧制研究』, 일지사, 1990.

朴龍雲, 『高麗時代 官階 官職 研究』 고려대출판부, 1997.

朴恩卿, 『高麗時代 鄕村社會研究』, 일조각, 1996.

朴宗基, 『高麗時代部曲制研究』, 서울대출판부, 1990.

朴鍾進, 『高麗時代 賦稅制度 研究』, 서울대 박사학위논문, 1993.

裵象鉉, 『高麗後期寺院田研究』, 국학자료원, 1998.

白南雲, 『朝鮮封建社會經濟史(上)』, 改造社, 1937/하일식 역, 『조선봉건사회경제사』(1·2), 이론과 실천, 1993.

邊太燮, 『高麗政治制度史研究』, 일조각, 1971.

辛虎雄,『高麗法制史研究』, 국학자료원, 1995.

安秉佑,『高麗前期 財政構造研究』, 서울대 박사학위논문, 1994.

陸軍本部 編,『韓國軍制史 - 조선전기편』, 1968.

陸軍本部 編,『高麗軍制史』, 1983.

吳宗祿,『朝鮮初期 兩界의 軍事制度와 國防體制』, 고려대 박사학위논문, 1992.

위은숙,『高麗後期 農業經濟研究』, 혜안, 1998.

劉善浩,『고려 郵驛制 연구』, 단국대 박사학위논문, 1992.

劉承源,『朝鮮初期身分制研究』, 을유문화사, 1987.

尹龍爀,『高麗對蒙抗爭研究』, 일지사, 1991.

李景植,『朝鮮前期土地制度研究』, 일조각, 1986.

李景植,『朝鮮前期土地制度研究(2)』, 일조각, 1998.

李慶喜,『高麗時代 郡縣支配構造와 鄕吏制度』, 영남대 박사학위논문, 1994.

李基白,『高麗兵制史研究』, 일조각, 1968.

李基白,『高麗貴族社會의 形成』, 일조각, 1990.

李成茂,『朝鮮初期兩班研究』, 일조각, 1980.

李成茂,『朝鮮兩班社會研究』, 일조각, 1995.

李樹健,『韓國中世社會史研究』, 일조각, 1984.

李樹健,『朝鮮時代地方行政史』, 민음사, 1989.

李佑成,『韓國中世社會研究』, 일조각, 1989.

李載龒,『朝鮮初期社會構造研究』, 일조각, 1984.

李貞熙,『高麗時代 徭役制度研究』, 동아대 박사학위논문, 1995.

李鍾河,『조선왕조의 勞動法制』, 1969.

李俊九,『朝鮮後期 身分職役變動 研究』, 일조각, 1993.

李泰鎭,『韓國社會史研究』, 지식산업사, 1988.

李惠玉,『高麗時代 稅制研究』, 이화여대 박사학위논문, 1984.

李熙德,『高麗儒敎政治思想의 研究』, 일조각, 1984.

임건상,『조선의 부곡제에 관한 연구』, 1963.

張東翼,『高麗後期 外交史研究』, 일조각, 1994.

鄭景鉉,『高麗前期 二軍六衛制 研究』, 서울대 박사학위논문, 1992.

趙炳魯,『朝鮮時代 驛制 研究』, 동국대 박사학위논문, 1990.

車文燮,『朝鮮時代軍制研究』, 단국대출판부, 1973.
蔡雄錫,『高麗時期 '本貫制'의 시행과 지방지배질서』, 서울대 박사학위
　　　논문, 1995.
千寬宇,『近世朝鮮史研究』, 일조각, 1979.
崔貞煥,『高麗 朝鮮時代 祿俸制 研究』, 경북대출판부, 1991.
河泰奎,『高麗時代 百姓과 그 身分變動 研究』, 전북대 박사학위논문,
　　　1995.
河炫綱,『高麗地方制度의 研究』, 한국연구원, 1977.
河炫綱,『韓國中世史研究』, 일조각, 1988.
韓永愚,『朝鮮前期社會經濟研究』, 을유문화사, 1969.
韓永愚,『朝鮮時代 身分史研究』, 집문당, 1997.
韓沽劤,『其人制研究』, 일지사, 1992.
韓嬉淑,『朝鮮初期의 雜類層에 대한 研究』, 고려대 박사학위논문, 1990.
許興植,『高麗科擧制度史研究』, 일조각, 1981.
許興植,『高麗社會史研究』, 아세아문화사, 1981.
洪承基,『高麗時代 奴婢研究』한국연구원, 1981.
洪承基,『高麗貴族社會와 奴婢』, 일조각, 1985.
洪承基,『高麗武人政權研究』서강대출판부, 1995.

旗田巍,『朝鮮中世社會史の研究』, 法政大學出版局, 1972.
浜中昇,『朝鮮古代の經濟と社會』, 法政大學出版局, 1986.
岩村忍,『モンゴル社會經濟史の研究』, 京都大學人文科學研究所, 1968.
有井智德,『高麗李朝史の研究』, 國書刊行會, 1985.
周藤吉之,『高麗朝官僚制の研究』, 法政大學出版局, 1980.

3. 논문

姜萬吉,「선초백정고」,『사학연구』18, 한국사학회, 1964.
姜萬吉,「朝鮮後期 雇立制 發達－皂隷·羅將을 중심으로」,『世林韓國
　　　學論叢』1, 1978.
姜順吉,「충선왕의 염법개혁과 염호」,『한국사연구』48, 1985.
姜晋哲,「고려초기의 군인전」,『논문집』3, 숙명여대, 1963.

姜晋哲, 「고려시대의 농업경영형태」, 『한국사연구』 12, 1976.

姜晋哲, 「고려말기의 私田改革과 그 성과」, 『진단학보』 66, 1988.

姜英哲, 「고려 驛制의 성립과 변천」, 『사학연구』 38, 1984.

姜英哲, 「고려 驛制의 구조와 운영」, 『최영희선생화갑기념 한국사학논총』, 1987.

具山祐, 「고려시기 부곡제의 연구성과와 과제」, 『부대사학』 12, 1988.

具山祐, 「고려전기 향촌사회의 신분, 계층적 구성」, 『국사관논총』 59, 1994.

權寧國, 「14세기 榷鹽制의 성립과 운용」, 『한국사론』 13, 서울대, 1985.

權寧國, 「14세기전반 개혁정치의 내용과 그 성격 - 사회경제면의 개혁을 중심으로」, 『14세기 고려의 정치와 사회』, 민음사, 1994.

權寧國, 「원간섭기 고려 군제의 변화」, 『14세기 고려의 정치와 사회』, 민음사, 1994.

權寧國, 「高麗後期 軍役制의 변화」, 『史學研究』 52, 1996.

權丙卓, 「고려후기 도자기소의 경영형태」, 『대구사학』 15·16합집, 1978.

김갑동, 「고려시대의 호장」, 『한국사학보』, 1998.

金光洙, 「高麗時代의 同正職」, 『歷史教育』 11·12合, 1969.

金光洙, 「高麗時代의 胥吏職」, 『韓國史研究』 4, 1969.

金光洙, 「中間階層」, 『한국사 5』, 국사편찬위원회, 1975.

김광철, 「고려말의 유통구조와 상인」, 『부대사학』 9, 1985.

金蘭玉, 「고려시대 驛人의 사회신분에 관한 연구」, 『한국학보』 70, 1993.

金蘭玉, 「高麗時代 士庶의 用例와 신분적 의미」, 『史叢』 46, 1997.

金蘭玉, 「고려시대 상인의 신분」, 『한국중세사연구』 5, 1998.

金塘澤, 「고려초기 地上軍의 형성과 구조 - 州縣軍의 성격」, 『高麗軍制史』, 1983.

金塘澤, 「무신집권시대의 군제」, 『고려군제사』, 1983.

金東洙, 「世宗實錄地理志 姓氏條의 검토」, 『동아연구』 6, 1985.

金成俊, 「其人의 성격에 대한 고찰」(上·下), 『歷史學報』 10·11, 1958·1959.

金壽泰, 「高麗 本貫制度의 成立」, 『震檀學報』 52, 1981.

金龍德, 「신분제도」, 『한국사론』 2, 국사편찬위원회, 1977.

金龍德, 「부곡의 규모 및 부곡인의 신분에 대하여」(상·하), 『역사학보』

88·89, 1980·1981.

김순자, 「高麗末 東北面의 地方勢力硏究」, 연세대 석사학위논문, 1987.

金容燮, 「高麗時期의 量田制」, 『동방학지』 16, 1975

金潤坤, 「여대의 사원전과 그 경작농민 - 운문사와 통도사를 중심으로」, 『민족문화논총』 2·3합, 영남대 민족문화연구소, 1982.

김인호, 「이규보의 현실이해와 정치경제 개선론」, 『學林』 15, 1993

金載名, 「고려시대의 雜貢과 常徭 - 賦稅의 기본분류와 관련하여」, 『청계사학』 8, 1991.

金載名, 「高麗時代 役의 收取와 戶等制」, 『靑溪史學』 12, 1996.

金昌洙, 「成衆愛馬考 - 여말선초 신분계층의 단면」, 『동국사학』 9·10합집, 1966.

金泰永, 「科田法체제에서의 收租權的 土地支配關係의 변천」, 『경희사학』 9·10, 1982.

金炫榮, 「고려판정백성의 실체와 성격 - 14세기말 15세기초 양인확보정책과 관련하여」, 『사학연구』 38, 1984.

金炫榮, 「고려시기의 所에 대한 재검토」, 『한국사론』 15, 서울대, 1986.

南都泳, 「조선 牧子고」, 『동양사학』 8, 1965.

南都泳, 「고려시대의 馬政」, 『조명기박사화갑기념 불교사학논총』, 1965.

盧明鎬, 「고려시대 친족조직의 연구상황」, 『중앙사론』 5, 1987.

盧明鎬, 「고려시대 향촌사회의 친족관계망과 가족」, 『한국사론』 19, 서울대국사학과, 1988.

盧明鎬, 「고려시대의 친족조직」, 『국사관논총』 3, 국사편찬위원회, 1989.

盧明鎬, 「고려시대의 토지상속」, 『중앙사론』 6, 중앙대사학회, 1989.

盧明鎬, 「전시과체제하 백정농민층의 토지소유 - 토지상속제와 관련된 검토를 중심으로」, 『한국사론』 23, 서울대국사학과, 1990.

盧明鎬, 「북한사학의 고려시대 신분제와 토지소유관계에 대한 연구성과 분석」, 『북한의 한국학 연구성과 분석 - 역사·예술편 - 』, 한국정신문화연구원, 1991.

盧明鎬, 「나말여초 호족세력의 경제적 기반과 田柴科체제의 성립」, 『진단학보』 74, 진단학회, 1992.

盧明鎬, 「고려시대 호적 기재양식의 성립과 그 사회적 의미」, 『진단학보』 79, 진단학회, 1995.

노영구,「조선초기 水軍과 海領職의 변화」,『한국사론』33, 서울대, 1995.

文喆永,「閑人과 閑人田」,『한국사론』18, 서울대, 1988.

文喆永,「고려말 조선초 백정의 신분과 차역」,『한국사론』26, 서울대, 1991.

文炯萬,「고려과거제도에 있어 赴擧자격의 재검토」,『부산사학』4, 1980.

閔賢九,「정치도감의 성격」,『동방학지』23·24, 1980.

閔賢九,「高麗後期의 軍制」,『高麗軍制史』, 陸軍本部, 1983.

朴京安,「高麗後期의 陳田開墾과 賜田」,『學林』7, 1985.

朴京安,「甲寅柱案고 - 충선왕대의 田制釐正을 중심으로」,『동방학지』 66, 1990.

朴京安,「고려시기 田丁連立의 구조와 존재형태 - 軍人田의 경우를 중심으로」,『한국사연구』75, 1991.

朴國相,「고려시대의 토지분급과 전품」,『한국사론』18, 서울대, 1988.

朴龍雲,「고려전기 문반과 무반의 신분문제 - 고려 귀족가문 연구(3)」,『한국사연구』21·22합, 1978.

朴龍雲,「고려시대의 文散階」,『진단학보』52, 1981.

朴龍雲,「고려시대 과거의 고시와 체계에 대한 검토」,『한국사연구』61·62합, 한국사연구회, 1988.

朴龍雲,「고려시대의 과거 - 명경과에 대한 검토」,『국사관논총』20, 국사편찬위원회, 1990.

朴龍雲,「과거제」,『한국사 13』, 국사편찬위원회, 1993.

朴龍雲,「고려후기의 必闍赤(필자적, 비칙치)에 대한 검토」,『이기백고희기념 한국사학논총(상)』, 일조각, 1994.

朴龍雲,「고려시대의 관직 - 試·攝·借·權職에 대한 검토」,『진단학보』79, 진단학회, 1995.

朴恩卿,「高麗後期 地方品官勢力에 관한 연구」,『韓國史硏究』44, 1984.

朴恩卿,「高麗後期 鄕吏層의 변동」,『震檀學報』64, 1987.

朴恩卿,「고려전기 移住연구」,『역사학보』128, 1990.

朴宗基,「고려시대 향, 부곡의 변질과정 - 중앙집권화 과정과 관련하여 - 」,『한국사론』6, 서울대, 1980.

朴宗基,「13세기 초엽의 촌락과 부곡」,『한국사연구』33, 1981.

朴宗基,「고려 부곡제의 구조와 성격 - 수취체계의 운영을 중심으로 - 」,

『한국사론』10, 서울대, 1984.

朴宗基, 「고려의 部曲吏」, 『고려사의 제문제』 삼영사, 1986.

朴宗基, 「고려의 수취체제와 부곡제」, 『고려시대 부곡제연구』, 1990.

朴宗基, 「고려 부곡인의 신분과 신분제 운영원리」, 『한국학논총』 13, 국민대 한국학연구소, 1991.

朴鍾進, 「忠宣王代의 財政改革策과 그 性格」, 『韓國史論』 9, 1983.

朴鍾進, 「고려전기 부세의 수취구조」, 『울산사학』 1, 1987.

朴鍾進, 「고려시기 徭役의 징발구조」, 『울산사학』 5, 1992.

朴鍾進, 「고려시기 貢物의 수취구조」, 『울산사학』 6, 1993.

朴菖熙, 「高麗後期의 身分制 動搖」, 『國史館論叢』 4, 1989.

朴天植, 「고려전기의 寺監연혁고」, 『전북사학』 5, 1981.

박홍배, 「고려 응방의 폐정 - 주로 충렬왕대를 중심으로 - 」, 『경주사학』 5, 1986.

裵象鉉, 「고려후기의 寺院 佃戶」, 『교남사학』 7, 1996.

邊東明, 「고려 충렬왕대의 萬戶」, 『역사학보』 121, 1989.

徐明禧, 「고려시대 '鐵所'에 대한 연구」, 『한국사연구』 69, 1990,

徐聖鎬, 「고려전기 지배체제와 工匠」, 『한국사론』 27, 서울대, 1992.

서성호, 「숙종대 정국의 추이와 정치세력」, 『역사와 현실』 9, 1993.

孫弘烈, 「고려시대의 염업제도」, 『청대사림』 3, 1979.

송수환, 「고려말의 사전 - 處干의 사회적 존재형태와 관련하여」, 『역사비평』 24, 1993.

宋寅州, 「元壓制下 高麗王朝의 軍事組織과 그 性格」, 『역사교육논집』 16, 1991.

申解淳, 「조선전기의 녹사」, 『성균관대논문집』 18., 1973

申解淳, 「朝鮮前期의 西班京衙前 皂隷·羅將·諸員」, 『大東文化硏究』 21, 1987.

安秉佑, 「고려의 둔전에 관한 일고찰」, 『한국사론』 10, 서울대국사학과, 1984.

양성순, 「고려전기 중앙이속직 연구」, 숭전대 석사학위논문, 1982.

呂恩暎, 『麗初 驛制형성에 대한 소고』, 『경북사학』 5, 1982.

여은영, 「고려시대의 田丁」, 『교남사학』 3, 1987.

呂后榮, 「고려시대의 부곡에 대한 고찰」, 효성여대 석사학위논문, 1988.

吳英善, 「고려전기 군인층의 구성과 圍宿軍의 성격」, 『한국사론』 28, 서울대, 1992.

오일순, 「高麗前期 部曲民에 관한 一試論」, 『學林』 7, 1985.

오일순, 「高麗時代의 役制構造와 雜色役」, 『國史館論叢』 46, 1993.

오일순, 「고려후기 토지분급제의 변동과 祿科田」, 『14세기 고려의 정치와 사회』, 민음사, 1994.

오일순, 「高麗前期 足丁의 성격과 그 변화」, 『한국 고대 중세의 지배체제와 농민』, 지식산업사, 1997.

魏恩淑, 「고려시대 驛에 대한 일고찰」, 부산대 석사학위논문, 1982.

劉善浩, 「고려시대 驛의 운영에 관한 연구」, 『논문집』 31, 서울산업대, 1990.

劉承源, 「조선초기의 '身良役賤'階層 - 稱干稱尺者를 중심으로」, 『한국사론』 1, 서울대, 1973.

劉承源, 「조선초기의 鹽干」, 『한국학보』 17, 1979.

劉承源, 「조선초기의 驛吏의 신분적 지위」, 『성심여대논문집』 10, 1979.

劉承源, 「朝鮮初期의 雜職 - 掌樂院의 雜職」, 『震檀學報』 51, 1981.

劉承源, 「조선초기 양인의 잡색역」, 『진단학보』 62, 1986.

劉承源, 「양인」, 『한국사 25』, 국사편찬위원회, 1994.

윤경진, 「고려전기 향리제의 구조와 호장의 직제」, 『한국문화』 20, 1997.

李景植, 「조선초기 둔전의 설치와 경영」, 『한국사연구』 21·22, 1978

李景植, 「高麗末期의 私田問題」, 『동방학지』 40, 1983.

李景植, 「고려말기의 白丁代田」, 『학예지』 3, 육사육군박물관, 1993.

李光麟, 「其人제도의 변천에 대하여」, 『학림』 3, 1954.

李基白, 「高麗京軍考」, 『이병도박사 화갑기념 논총』, 1956.

李基白, 「고려 군반제하의 군인」, 『高麗兵制史硏究』, 1968.

李基白, 「高麗 軍役考」, 『高麗兵制史硏究』, 1968.

李基白, 「고려별무반고」, 『김재원박사 회갑기념논총』, 1969.

李基白, 「과거제와 지배세력」, 『한국사 4』, 국사편찬위원회, 1974.

李丙燾, 「고려남반고」, 『논문집 - 인문사회과학편』 12, 서울대, 1966.

李相瑄, 「고려시대의 수원승도에 대한 고찰」, 『숭실사학』 2, 1984.

李相瑄, 「고려시대의 莊·處에 대한 재고 - 왕실의 장·처를 중심으로」, 『진단학보』 64, 1987.

李樹健, 「直村考 - 조선전기 촌락구조의 일단면 - 」, 『대구사학』 15·16
　　　합, 1978/『한국중세사회사연구』, 일조각, 1984.

李榮薰, 「高麗佃戶考」, 『歷史學報』 161, 1999.

李佑成, 「麗代 百姓考」, 『歷史學報』 14, 1961.

李佑成, 「閑人·白丁의 新解釋」, 『歷史學報』 19, 1962.

李佑成, 「高麗朝의 '吏'에 대하여」, 『歷史學報』 23, 1964.

李佑成, 「고려말기 羅州牧 居平部曲에 대하여 - 鄭道傳의 謫居생활을
　　　통해 본 부곡의 내부관계」, 『진단학보』 29·30합집, 1966.

李佑成, 「고려토지 課役관계 '判·制'에 끼친 당령의 영향 - 신라 율령국
　　　가설의 검토를 겸하여」, 『대동문화연구』 23, 1989.

이인재, 「『通度寺誌』 「寺之四方山川裨補篇」의 분석 - 신라통일기·고려
　　　시대 사원경제의 한 사례 - 」, 『역사와 현실』 8, 1992.

李仁哲, 「고려전기 京軍의 구성과 군인전의 지급대상」, 『정신문화연구』
　　　58, 1995.

이정신, 「고려시대의 상업」, 『국사관논총』 59, 1994.

李貞熙, 「고려시대 徭役의 운영과 그 실태」, 『부대사학』 8, 1984.

李貞熙, 「고려후기 徭役수취의 실태와 변화」, 『부대사학』 9, 1985.

李貞熙, 「고려후기 수취체제의 변화에 대한 일고찰 - 常徭·雜貢을 중심
　　　으로 - 」, 『부산사학』 22, 1992.

李貞熙, 「고려전기 徭役의 賦課方式 - 戶等制의 변천을 중심으로」, 『한
　　　국문화연구』 6, 부산대 한국문화연구소, 1993

이찬희, 「조선전기 鹽干에 대한 연구」, 『소헌 남도영박사 회갑기념 사학
　　　논총』, 1984.

李惠玉, 「高麗時代 貢賦制의 一研究」, 『韓國史研究』 31, 1980.

李惠玉, 「고려시대 三稅制에 대한 일고찰」, 『이대사원』 18·19합집,
　　　1982.

李惠玉, 「고려시대 庸(役)제 연구」, 『이화사학연구』 15, 1984.

李惠玉, 「高麗時代의 鄕役」, 『梨花史學研究』 17·18合, 1985.

李惠玉, 「高麗前期의 軍役制」, 『國史館論叢』 46, 1993.

李惠玉, 「高麗後期 수취체제의 변화」, 『14세기 고려의 정치와 사회』, 민
　　　음사, 1994.

李勛相, 「高麗中期 鄕吏制度의 變化에 대한 一考察」, 『東亞研究』 6,

1985.

李熙德, 「高麗律과 孝行思想에 대하여」, 『역사학보』 58, 1973

任昌淳, 「松廣寺의 高麗文書」, 『白山學報』 11, 1971,

張東翼, 「고려전기의 選軍 - 경군구성의 이해를 위한 일시론」, 『고려사의 제문제』, 1986.

張宗洙, 「고려 軍人田에 대한 연구」, 『교육논총』 2 - 3, 조선대교육대학원, 1987.

田炳武, 「高麗時代 銀流通과 銀所」, 『한국사연구』 78, 1992.

全炯澤, 「천인」, 『한국사 25』, 국사편찬위원회, 1994.

鄭龍範, 「고려전기 選軍制의 운영과 변질」, 『부대사학』 17, 1993.

정진우, 「高麗鷹坊考」, 『청대사림』 3, 청주대사학회, 1979.

정현재, 「조선초기의 新良人」, 『논문집(인문계편)』 23, 경상대, 1984.

趙炳魯, 「조선전기 驛吏에 대한 일고」, 『소헌 남도영박사 회갑기념 사학논총』, 1984.

趙炳魯, 「朝鮮時代 驛站制度發達에 관한 硏究」, 『한국문화연구』 2, 경기대 한국문화연구소, 1985.

조영옥, 「고려시기 驛制의 정비에 대한 연구」, 연세대 석사학위논문, 1986.

조좌호, 「麗代南班考」, 『동국사학』 5, 1957,

朱雄英, 「고려조 신분제 연구의 성과와 과제」, 『역사교육논집』 10, 경북대 역사교육과, 1987.

蔡雄錫, 「고려전기 사회구조와 본관제」, 『고려사의 제문제』, 1986.

蔡雄錫, 「12 · 13세기 향촌사회의 변동과 '민'의 대응」, 『역사와 현실』 3, 1990.

蔡雄錫, 「本貫制의 성립과 성격」, 『역사비평』 13, 1991.

蔡雄錫, 「고려시대 향촌지배질서와 신분제」, 『한국사 6』, 한길사, 1994.

蔡雄錫, 「고려후기 지방지배정책의 변화와 '貢戶'의 파악」, 『논문집』 1, 가톨릭대학 성심교정, 1995.

蔡雄錫, 「고려 문종대 관료제의 사회적 위상과 정치운영」, 『역사와 현실』 27, 1998.

千寬宇, 「麗末鮮初의 閑良」, 『李丙燾博士 回甲紀念論叢』, 1956.

千寬宇, 「閑人考 - 고려초기 지방통제에 관한 고찰」, 『사회과학』 2, 서울대, 1958.

崔根成, 「高麗 萬戶府制에 관한 硏究」, 『관동사학』 3, 1988.

최길성, 「1328년 통도사의 농장경영 형태」, 『력사과학』 1961 - 4.

崔洛弼, 「고려시대에 있어서 사회적 신분제와 백정의 지위에 대하여」, 『논문집』 17, 전북대 산업경제연구소, 1987.

崔壹聖, 「高麗의 萬戶」, 『청대사림』 4 · 5합집, 1985.

최재경, 「고려시대 院에 대하여」, 『영남사학』 4, 1975.

崔在錫, 「고려조에 있어서의 토지의 자녀균분상속」, 『한국사연구』 35, 1981.

崔在錫, 「고려시대의 친족조직」, 『역사학보』 94 · 95합집, 1982.

河泰奎, 「고려시대 백성의 개념과 그 존재형태」, 『국사관논총』 20, 1990.

韓永愚, 「여말선초 한량과 그 지위」, 『한국사연구』 4, 1969.

韓㳠劤, 「麗初의 其人選上規制」, 『歷史學報』 14, 1961.

韓㳠劤, 「麗末鮮初 巡軍연구 - 麗初巡檢制에서 起論하여 鮮初 義禁府 성립에까지 미침」, 『진단학보』 22, 1961.

韓嬉淑, 「朝鮮初期의 伴倘」, 『역사학보』 112, 1986.

許興植, 「고려의 국자감시와 이를 통한 신분유동」, 『한국사연구』 12, 1976.

許興植, 「1262년 尙書都官貼의 分析」(上 · 下), 『韓國學報』 27 · 29, 1982.

許興植, 「국보호적으로 본 고려의 사회구조」, 『고려사회사연구』, 아세아 문화사, 1981.

許興植, 「고려시대의 신분구조」, 『고려사회사연구』, 1981.

洪承基, 「高麗時代의 雜類」, 『歷史學報』 57, 1973.

洪承基, 「高麗時代의 工匠」, 『진단학보』 40, 1975.

洪承基, 「천민」, 『한국사 5』, 국사편찬위원회, 1975.

洪承基, 「고려초기 京軍의 二元的 構成論에 대하여」, 『이기백고희기념 한국사학논총(상)』, 1994.

洪承基, 「신분제도」, 『한국사 15』, 국사편찬위원회, 1995.

洪元基, 「고려 2군6위제의 성격」, 『한국사연구』 68, 1990.

洪元基, 「高麗 京軍內 上層軍人의 검토」, 『東方學志』 77 · 78 · 79合, 1993.

홍종필, 「고려후기 염업고」, 『백산학보』 30·31합집, 1985.

間野潛龍, 「明代の光祿寺とその監察について」, 『東洋史研究』 29-2·3, 1970.

江原正昭, 「高麗時代の驛について」, 『鎭西學院短期大學紀要』 1, 1970.

今堀誠二, 「高麗賦役考覈」(一·二·三), 『社會經濟史學』 9-3·4·5, 1939.

旗田巍, 「高麗の鷹坊」(1·2), 『歷史敎育』 10-6·7, 歷史敎育研究會, 1935.

旗田巍, 「高麗時代における土地の嫡長子相續と奴婢の子女均分相續」, 『東洋文化』 22, 1957.

旗田巍, 「高麗時代の白丁 - 身分·職役·土地 - 」, 『朝鮮學報』 14, 1959.

旗田巍, 「高麗の武散階 - 鄕吏·耽羅の王族·女眞の酋長·老兵·工匠·樂人の位階」, 『朝鮮學報』 21·22合, 1961.

吉田光男, 「高麗時代の水運機構江について」, 『社會經濟史學』 46-4, 1980.

內藤雋輔, 「高麗兵制管見 - 主として麗末蒙古の影響を受けたる兵制に就いて」(上·下·遺補), 『靑丘學叢』 15·16·18, 1934.

內藤雋輔, 「高麗驛傳考」, 『歷史と地理』 34-4·5, 1934.

內藤雋輔, 「高麗時代の鷹坊について」, 『朝鮮學報』 8, 1955.

內藤雋輔, 「高麗時代の塩法について」, 『朝鮮史研究』, 1961.

大島立子, 「元代戶計と徭役」, 『歷史學研究』 484, 1980.

武田幸男, 「高麗時代の鄕職」, 『東洋學報』 47-2, 1964.

武田幸男, 「高麗時代に於ける通度寺の寺領支配」, 『東洋史研究』 25-1, 1966.

武田幸男, 「高麗田丁の再檢討」, 『朝鮮史研究會論文集』 8, 1971.

北村秀人, 「高麗時代の'所'制度について」, 『朝鮮學報』 50, 朝鮮學會, 1969.

北村秀人, 「高麗時代の貢戶について」, 『人文研究』 32-9, 大阪市立大學, 1981.

浜中昇, 「麗末鮮初の閑良について」, 『朝鮮學報』 42, 1967.

深谷敏鐵, 「高麗足丁半丁再考」, 『朝鮮學報』 102, 1982.

The Changes of Service Systems and Social Hierarchy in *Goryeo*

Oh, Il Soon

I have studied the changes of service systems centered around what had been known as *Japsaekyeok*(雜色役) in the times of *Goryeo* dynasty. *Japsaekyeok* is various kinds of *Sinyeok*(身役) provided by *Yangin*(良人) with an exception of military service.

During earlier period of *Goryeo* dynasty, the classes responsible for *Jikyeok*(職役) were classified as bureaucrats and *Jeongho*(丁戶). The government provided them land in return for their services. The common farmers in *Gunhyeon*(郡縣) were *Baekjeong*(白丁) subjected to the services of *Gongyeok*(貢役) and *Yoyeok*(徭役). Certain members of *Baekjeong* class were required to provide specific services such as to work in *Bonghoekso*(烽燧所) or to be guards of royal burial sites. People of special administrative districts such as *Jin*(津), *Yeok*(驛), *Hyang*(鄉), *So*(所), *Bugok*(部曲) were known as *Japcheok*(雜尺) class, and they were mandated to provide their personal services in transportation, farming in special purpose lands, or to produce and supply hand-made industrial items.

We can simplify such changes of service systems in later period of *Goryeo* dynasty as ; transformation of *Jikyeok* to *Sinyeok*, and the assimilation of *Sinyeok*. *Japryu*(雜類) were the lowest functionaries such as *Gusa*(驅史), *Soyu*(所由), *Maksa*(幕士), and *Najang*(螺匠). During early period of the dynasty, such *Japryu* were paid by *Stipend land*(田柴科) and the promotion process were limited to *Japno*(雜路). *Japryu* were able to inherit the land to the next generation and thus created the class of *Japryu*. Toward the later period of the dynasty, such *Japryu* had been changed to a form where *Baekjeong* were used as their personal services. Working as *Gusa* of royal families or high officials in the government often provided opportunities for social advancement and thus many *Baekjeong* had volunteered to such services. *Gusa* belonged to *Naeseung*(內乘) or *Saboksi*(司僕寺) were being treated as slaves for farming in such institutions. It seemed that *Najang* belonged to *Sungun* (巡軍) were also similarly treated as the *Gusa* of *Naeseung*. Furthermore, *Maksa* and *Juseon*(注選) were drafted from *Hyangni*(鄕吏) or common household and were mandated to come to capital city for personal services.

After Mongolian invasion of *Goryeo* and subsequent political interference over *Goryeo*, the system that differentiated *Japcheok* people of special administrative districts from the people of *Gunhyeon*(郡縣) were abolished. The personal services by *Japcheok* were replaced by having recruits through *Yoyeok* and certain services were done through assigning *Japsaekyeokho*(雜色役戶). *Japsaekyeok* of this period, especially those that were done by *Japcheok* since the earlier *Goryeo* dynasty, were mainly done by descendents of *Japcheok*, immigrant people without clear identification of origin, or criminals that were not fit or having restrictions to be common people. These were *Gancheok*(干尺) class.

During the period of *Yuan* interference in *Goryeo* dynasty, *Japsaekyeokho* were greatly expanded. Previously, it was very rare for *Baekjeong* to be drafted for any specific services, but many such people were drafted to specific *Yeokho*(役戶) during this period. Many institutions sufficed the service requirements by overtaking common household and drafting people for personal services. Records shows that such institutions which performed such acts of overtaking private households for service purposes were ; *Eungbang*(鷹坊), *Naesung*, *Saboksi*, and *Jegunmanhobu*(諸軍萬戶府).

These transformation of *Jikyeok* and *Sinyeok* systems throughout the *Goryeo* dynasty were indeed a form of assimilation of diverse services by *Japryu*, *Jeongho*, *Baekjeong*, *Japcheok* to *Sinyeok* by common people. Such assimilation of *Sinyeok* actually represents the social freedom of *Japcheok* class and disappearance of class differences that had existed within *Gunhyeonmin*(郡縣民). If we can call the social classes of pre-modern society as classes that had different social rights and obligations that were inherited to generations, we can call this assimilation of obligatory physical services, along with expanded allowance for the civil service examinations for common people, as part of development stages in the medieval society.

찾아보기

付籍 39, 221

【ㅅ】

私丘史 100
私驅史 113
賜給田 157, 212, 213
司僕寺 112
斜屬 35
事審官 209
寺院田 126, 156
士人 33
士族 145
「寺之四方山川裨補」 187
沙戶 53
散隊正 106
三登縣 148, 150
三丁一子 87
三韓功臣 82
三和縣 148, 150
尙乘局 110
商人 124
生鮮干 191
庶人 33, 58, 83, 88
庶人在官者 84
膳夫 47
宣傳消息 194
省法部曲 147
所 55
消息 194
所由 59, 68, 117
小靑部曲 149
速古赤 216
續姓 143~146
松山部曲 148
稤庫 48
水汲 47, 220

守陵役 39
守陵戶 206
守墓役 39
守墓戶 206
守山部曲 147
守山縣 147
水驛 155, 163
水站 161, 169, 170
水站干 41, 170, 221
稤尺 45, 48, 190
巡軍 112, 116, 208
巡軍萬戶府 61, 201
順和縣 148, 150
時波赤 226
食村部曲 149
身良役賤 49, 57, 65, 170, 190
新城部曲 148
身役 25, 199
申靑 167, 214
深嶽縣 147
藩王 暠 165

【ㅇ】

阿車赤 216
樂工 71, 87
也先不花 162
良民 57, 197
兩班軍閑人의 世傳土地 126, 156
楊水尺 45, 46
良人皆兵制 111
漁夫 227
驛 242
役價 196, 199, 203, 211
驛吏 50, 167, 191
亦里干 197
驛白丁 50

저자약력

1957년생
연세대학교 사학과 졸업
연세대학교 대학원 문학석사
연세대학교 대학원 문학박사
현재 연세대학교 강사

주요논문
「高麗前期 部曲民에 관한 一試論」,
「高麗時代의 役制構造와 雜色役」,
「고려후기 토지분급제의 변동과 祿科田」,
「高麗前期 足丁의 성격과 그 변화」 등

高麗時代 役制와 身分制 變動

오일순 저

초판 1쇄 인쇄 · 2000년 12월 11일
초판 1쇄 발행 · 2000년 12월 15일

발행처 · 도서출판 혜안
발행인 · 오일주
등록번호 · 제22 - 471호
등록일자 · 1993년 7월 30일
121 - 836 서울 마포구 서교동 326 - 26
전화 · 02) 3141 - 3711, 3712
팩시밀리 · 02) 3141 - 3710

값 15,000원

ISBN 89 - 8494 - 113 - 1 93910